www.tredition.de

AF214914

Martin Stankowski

Von Gestern?

Essays zu Gedenktagen und kulturellen Fragen

www.tredition.de

© 2020 Martin Stankowski

Verlag und Druck:
tredition GmbH, Halenreie 40-44, 22359 Hamburg

ISBN
Paperback: 978-3-347-19317-8

Inhalt

Essays zur Kultur

Zur Erläuterung (Vorwort)

Dieser schmale Band vereinigt kleinere Essays und Glossen, die ich seit 2014 zu sich (im 25er Rhythmus) rundenden Gedenktagen namhafter Literaten und Musiker schrieb, sei es für die Website (www.o-esv.or.at/home) respektive für die Hefte «Literarisches Österreich» des Österreichischen Schriftsteller/innenverbands, sei es für die inhaltlich umfassend gestaltete Zeitschrift «Der Literarische Zaunkönig» der Erika-Mitterer-Gesellschaft, beide in Wien, sei es für die höchst ansprechende literarische Website «www.verdichtet.at», die in Oberösterreich entsteht. Bezüglich des Autors gibt es eine einzige korrigierende Ergänzung zu vermerken: Die Idee eines Postkartenwechsels zu Robert Musil entstand gemeinsam mit Christan Teissl, Graz, der also für die Hälfte dieses Beitrags zeichnet und seine freundliche Zustimmung zum Abdruck gab.

Die Texte verblieben nahezu vollständig in der jeweiligen gedruckten Form; Anpassungen erfolgten lediglich mit Blick auf eine einheitlichere Titelgestaltung und ein ebenfalls gleichmäßigeres Schriftbild durch das Streichen von teilweise in den Publikationen redaktionell eingefügten Zwischentiteln, durch minimale aufgrund des jetzigen Satzspiegels notwendige Wort-Korrekturen an den einen oder anderen Seitenenden oder -anfängen sowie durch das Setzen sämtlicher Originalzitate in Kursiv. Das andererseits auch, dass – nicht zuletzt mit Blick auf das notwendigerweise Entstehen zu einem bestimmten Datum – inhaltliche Überarbeitungen (etwa durch manche später hinzugekommene Kenntnis) unterblieben.

Die Reihenfolge der Texte richtet sich indes nicht nach den Erscheinungsdaten, sondern nach der Lebenszeit der Porträtierten in der Reihenfolge ihrer Geburtsjahre. Als Ausnahmen stellte ich die durchaus zusammenhängenden Viten von Jane Austen und Emily Brontë hintereinander, fügte, weil ebenfalls in besonders engem Konnex, als kleines Supplement trotz des fehlenden runden Gedenktags eine «belletristische» Würdigung Emily Dickinsons hinzu und platzierte den hierzu unbedingt passenden Essay zu Anne Mary Evans trotz des Geburtstagsunterschieds von 6 Monaten noch vor jenen über Gottfried Keller. Zu diesem und zu Fontane entstanden mit Blick auf die Gedenktage zwei kleine Prosa-Kurzgeschichten, die des Vergnügens halber und zur Entspannung ebenfalls Aufnahme fanden.

Die Einzelthematiken gaben natürlich einschränkend die jahresbedingten Anlässe vor; die eigentliche Auswahl hingegen ist zum einen persönlich durch die jahrzehntelange Arbeit im kulturgeschichtlichen Aufgabenkreis motiviert, zum anderen wurden zeitgleich selbstverständlich Beiträge zu anderen «Jahresregenten» durch weitere Schreibende aus meinem Umfeld, namentlich Mitglieder des Verbands, verfasst. Somit erhebt – siehe des Abschnitts Anfang – die

vorliegende Kollektion keineswegs einen Anspruch auf annuelle Vollständigkeit. Andererseits ergibt sich gesamthaft gleichwohl ein zeitlich weit gespanntes Feld und ein menschlich farbenreiches Tableau. Gemäß den genannten literarischen Publikationsorganen stand gleichwohl ein jeweils wichtiger Fokus auf «Sprache»; das gilt ausdrücklich auch bei der Berücksichtigung von Komponisten (Caccini, Monteverdi, Loewe) im Heranziehen ihrer Arbeit mit dem Wort. Weiters versuchte ich wegen derselben Basis, wenn nicht (wie bei Musil) von vornherein gegeben, einen Bezug zu Österreich aufzuzeigen (wie bei Wilhelm von Humboldt oder selbst bei Gottfried Keller) oder etwas ganz Grundsätzliches der künstlerischen Leistungen (so zum Beispiel Kaiser Maximilian I. als der erste Großmeister der Selbstdarstellung oder Hölderlins «theoretische» Äußerungen) herauszustellen. Ein weiterer, gerne in Angriff genommener Schwerpunkt ergab sich nach und nach in der Beachtung beeindruckender Frauengestalten (wie des genannten «Paars» Jane Austen und Emily Brontë).
Natürlich versuchte ich, den einzelnen Persönlichkeiten möglichst gerecht zu werden. Für einen Nicht-Germanisten oder -Anglisten wie mich bedingte dieser Anspruch – neben dem Zusammenstellen von Unterlagen – im Einzelfall viel Lektüre, für den Nicht-Musikhistoriker einiges an Anhören.

Der Ansatz des «Gerechtwerdens» konnte unmöglich von der Einbindung der Menschen in ihre jeweilige

Epoche der Zeitspanne absehen (etwa expressis verbis bei Jacob Burckhardt), jedoch stets mit, einfach formuliert, der Frage im Hinterkopf, was nun im intensiveren Blick auf die Personen und ihr Werk eine Bedeutung für die heutige Zeit bilde (wie bereits als erstes bei Dante). Gerade die sich vertiefenden Kenntnisse von ganz unterschiedlichen Lebensentwürfen und -abläufen erlaubten gemeinsam mit der versuchten Würdigung der in das zutiefst Menschliche eintauchenden Leistungen einen immer faszinierenderen Einblick in eine Fülle an «gemachten» Erfahrungen.

Von hier aus ergab sich dann der Buchtitel «Von gestern?», der, genauer, eigentlich die Zusatzfrage eines «Nur von gestern?» enthält. Eine zumindest versuchsweise Antwort ergibt sich wohl aus einer gewissen Distanz, also beim Überblicken der Essays und Glossen und ihrer Implikationen …

In diesem sozusagen leicht verallgemeinernden Sinn werden die personenbezogenen Texte ergänzt durch vier Beiträge aus dem Bereich der Kultur. Zum einen handelt es sich um einen Überblick zum Thema «Frieden» in der deutschsprachigen Literatur für das gleichnamige Themenheft des Österreichischen Schriftsteller/innenverbands, dem Diskussionsbeitrag zum Verhältnis von Wissenschaft und Sprache oder zum anderen die Niederschrift eines Vortrags mit Gedanken zur Kreativität. Sie alle mögen den Aspekt eines Einordnens verdeutlichen helfen. Den (jüngsten) Abschluss schließlich bildet die

Auseinandersetzung mit dem Aspekt, wie modern das von uns geglaubte Moderne denn nun eigentlich sei.

In der Hoffnung auf viel Lesefreude und ebenso viele Anregungen
Martin Stankowski
St. Margrethen (Ostschweiz) / St. Florian (Oberösterreich) im Herbst 2020

Der nicht zu Umgehende.
Dante Alighieri zum 750. Geburtstag zwischen dem 18. Mai und dem 17. Juni 2015

Dante gehört sozusagen der ganzen Welt, vielerorts beschäftigen sich dementsprechend benannte «Gesellschaften» mit ihm, gibt es jede Menge Literatur über ihn und sind – nota bene – seine Texte im Internet nachzulesen (italienisch auf www.danteonline.it, deutsch auf www.gutenberg.spiegel.de). Wie nähert man sich einem solchen Urgestein? Immerhin sind, namentlich in Italien, allerorten Straßen nach ihm benannt, auch zahlreiche Plätze eifern mit Denkmälern: Die Schatten eines asketischen Denkers verlieren sich im Grünen, im Weiten …

Und seine *Göttliche Komödie*: nichts als allgemeines, mehr oder minder verstaubtes Kulturgut? Wer hat sie gelesen? Immerhin kennen wohl einige daraus wenigstens einen Satz, der als Bonmot fast immer passt und als Zitat meist einen guten, weil informierten Eindruck hinterlässt: *Lasst alle Hoffnung fahren, die ihr hier eintretet …*

Dante schrieb mit der Komödie ein nahezu endloses Gedicht. Damit wäre er ebenso modern wie unmodern: Poesie ist minimal gefragt und alles andere als ein Renner – wie es jedoch Dantes Poem bereits nach dem Erscheinen gewesen ist! –, aber der Markt schreit heute nach Länge (kein Buch, das sich Roman nennt, darf unter 500 Seiten schwach sein).

Lohnt es sich dann, an Dante zu erinnern? Nun ja, immerhin sollte er uns Heutige auf drei Ebenen ansprechen:

■ Da ist zuerst eine äußerst spannende Biografie mit allen nur denkbaren Höhen und Tiefen: Intensive Verehrung einer unerreichbaren jungen Frau («Beatrice»); gutbürgerliche Heirat samt Nachwuchs; politische Tätigkeit in hoher Stellung im Florentiner Stadtregiment 1295 bis 1301; darauf (ziemlich Knall-auf-Fall) der scheinbar unaufhaltsame Sturz mit dem Fiasko, noch 1315 für «vogelfrei» erklärt zu werden; somit ein Vierteljahrhundert andauerndes Exil: von Ort zu Ort in Oberitalien ziehend, dank Gönnern und Freunden überlebend und trotz aller Widrigkeiten weiterschreibend bis zum Tod am 14. Sept. 1321 (in Ravenna). Allein dieser Plot böte einen komplexen Romanstoff; hinzu kommt noch eine mysteriöse Story mit geheimnisvoller Auffindung des Schlusses der Komödie post mortem unter direkter Einwirkung des Autors …

Unmittelbar zu (dem heutigen) Dante gehört ebenso die Rezeptionsgeschichte, an welcher, wahrlich früh, Giovanni Boccaccio (derjenige des *Decamerone*) im neuerlich politisch gewandelten Florenz maßgeblich beteiligt ist: mit einer Dante-Biografie 1351 ff und öffentlichen (Vor-)Lesungen 1373/74. Damals, im 14. Jh., erhielt Dantes Hauptwerk bereits das Epitheton «Göttlich», sah man in ihm den wegweisenden sprachlichen Vorreiter des Landes. Nicht von ungefähr – nach 1301 erklärte Dante sich zur *Partei für mich allein* und schreibt sich das geeinte Italien in sein Programm – folgt, besonders nachhaltig, die Vereinnahmung des Dichters im nationalen Aufbruch des Risorgimento des 19. und 20. Jahrhunderts., bis hin zur Benennung der italienischen Kulturinstitute. (Was den Deutschen ihr Goethe, ist den Italienern ihr Dante. Eben.).

▪ Es wurde ein «Hype» angeworfen, der bis dato anhält; aber warum? Von nichts kommt nichts, denn da liegt zunächst ein umfangreiches (monumentales?) Opus vor: Es besteht bei weitem nicht nur aus der *Göttliche Komödie*! Eine wesentliche Leistung Dantes besteht im Zusammenfassen des Denkens und Erlebens seiner Zeit als Schlüssel zur aktuellen Deutung: Zum ersten Mal seit Augustinus bildet er in der Methode einer Verkettung der Ereignisse bis zur Gegenwart ein genuines geschichtliches Denken aus.

▪ Spezifische Schwerpunkte legt er in seinen 3 Hauptwerken auf

▫ die politischen Zustände in der *Monarchia*: Mit stetem Blick auf die Praxis fordert er ein universales Denken in einem geistlich-weltlichen Parallelismus mit einer erstaunlichen Unparteilichkeit, ohne simplen Kritizismus, dafür in geradezu unerbittlicher Offenheit.

▫ das allgemeine Wissen im *Convivio* (unvollendet): Das *Gastmahl* stellt nicht nur ein Lehrbuch zu Philosophie und Wissenschaft dar, mit dem Sukkus: Nicht Wissen, sondern Liebe führe zur Erkenntnis. Es wird,

15

weil gedacht für „alle", aufregend neu von vornherein in der Landessprache konzipiert.

▫ die Einsicht in Prozesse in der *Göttliche*(n) *Komödie*, die in keine literaturwissenschaftliche Etikette recht hineinpasst. Die Wanderung von der Hölle über das *Purgatorio* (den «Läuterungsberg») zu resp. durch den Himmel eröffnet den Blick auf die als endgültig erreichbare Einheit mit/in Gott. Methodisch-künstlerisch erlauben gerade die berühmt gewordenen illustrativen Darstellungen im Jenseits angetroffener Einzelfiguren die sukzessive Verkündigung der großen Wahrheiten. Mit ihr erweist sich Dante, über den Poet und den Gelehrten hinaus, als kommentierender Politologe, als Vermittler antiker Kultur im literarischen Gut, sowie insbesondere als theologisch versierter Philosoph. Die Basis bildet fast notgedrungen die zeitgenössische Scholastik, doch fasst er als Eingeweihter offenbar ebenso die scheinbar untergegangene, welthistorisch begründete Templergnosis zusammen (J. Strelka). Dieser Ansatz verhilft in der Kombination von Prophetie und Rat zu einer Art spirituellen Autorität (Hans Rheinfelder).

Versuchen wir nach/mit all dem ausgebreiteten „Material" kurz, seine Modernität anzusprechen: Sie liegt
1. in einer Literatur, die ganz wesentlich die Situation des Exils reflektiert;
2. in einem Reden in Bildern, das den derzeitigen Kommunikationsgewohnheiten entgegen kommt;

3. in der Erfüllung des heutigen Axioms, ein Auditorium effektiv überzeugen zu können durch das Gewinnen von Herz und Verstand.

■ Aus Sicht des österreichischen Schriftsteller/innenverbands darf aber der «besondere» Blick auf die Sprache als Medium nicht fehlen:

▫ Zu diesem Thema äußerte sich Dante bereits selbst in *De vulgari eloquentia*, einer Abhandlung über die (Dichter-)Sprache, mit welcher er – ohne direkte Nachfolge über 500 Jahre hinweg – eine Art Sprachforschung begründet.

Vielgerühmt wurden früh die Klarheit und Schönheit seiner dichterischen Prosa.

▫ Apropos Klarheit: Für lange und teilweise noch heute gilt das Florentinische als das auf der Halbinsel regionen-übergreifende Idiom.

▫ Apropos Schönheit: Bekannt ist eine größere Zahl unmittelbarer Gedichte Dantes, z. B. schon lebensfrüh im Sammelband der *Vita Nuova*; vergleichbar mit Goethes Titel eine Art nicht auflösbarer Mischung aus «Dichtung und Wahrheit».

Hierher gehört unbedingt das musik-ähnliche, gleichsam körperliche Bewusstsein des Wort-Klangs: *lasciate ogne speranza voi ch'intrate'!* lautet obiger Satz im Original. Meint man nicht, es müsse fast ein anderer, ein buchstäblich weiterer, tieferer Sinn in den Worten verborgen liegen? Auch ohne inhaltliche Verknüpfung: liegt nicht in der Phrase alles, was «das» Italienische so anziehend macht? Perlende Fülle, Vollmundigkeit, Wohlklang, Darstellungskunst, unmittelbar

17

erlebtes Empfinden – ungeachtet des Problems, dass man im Lesen, im Nachsprechen (wie im Land) die Schattenseiten vergessen könnte.

▫ Der Einsatz dieses außerordentlich hohen sprachlichen Könnens ist indessen, nicht einmal vom Ansatz her, als ein l'art pour l'art anzusehen. Die Wortwahl ist zugleich ein klug eingesetztes Wortspiel: Wenn Dante etwa von *gente*, *vertute* und *pace* spricht, erstrebt er – vergleichbar mit Entwicklungen in der zeitgenössischen Malerei – in einer durchaus neuen Art des Realismus die in der Kunst bereinigte (sprachlich geklärte!) Spannung zwischen theologischer-kirchlicher und rein weltlicher Terminologie. Gerade darin schließt sich der Kreis zu seinen inhaltlichen Zielen. Versuchen wir gleichermaßen in dieser Thematik, über die Bezugsvielfalt hinaus, die fundamentale Leistung für uns Heutige zu benennen: Bei Dante schafft Sprache Identität, die geformt, und Raum, der ausgefüllt sein will. Dabei wirkt sie wie selbstverständlich entlang der Grenzlinie von Anspruch und Wirklichkeit.

zuerst veröffentlicht in «Literarisches Österreich» 2015/2

Mehr scheinen als sein?
oder: Nachdenken über Max
Eine Glosse zu Kaiser Maximilians I. 560. Geburtstag am 22. März und 500. Todestag am 12. Januar 2019

1

Auf meiner monatlichen Wienfahrt fahre ich nahe Innsbruck an jener Felswand vorbei, die in mein Thema einging. Spannend im Sinn von spannungsgeladen mutet an, wenn sich der junge Maximilian hier verstieg und im unwegsamen Gelände zwei Tage und Nächte aussichtslos ausharren musste bis eine Jünglingserscheinung ihn sicher ins Tal geleitete, während, speziell imponierend, das Volk am Grund im gemeinsamen Gebet des Ausgangs harrte. Es gibt verschiedene Versionen (diese dünkt mich die reizvollste), wer wollte da die effektive Wahrheit dieser – wohl auf der Tatsache hiesiger (späterer) Schaujagden des Fürsten, allerdings mit Gefolge, beruhenden – mehrfach wunderbaren Story ausloten: So schön, da möchte man glatt alles glauben. Genau darum geht es in meinem Versuch: um die kommunikative (sprich: für die comunio gültige) Darstellung, im Fall von Maximilians Bestrebungen in höchst modernem Sinn mit voller medialer Ausprägung und größtem Anspruch. Die Essenz der Geschichte erweist sich als durchaus aktuell, wenngleich die zurzeit üblichen *Fake News* in seinem Fall ungeachtet der Legenden-, ja Mythenbildung in Chroniken voll Anekdoten bereits zu Lebzeiten nicht als kolportiertes Versatzstück, sondern, weit ehrlicher und zugleich umfassender, in eine inhaltliche Aussage märchenhaften Charakters umgemodelt werden. Eine zweite Differenz liegt zwar in der Exklusivität, die das nicht-digitale Zeitalter den Reichen und Schönen vorbehielt. Aber das aufregend Gekonnte liegt in einer doppelten Wertigkeit: zum einen – siehe oben: der engelgleiche Bote – im Schutz des Allmächtigen für den Erwählten, zum anderen, ganz großmeisterlich, in der scheinbaren Verwischung sozialer, damals besser: Standes-Grenzen.

Wir erleben zurzeit (vom Popkonzert über Produktdesign bis Werbeeinschaltung), wie umfassend äußerlich wirksame Mechanismen unsere Auffassungen lenken. Auf Maximilians Ebene findet sich zunächst die permanente Zurschaustellung in Hofhaltung, Reisetross, Umzügen, Kleidung und Gehabe, in personenbezogenen Aktionen bei Turnieren, betont würdevollem Auftreten und selbst im Familiären des an sich sehr jovialen Herrschers. Auf kultureller Ebene beinhaltet dieser Aktionismus infolge der Spanne mehrerer Jahrzehnte naturgemäß eine «Intervall-Aktion» (so H. Diwald für die politische Agenda), doch berechnete Maximilian eindrücklich, was er mit seiner Selbstdarstellung wollte. Wie sonst bei ihm gab es hochfliegende Pläne, die sich nicht nur wegen des permanenten Geldmangels bei weitem nicht verwirklichen liessen. Indessen erweist der Überblick eine gründlich gelenkte und, ungeachtet der zeitlichen

Entwicklung, erstaunliche Konsistenz. Somit war ihr trotz des weiten Spektrums, das ich im Folgenden beleuchten möchte, keineswegs der Charakter einer «Pflästerli-Politik» eigen.

Maximilian stellte sicherlich, nicht zuletzt dank seiner dauerhaft regen Anteilnahme, den spiritus rector aller Unternehmungen. Zum einen bezogen sie sich ja buchstäblich auf ihn, zum anderen wollten die verschiedenen Kunstformen an einer Zentrale zusammengefasst sein. Natürlich hatte er seinen «staff», aber es treten, uns etwa aus dem politischen Geschäft geläufig, die planend vorbereitenden Personen hinter die Hauptfigur zurück. Wer kennt noch die für die literarischen Großprojekte maßgebenden Namen des Tirolers Marx Treitzsaurwein, Geheimschreiber und Kanzlist im engsten Umfeld, oder des Steyrer Kosmo-, Historio- und Kartographen Johannes Stabius (Stöberer), der als Rat fundamentale inhaltliche und redaktionelle Beiträge lieferte. Tritt man einen Schritt weiter zurück, dann merkt man, wie sehr sich die Vorhaben in ein weiter gespanntes Geflecht einordnen lassen, aus der nun auch dem Hof nicht unmittelbar verbundene stattliche Geistesgrößen wie Willibald Pirkheimer in Nürnberg oder Konrad Peutinger in Augsburg aufscheinen.

2

Einer konzentrierten Sammlung der Kräfte widersprach nicht der unruhige Geist des Kaisers, der antreibend und animierend wirkte, sondern sein stetes

Umherziehen. Immerhin erhält Innsbruck nach Maximilians Übernahme Tirols mit-samt aller Vorlande und der Erbfolge im Erzherzogtum eine durchaus neuartige Bedeutung als Drehscheibe: Gleich zu Beginn setzt ab 1497 das *Goldene Dachl* mit seinen 2657 Kupferschindeln und der, seit 1487 königlichen, Familie im Relieffries eine Manifestation herrschaftlicher Aussage und urbaner Platzierung (ähnlich dem späteren Pariser *Élysée*) als Sammelpunkt in Gang, während das riesige Zeughaus außerhalb der Stadt denselben Machtanspruch auf differente Weise verdeutlichte. Der Gewinn aus Salzhandel und Münzprägung in Hall und die den Fugger verpachteten Kupfer- und Silberminen in Schwaz trugen das Ihre zur Zentralisierung bei.

Selbstverständlich erfindet man die Welt nicht neu. Das durch die erste Heirat 1477 und den 15jährigen, feldzugreichen Aufenthalt in Flandern unmittelbar übernommene Erbe Burgunds besaß höchste verinnerlichte Signifikanz: Hier erlebte Maximilian neben dem straff geordneten Staat zugleich die auf den Fürsten ausgerichtete Repräsentation – wenngleich im «Schweben zwischen Idee und Wirklichkeit» (H. Wiesflecker) – und einen für das Europa nördlich der Alpen außergewöhnlichen Kulturreichtum (und darin vielleicht mit dem New York der 2. Hälfte des 20. Jh. zu vergleichen). Wiederum sowohl durch eine, dieses Mal primär aus pekuniären Gründen forcierte Heirat mit Bianca Maria Sforza 1494 wie durch kriegerische Aufenthalte erhält Oberitalien mit seiner Mischung aus praktischem Realitätssinn und humanistisch-künstlerischer Ausformung sein eigenes Gewicht.

Bei den eigenen Aufträgen orientiert sich der Hof auf das, in gewisser für diese Erfahrungen kongenial eine eigenständige Entwicklung zwischen Flandern und Italien ausarbeitende Süddeutschland mit seinen bedeutenden Reichsstädten. Neben Nürnberg und Regensburg bleibt das Hauptzentrum für die Bestellungen das oft besuchte Augsburg, als dessen Bürgermeister sich Maximilian scherzhaft benannte.

Voraussetzung für die sich im Kulturellen handgreiflich verwirklichenden Vorstellungen bleibt das vorneuzeitliche Empfinden, in einer Welt vielfältiger, außerhalb des Menschlichen tätiger Einflüsse auf die eigene Person zu stehen. (Mit Ausnahme der damals stets gegenwärtigen lebensordnenden Übermacht Gottes auch unserer Zeit kein unbekanntes Phänomen.) Man suchte demnach in den Eliten nach inhaltsschwangeren Symbolen und Bezeichnungen. Das begann bei Maximilians Geburt: Reiflich überdacht, wählte man als Patron einen dank Legenden als Apostel des Ostens verehrten Heiligen: 8 Jahre nach dem Fall Konstantinopels also mit Aplomb. Mittelalterlich bleibt ebenso der von Maximilian zeitlebens intensiv geübte Ritterkult. Nicht nur genoss der Fürst den Beinamen «Letzter Ritter», sondern wusste ihn perfektioniert zu personalisieren: vom eigenen Handeln in unzähligen Turnieren über den Orden des Goldenen Vlieses bis zur Verehrung des Hl. Georg (der gleichsam «über» der Geburtsstätte stand), als dessen personifiziertes Gegenüber er sich in der Verkörperung des *miles christianus* sah bis hin zum 1508 dem Augsburger Künstler Hans Burgkmair d. Ä. überwiesenen zweiteiligen Holzschnitt eines Reiterstandbildes Maximilians und des Hl. Georgs.

3

3.1. Randgebiete

Aufgrund unserer Wertigkeiten, die wir Kunst von Kunsthandwerk abzusetzen geneigt sind, zeigen sich wesentliche Wirkungsbereiche, die heute in starkem Kontrast das hohe Augenmerk verloren. Aus der Fülle seien zwei Beispiele herausgehoben. Die Plattnerarbeiten mussten dem «Letzten Ritter» eine wesentliche, weil unmittelbare Zurschaustellung bedeuten. Die letztlich auf Maximilians Förderung unter anderem der Innsbrucker Werkstätten zurückgehende, über seine Bestellungen im sog. *Thunischen Skizzenbuch* nachvollziehbare, im Schloss Ambras museal erweiterte Sammlung (seines Urenkels) legt in den Rüstungen und allem Zubehör ein beredtes Zeugnis des außerordentlichen Könnens in der Kombination von blankem Eisen, Messing und Leder ab. Mit Metall, nunmehr im Guss, verbunden sind unmittelbar auch die Waffen: Maximilian galt als bedeutender Fachmann des Artilleriewesens, entwickelte selbst die *Kartaune* als beweglicheren Vorderlader entscheidend mit. Die zahlreichen Geschütze bekamen dabei Namen, meist weibliche, darunter häufig diejenigen seiner Gespielinnen: auch eine Art Hofstaat also. Das zentrale

Zeughaus in Innsbruck legt für die vom Kaiser und Feldherrn gewünschte Fülle an Waffen für 30000 Mann ein wichtiges Zeugnis ab – und mittels Produktionsaufträgen vermochte man zusätzlich in «fremde» Gebiete vordringen, wie am Nordalpenrand in das (bischöflich-augsburgische, heute bayrische) Ostrachtal; aus ihm wurden für habsburgische Zwecke 39000 Handwaffen rekrutiert.

3.2. Musik

Mangels gut zugänglicher nicht zuletzt hörbarer Zeugnisse bleibt das Medium meist «unter ferner liefen» und wenig erklärbar; man darf es indes auf keinen Fall unterschätzen. Die Innsbrucker Hofkapelle (darin integriert die Vorgänger der Wiener Sängerknaben) nahm an vielen Reisen im Gefolge teil: Ihr oblag ein umfassender Dienst zwischen kirchlicher und weltlicher Sphäre, die sich in Mischformen ausdrücken konnte wie in einer parallel gesetzten Verherrlichung Gottes durch resp. im Herrscher. Wie so häufig nahm Maximilian regen Anteil an der Entwicklung, etwa indem er in Linz 1500 der Uraufführung der *Ludus Danae* beiwohnte, in denen der Humanist Conrad Celtis dem sich gewandt in 7 Sprachen ausdrückenden Fürsten eine neuartige Sprache-Ton-Setzweise vorstellte. Während nachfolgend sein Tiroler (Schüler) Petrus Tritonius alias Peter Traybenreiff mit der Sammlung *Melopreae* 1507 eine bis auf die Reformatoren wirkende Vorform des Choralsatzes veröffentlichte.

Selbstverständlich ließ Maximilian, unter vornehmer Missachtung der finanziellen Möglichkeiten, nach den besten verfügbaren Kräften suchen. Die Chance verbesserte sich enorm, indem 1496 die Kapellen in Augsburg und Wien aufgelöst und mit jener in Innsbruck zusammengezogen wurden. Besonders prominent aufgrund des noch ungewohnten virtuosen Spiels wirkte hier sein (vom Ortsbischof übernommener) *obrigster organist* Paul Hofheimer, der, war er nicht mit dem Tross unterwegs, für etwa 10 Jahre Schüler bis aus Sachsen unterrichtete. Ebenso verpflichtet wurde der große Heinrich Isaac als *Componist und diener*, wenigstens für viele Jahre. Und gerade bei ihm, berühmt für Messen und Motetten, wird die Spannweite des Erwarteten sichtbar, schließlich stammt von ihm zumindest die Lied-Melodie des allseits bekannten *Innsbruck ich muss dich lassen* (die er zusätzlich, einem allgemeinen Brauch der Parodietechnik folgend, variiert in seiner *Missa Carmium* verwendet): Während, wie das Ondit wollte, der Text von Max selbst stammen sollte. (Eine Anm.: Buhlen, welcher einer hier nachgetrauert wird, hatte dieser Herr viele.) Dauerhafte Engagements blieben zu dieser Zeit eher selten: Die Szene der Tondichter zeigt sich, wohl auch wegen des unnötigen Handwerksgepäcks, höchst volatil; Italien stellte neben Flandern stets ein beliebtes Auftragsreservoir. Dessen ungeachtet gab ein längerer Aufenthalt die Chance weiten Wirkens; Isaac – und hierzu trägt der Einsatz und in diesem Fall wahrlich gelungene internationale Anspruch des Fürsten maßgeblich bei – kommt der Verdienst zu, eine neue Schule deutschsprachiger und dementsprechende Texte vertonender Komponisten auf eine feste Basis gestellt zu haben. Sein Einfluss galt insbesondere für ankommende und bleibende junge Kräfte, wie nachdrücklich im Fall des als Chorknaben eintretenden Zürchers Ludwig Senfl(i), der als Sänger, Schreiber, mit der Zeit auch als Komponist wirkte und bald nach Auflösung der Kapelle 1519 mit dem *Liber Selectorum Cantionum* als erstem gedrucktem Motettenbuch nördlich der Alpen den Ruhm des Innsbrucker Niveaus durch die Aufnahme der dortigen Literatur gleichsam posthum mehrte.

Mit Blick auf das umfassende Wirkungsfeld der Musik(er) bleibt zweierlei festzuhalten: Die breite Basis einheimischer Musikpflege (vervielfältigt durch die überall höchst kompetenten «Stadtpfeifer») gab verstärkt Anlass zu einem leichter nachvollziehbaren Verhältnis von Text und Melodie, wirkte also, berücksichtigt man zudem die farbigen Auftritte, durchaus multimedial. Zum anderen ist, wenigstens im kirchlichen Bereich, die reine zeitliche (Messen-)Länge in ihrer Wirkung ein wichtiger Faktor, indem sie zum Innehalten im Tagesgeschäft, wenn nicht zur erbaulichen Sammlung aufrief; so gesehen musste Meditation nicht erst in den Life Style eingearbeitet werden.

3.3. Publikationen
Maximilian verfasste viel respektive. ließ viel schreiben; die Österr. Akademie der Wissenschaften

rechnet unter die einschlägigen Regesten etwa 500.000 Dokumente. Zugleich begann auf Basis des burgundischen Erbes und oberitalienischer Erwerbungen eine konsequente Sammlung für wichtig erachteter Werke, Basis für die Bestände der Österr. Nationalbibliothek. Hierfür amtete der genannte Conrad Celtis, der 1504 gar von einer *Bibliotheca regia* spricht.

Aus des Kaisers unmittelbarem Umfeld stammen zahlreiche praktisch-enzyklopädische Werke, die seine Vorlieben festhalten. Ein wichtiges Zeugnis stellt das *Geheime Jagdbuch*, das sich mit Hinweisen auf Jagdgebiete für verschiedene Wildarten in eine Gruppe einschlägiger Werke eingliedert und durch den *Magnaminus* 1519 posthum (mit der Legende unseres Ingresses) ergänzt wird. Der «Birschgang» besticht über das Waidhandwerk hinaus, indem Erfolg durch Findigkeit, Erfahrung … und Glück erreicht wird.

In die Reihe der Tradition gehört das *Gebetbuch* im Druck auf Pergament und ist doch Teil einer, Neues «anschiebenden» Entwicklung. Die Schriftfarbe hielt man in schwarz und rot, wobei auf ausdrücklichen Wunsch in Stempelschnitt versetzbare Schnörkel und Initialen hinzukamen. Zwischen 1513 bis zur Einstellung 1515 in Augsburg zehnfach gedruckt (bei erhaltenen 5 Exemplaren), dürfte es für den Fürsten und wohl Mitglieder des (1469 zur Türkenabwehr gegründeten) St. Georgs-Ordens bestimmt gewesen sein. Eine Ausgabe illustrierten auf Vermittlung von

Peutinger mit Randzeichnungen bedeutende süddeutsche Künstler, darunter Albrecht Dürer.

Hier nur angetönt, geht überhaupt ein wesentlicher Anteil an der künstlerischen Entwicklung des Buchdrucks auf den Kaiser im fortgeschrittenen Lebensalter zurück, der – wie ich meine nicht von ungefähr wenige Jahre, nachdem er sich mangels Alternativen 1508 im Dom von Trient (damit noch auf Reichsboden) zum Kaiser ausgerufen hatte resp. nach der folgenden päpstlichen Bestätigung – darauf drängte, diese nunmehr gottgewollte Position und damit seine «politische» Propaganda als eine Art dynastisches Vermächtnis anzupacken.

Die Aktion verlangte, wie stets völlig unakkordiert mit den pekuniären Mitteln, eine höchst unbescheidene Dimension: Gegenüber Stabius (s. oben) soll der Kaiser von 130 Büchern gesprochen haben. Das persönlich und vom Kreis der, wenngleich nicht örtlich, um ihn gescharten Humanisten vorangetriebene Vorhaben beginnt mit mehreren Paukenschlägen zugleich.

Bereits 1502 im *Memorabile* erwähnt, 10 Jahre später dank beamteter Notation in Planung, werden 255 Miniaturen (eine 1515 datiert) als Vorbereitung für den *Freydal* angefertigt. Sie fanden, kaum aus künstlerischen, sondern inhaltlich-darstellerischen Gründen keine Zustimmung des angeblich wütenden Kaisers, den man jedoch zu beruhigen wusste: 1516 ist das Werk mit (5 überlieferten) Holzschnitten in Arbeit. Abbilden wollte man 64 (!) Turnier- und

Maskeradenszenen aus Maxens Brautfahrt nach Burgund; sie bilden damit doch nur das – nicht allein fragmentarisch gebliebene – Vorspiel für den noch großartiger angelegten *Theuerdank*.

Dieser entstand 1517 in Nürnberg für Maximilian «von gotsgnaden Erwoelter Roemischer Kayser zu allen zeiten merer des reichs». Warum eine, diese Widmung? Zunächst nahm sie die Tridentiner Formel auf, während das Volumen die *aventuren* des Ritters T. und seines Gefährten Ehrenbold auf der Brautfahrt zu Frl. Emreich schildert: die eigene Jugendgeschichte ausgesponnen als märchenhafte Schilderung ... in einer «Renaissance» hochmittelalterlicher Heldenepen. Andererseits wird es gestalterisch ein neuer Wurf: Die höfische Crew entwickelte als Alternative zur in westlichen Ländern bereits üblichen Antiqua eine eigene Typographik, die den Siegeszug der «östlichen» Fraktur wesentlich mitbegründete. Mit der Schrift richtete man die Erzählung (anders als mögliche alte Vorbilder) ganz auf die 118 Holzschnitte aus, gegen Ende gar auf die Bildtitel reduziert. Diese Menge entgleitet nicht in eine rasch ausgefertigte Hudelei, sondern die Bilder verarbeiten, formal mit Schraffurlagen zur Erhöhung figuraler und räumlicher Dreidimensionalität, sowie motivisch bis zu begleitenden Hintergrundlandschaften sorgfältig das aktuell in der Malkunst Erreichte. Durch die Gleichsetzung von Druck und Imagination ähneln sie im Grundsatz den heutigen (beim Coiffeur zuhauf aufliegenden) Illustrierten und ihrer in Bild und Text erreichten Gemeinsamkeit gefühlter Erlebnisse. Inhaltlich geht der *Weißkunig* voran, 1517 in Arbeit, aber erst 1775 vollständig ediert. In den nunmehr 251 (gesicherten) Holzschnitten tritt der Heldenroman gegenüber den Formen von Chronik und Fürstenspiegel zurück: Die Ereignisse umrunden den «alten» W., d.i. Friedrich III, sowie den «jungen» mit Kindheit, Jugend und Herrschaft, insbesondere deren machtvolle Ausübung in den zahlreichen Kriegstaten, endend in der Schacht von Vicenza 1513.

Stärker noch rücken den dynastischen Anspruch zwei parallele Großvorhaben in den Vordergrund:

In der *Ehrenpforte* würden 174 vereinigte Holzschnitte (meist in der *Albertina* erhalten) eine Fläche von 3 m Breite und 3,5 m Höhe bedecken: Zwei seitliche Ehrentürme bilden die Rahmung einer Mischung aus altrömischem Triumphbogen und gotischer Wappenwand: Die Evokation kaiserlicher Größe verbindet sich mit jener genealogischer Breitendimension, die Maximilian aus Geburtsort und stetem Bezugspunkt, der Hofburg in Wiener Neustadt, nicht nur bestens bekannt war sondern wohl auch verinnerlicht hatte. 1512 beauftragt, 1517 dem Kaiser im partiellen Probeabzug als Start vorgelegt, wird posthum noch weitergearbeitet. Stammt der Gesamtentwurf vom Tiroler Hofmaler Jörg Kölderer, verfertigten die Holzschnitte bekannte Augsburger Ateliers. Der 54 m lange, konzeptionell Albrecht Altdorfer zugeschriebene *Triumphzug* seinerseits «rollt» in einem kolorierten Bilderfries (wiederum in der *Albertina*) in üppig

31

festlicher Wagen-Reihung Jäger und Falkner, Musiker, marschierende Truppen und Turnierreiter, Vorfahren, Siegestrophäen und Kriegsgefangene, erworbene Schätze und selbstverständlich die Familie vor dem staunenden Betrachter auf: Ruhm und Ehre und darüber hinaus Glanz und Gloria.

3.4 Malerei

Wohl nicht zuletzt dank der Kunstgeschichte und des Museumswesens sind uns neuerlich die beanspruchten Künstler weit geläufiger; entweder über Signaturen eruierbar oder als Teil der Großen der Zeit wie Albrecht Altdorfer in Regensburg (in Innerösterreich früh, 1508, vom Stift St. Florian beauftragt!) und Albrecht Dürer in Nürnberg (der, als einziger, eine Leibrente erhält). Die Aufträge konzentrieren sich ungeachtet einiger Gemälde (wie Altdorfers Regensburger Schlacht Karls d. G. als Vorstufe von Maximilians dortigem Sieg im Bayer. Erbfolgekrieg) nicht von ungefähr auf Bildnisse. Die Gattung, ein gutes halbes Jh. zuvor wie so vieles in Italien und Flandern zu hoher (auch exportierter) Blüte entwickelt, besass für sich mächtig oder wichtig erachtende Menschen erhebliche Vorteile: die Evokation der erreichten Stellung und das Zeugnis der persönlichen Statur. Das KHM in Wien bietet ein breites und wesentliches Anschauungsmaterial, das nachweist, in welchem Maß gerade wegen der unleugbaren habsburgischen Züge mit schmalem Gesicht, ausgeprägter scharfer Nase und etwas wulstigen Lippen auch in diesem Medium eine

Stilisierung unabdingbar war. Zunächst setzt der aus Memmingen kommende Bernhard Strigel nach 1500/1510 den ersten, durchaus im Gewohnten bleibenden Maßstab: Ob im ritterlichen Harnisch des Herrschers, ob im weiten Gewand des Privatmanne, es dominiert – trotz des «üblichen» Fensterausschnitts und ungeachtet aller malerischer Qualitäten – stets die gewählte Rolle als hoheitsvolle Repräsentation über das Individuelle, wirkungsvoll in weit ausgerichtetem Blick und strenger Haltung, ebenfalls im «Familienbild» anlässlich der dynastisch wichtigen Doppelhochzeit 1515.

Eine nur scheinbar gleiche Note setzt der Mailänder Ambrogio de Predis 1502. Die strenge Profilansicht der Büste wird hingegen vor eine einfarbig dunkle Fläche gesetzt. Die Folge ist eine starke Ausprägung der Züge, in der malerisch gemilderten Schärfe zugleich individuell personalisiert wie medaillengleich verallgemeinert: der Renaissancefürst steht vor uns.

Ganz anders fasst der Niederländer Joos van Cleve 1508/09 das Halbprofil: Maximilian erscheint fast jugendlich frisch in weich gehaltenen hellen Tönen mit graziöser Nelke in der Hand: ein Sympathieträger ohne Allüren.

Eine vierte Möglichkeit schuf ab 1519 posthum Albrecht Dürer in mehreren technischen Versionen und Fassungen bezüglich Attributen und Inschriften, ausgehend von einer Porträtzeichnung al vivo ein Jahr zuvor in einem Augsburger Zimmer. Dürer gelingt es grandios, psychologisch in das Wesen Maximilians einzudringen, und stellt uns den Fürsten (einmal gar als «Divus» bezeichnet) und den Menschen in Einem überzeugend vor: Die Mehrdeutigkeit scheint, bei allem Verlangen des Porträtierten nach Selbstoptimierung in dem nach außen getragenen Habitus, im zutiefst Persönlichen aufgehoben – und weist letztlich über den Dargestellten allein hinaus: Kein weiteres Mal wurde der Nachruhm des Kaisers gleichermaßen gültig gedeutet.

4

Der multimediale Gedanke wie auch die Inanspruchnahme des Besten zeigt sich schließlich im Projekt des eigenen Grabmals, das (bei weitem nicht als das einzige der Gattung) erst einige Jahrzehnte posthum in der Innsbrucker Hofkirche fertiggestellt wurde. Mit ihm kommen wir zudem zum einen auf die Genealogie und zum anderen auf den Bronzeguss zurück, und es war Maximilian, der die *Schwarzen Mander*, seine faktischen oder sagenhaften Vorväter, in Auftrag gab. Überschreiben ließe sich das im Monumentalen wiederum vom Westen Übernommene durchaus mit der Schrift auf einem «Strigelschen» Harnisch: «(Si Deus pro nobis) Quis contra nos».

Vor diesem mächtigen wahrhaft monumentalen Denkmal stehend, erinnere ich mich allerdings insgeheim des Abscheidens (wie sich das benannte) Maximilians durch seine bemerkenswerte, merkwürdige Kontrastierung. Gegen Ende seines Lebens, erkrankt an Gelbsucht und Darmkreis, führte er auf seinen

Reisen stets Sarg und Totenhemd mit sich. Seiner letzten Stunden gewiss, legte er in Wels bei seinem Beichtvater die Fortsetzung fest: nicht nur das Auslösen frommer Stiftungen, sondern überdies, dass man seinem Leichnam die Haare scheren, die Zähne ausreißen und ihn geißeln solle. Der Tote wird überdies als Brustbild von einem Anonymus in seiner Vergänglichkeit bildlich festgehalten. Ein einfaches Begräbnis unter den Altarstufen der St. Georgs(!)-Kirche seines Geburtsorts rundet die Vorstellungen ab. So stellt sich schließlich (doch) die Frage: War dieses Vermächtnis, den eigenen Leib betreffend, wiederum eine Inszenierung für die Um- und Nachwelt oder drückt sich darin die Haltung des mittelalterlich sündhaften Menschen angesichts der ewigen Richters aus? oder beides? besser wohl: von beidem? Es bleibt auch hier das, was wir erfahren können, ambivalent. Besser, als beim Versuch einer Antwort diese Haltung als janusköpfig zu bezeichnen, erscheint mir das italienische «a cavallo» (etwa zwischen den Jahren oder Jahrhunderten), übersetzt am besten mit «im Sattel», was heißt: ein Bein hier, ein Bein dort, und unter uns bewegt «es» sich, wohin auch immer, jedenfalls mit uns. Maximilian schließlich wusste, was er wollte; in den letzten Zeilen des *Weißkunigs* formuliert er sein Verlangen, dem er tatkräftig vorgebaut hatte: «Wer ime [ergo: sich] im leben kain gedechtnus macht, der hat nach seinem tod kain gedechtnus, und demselben menschen wird mit dem glockendon vergessen.“

Verwendet wurden für den Essay zahlreiche wissenschaftliche Aufsätze (darunter eine digitalisierte Arbeit aus der Univ. Graz zur Triumphpforte), Ausstellungskatalogs-/Museums-/Sammlungs-Websites (namentlich der Albertina). Ich möchte jedoch darauf hinweisen, dass die (be)wertenden Rückschlüsse meine Verantwortung sind.

zuerst veröffentlicht in «Der Literarische Zaunkönig» 1/2019

Im Singen vorzutragen.
Giulio Caccini zum 400. Todestag am 10. Dezember 2018

Hatte schon der 450ste Geburtstag Claudio Monteverdis im letzten Jahr die Chance geboten, dessen Umgang mit dem Wort und der darin enthaltenen und herauszuarbeitenden Emotion zu beleuchten (Literarisches Österreich 2017/1), so ist es zweifellos angebracht, nunmehr des ebenfalls weit über seine Heimat bekanntgewordenen Zeitgenossen in Florenz zu gedenken.

1

Das heißt, er stammte, wohl 1550/51 als Sohn eines (Kunst?-)Schreiners geboren, aus Latium, Tivoli oder direkt Rom, und erhielt, weil dann wohl ab 1566 fast ausschließlich in der Stadt am Arno sesshaft, somit den Zunamen «Romolo». Hinter dieser personifizierten Version des allgemeinen «Romano» stand mindestens gleichgewichtig wie die Herkunft die Anerkennung seiner beachtlichen Leistungen, nachdem er, früh ein Mitglied der päpstlichen Cappella Giulia, eine außerordentlich gute, gründliche, eben römisch geprägte Ausbildung in Gesang und Lautenspiel genossen hatte. Seine Fähigkeit stellte er ein Jahr zuvor, 1565, bei einem Solotenor-Auftritt anlässlich der Hochzeit des Großherzogs Cosimo I. und Johannas von Österreich vor – und dürfte vollkommen überzeugt haben. Allerdings ergab sich im neuen

Wirkungsort eine gewisse musikalische Differenz zu dem zwar im Künstlerischen keineswegs hintanstehenden, allerdings von einem klaren Zentrum ausgehenden und geordneten, sowie das Religiös-Kirchliche in den Vordergrund stellenden Musikleben der Papststadt. Demgegenüber besaß das Zentrum der Mediciherrschaft neben dem Hof eine hochgebildete Elite, in der – in verschiedenen Kreisen – mannigfach in der nach wie vor geübten Auseinandersetzung mit der, vor allem griechischen, Antike poetische und musikalische Neuerungen angestoßen, initiiert, durchdacht bzw. durchlebt und wenigstens ansatzweise implementiert wurden. Ein respektabler Kreis von Spezialisten, Liebhaber-Dilettanten und Mäzenen trug das Ihre zu den in ihrer engen zeitlichen Abfolge sicherlich – auch – den Charakter von Experimenten annehmenden Darbietungen bei. Besonders tat sich ab 1573 die Camerata de' Bardi des gleichnamigen Noblen hervor, ein *salon* ante definitionem von agilen Fachkünstlern, kundigen *conaisseurs* und humanistischen Gelehrten. Bekommt man bei der Lektüre zumal älterer Sachbücher den Eindruck, das rein Literarische habe im Fokus gestanden in einer den inhaltlichen Rahmen innerhalb einer diskutierten Bandbreite verarbeitenden Palette, so dürfte indessen das Musikalische, das sich nicht nur auf schriftlich Transkribiertes berief und weit weniger den Weg zum Drucker fand, einen ebenso hohen Stellenwert eingenommen haben. Und hierher gehört der anfangs gut 20-jährige Caccini, zunächst primär als Praktiker eingebunden in eine Gruppe gleichinteressierter, gleichgewandter und nicht zuletzt konkurrierender Kollegen. Wobei die Einbindung nicht notwendigerweise mehr oder weniger vollständige Integration bedeutete und ein durchaus nicht mit feiner Klinge geführter Futterneid herrschen konnte. Deshalb galt es, durch die Kombination von Anhänglichkeit an die Förderer und eines sich Exponierens, durch die Anstrengungen, im Gespräch zu bleiben, durch instrumentale theoriesatte und/oder Vortrags-Fähigkeiten oder durch eigenständige Eigentümlichkeiten sich hervorzuheben.

Caccini dürfte die gesamte «Klaviatur» beherrscht haben: Sie basierte auf der hohen Qualität seines Gesangs, ging über die gerühmte Eigen-Begleitung mit Zupfinstrumenten (Gambe, Lauten und Chitarrone) und ging bis zum Ausbau seiner individuellen Stellung kraft seiner Familie. Mit einer Sängerin als erster und einer musikalisch begabten zweiten Frau verheiratet, erbten die Kinder, ein Sohn und drei Töchter, die hohen Begabungen. Mit Eifer, Unbefangenheit und zusätzlicher gleichsam interner Ausbildung baute er eine Gruppe auf, die auch im Erfolg heutzutage wohl mit der Trapp-Familie vergleichbar wäre. Vor allem die überdies schöne Francesca trat bereits 1587 als Gesangssolistin in des Vaters Oper «L'Euridice» (vor Monteverdis «Orfeo» herausgebracht und hier mit gutem Ende ausgestattet) auf; sie vor allem übernahm Papas Fertigkeiten und erhielt dank ihres Wirkens den würdigen Übernamen «da Cecchina». Die Anwesenheit von Giulios jüngerem Bruder in der Stadt als geschätzter Bildhauer rundete das Erscheinungsbild der Sippe zusätzlich ab.

2

Kommen wir mit Blick auf das spezifisch Musikalische noch einmal auf Monteverdi zurück. In Florenz und damit bei Caccini, bestand ein unterschiedlicher Zugang: Denn es blieb der literarische Text als Hauptmotor im Vordergrund, weshalb es ganz wesentlich um dessen gleichsam wörtliche Wiedergabe ging. Konsequent betonte der Vortrag den eigentlichen (Sprech-)Gesang als «Melodramma». Er stützte sich, kaum zuletzt der besseren Wortverständlichkeit wegen, auf eine Stimme allein. Darin entstand ein Gegengewicht zum jahrzehntelang vorherrschenden polyphonen Madrigal, das Monteverdi zeitgleich zur gewollt das Dramatische ausspielenden Spätblüte brachte dank mittragender mehrerer Soloinstrumente und der gerne geübten Möglichkeit mehrerer Singstimmen. Aus diesem Gegenüber erklärt sich die sich nunmehr für das «Florentiner» Andersartige gewählte Typenbezeichnung der Monodie. Gleichwohl bedeutete dies nicht einen einstimmigen Vortrag allein. Eine fast zwingende Notwendigkeit bestand in der, gerne mittels der dem menschlichen Organ nahen Laute, ausgeübten Begleitung durch ein Instrument. Sie wurde zum gemäß Caccini «ruhenden Bass» (oder zum «basso continuo», aus dem sich in direkter Linie der Generalbass entwickelte), in dem sich mangels exakter Vorformulierung zusätzlich zum Sänger das

Können und der Geschmack des Begleiters zeigte. Durch mehrfache Zusammenstellung einzelner Stücke entstand eine die Oper auf ihre Weise anstoßende Arienfolge. Allerdings mochte die Aufführung in einer etwas monotonen und dadurch wohl etwas trivialen Darbietung enden. Vor diesem Hintergrund ergab sich der besondere, schwer zu kopierende, unverkennbare Nimbus Caccinis dank einer aus seinem (siehe oben) doppelten Vermögen resultierenden Kunstfertigkeit, die mit lebensvoller Geschicklichkeit eine (offenbar) vollendete, zumindest eine maßgebende Performance erbrachte – was somit seinen Rang erhöhte.

Auch wenn etliches aus Caccinis Feder nicht erhalten ist, so existieren immerhin zwei zeitgenössische Druckwerke und einige Autographen in der Florentiner Nationalbibliothek. Sein rasch populäres *Amarilli mia bella* wanderte sogar in den nördlichen Kontinent, wo man es mehrfach vertonte. (Demgegenüber bleibt, fast kriminologisch, die Autorschaft des heute weit bekannteren *Ave Maria*s fragwürdig.) Das weit gestreute Renommee Caccinis führte nicht zuletzt zu einem zweijährigen Frankreich-Aufenthalt – mit Familie! – am Hof von Henri IV. in Paris. Dort half er seiner, weitgehend unbekannten also neuen musikalischen Form und Aufführungspraxis zu einem Durchbruch, der jahrzehntelang anhielt.

Diese entwicklungsgeschichtliche Größe und diese ein breites Echo – bis, erneut, seit Mitte des 20. Jh. – gewinnende Bedeutung hebt Caccini sicher aus dem

Florentiner Kreis heraus - in dem etwa ein Jacopo Peri wesentlich nur den einschlägigen Historikern bekannt ist).

Hinter solchem dauerhaftem Erfolg stehen zudem seine nachlesbaren grundsätzlichen, aus der Erfahrung geborenen Überlegungen, die er in den *Nuove* (!) *musiche* 1601/02 und der *Nuova maniera di scrivere* 1614 niederlegte und mit zahlreichen eigenen Kompositionen und Vortragshinweisen erläuterte. Caccini betont, es ginge nicht nur um das philologisch richtige Wort, sondern, weit mehr, um die Weckung des Textsinns. Der dadurch gewonnene lyrische Wert einer «harmonischen Rede» bedarf der gesteigerten gesanglichen Interpretation. Sie führt folgerichtig im über das eigentliche Rezitieren hinausgehenden Vortrag zu einer freieren ausdrucksstarken (etwa auch Dissonanzen akzeptierenden) «Diktion» und, dank minutiös ausgearbeiteter ornamentaler Figuration, zu einer hohen Dynamik, zu einem Stil, der zugleich auf einer hervorragenden Gesangstechnik beruht – und durch das Gleichmaß der eine Basis bildenden Begleitung erst seine volle Wirkungskraft entfaltet.

zuerst veröffentlicht in «Literarischen Österreich» 2019

Der Meister der Emotionen.
Claudio Monteverdi zum 450. Geburtstag im Mai 2017

«Irgendwie» macht er nichts Neues und erfindet doch Ungewohntes, Unerhörtes. «Irgendwie» fasst er das Bisherige zusammen und schafft, gerade dadurch, neue Grundlagen für die kommende Zeit. Ebenso fundamental wie grandios ist seine Leistung im umfassenden Durchdenken der Möglichkeiten, die (die) Musik bietet. Sie liegen, was den Reiz für einen Beitrag auf den Seiten des Österreichischen Schriftsteller/innenverbands ausmacht, ausdrücklich und nachhaltig in der Arbeit mit Wort und Sprache.

Wenigstens kurz seien seine Lebensumstände skizziert. Seine Anfänge in Cremona alles andere als großartig, wirkte er für 22 Jahre in Mantua im langsamen Aufstieg vom Viola-Spieler zum Hofmusiker, bevor er 1613 zum *Maestro della Cappella di San Marco* in Venedig gewählt wird. Dies bedeutete nicht nur eine international herausgehobene Wirkungsstätte, sondern neben zahlreichen Kompositionsaufgaben viel praktische Organisation und Reformarbeit.

Mit seiner Geburt 1567 wächst Monteverdi in einer Zeit auf, die bereits ein außerordentliches, breitgefächertes Material bietet[1]. Was Monteverdi daraus folgert, ist die ausgereifte Verbindung von textlichem Gehalt, seiner Vertonung und Instrumentalisierung, ist zunächst Stimmung und dann viel mehr als das: Monteverdi spricht vom *concitato genere*, erregten Stil, heute wohl umzuformulieren in: Ausdruck in seiner höchsten Formmöglichkeit; *con gesto*, wie der Komponist sagt. Nicht von ungefähr gilt das Fragment des Lamentos der Ariadne als ein Höhepunkt. Der Text ist nicht mehr nur Basis für kunstvolle Arrangements, die Notengebung zielt unmittelbar auf die Darstellung des Inhalts. Die erste Klage senkt sich in einem regelrechten Abgesang zum Sterbenwollen kurz herab vor starken einem Ausbruch im Aufbegehren: in wenigen Takten Resignation und sich Aufbäumen, Spannung weit weniger als Kontrast denn als innerer Zustand! Mehr braucht es eigentlich nicht zum Verstehen, und doch will man weiterhören, indem wir uns hineinversetzen, mitgehen «müssen». Damit entsteht im Gesang auf der Textbasis eine umfassende Gegenwart: Eine Ausführung, die nur akustisch einen Schlusspunkt setzt, während sie zugleich über sich hinaus tönt und wächst. *Arianna erschütterte, weil sie eine Frau war*, so Monteverdi 1615, aber *wie soll ich die Sprache der Winde nachahmen, wenn sie nicht sprechen, und wie soll ich durch sie die Empfindung bewegen?* Das Wort also trägt das Geschehen, das ein menschliches ist, verbürgt Charakter wie Gefühl. Monteverdi: *L'oratione sia padrona dell'armonia e non serva*, ja sogar *Oratio harmoniae Domina absolutissima*[2]!

Aber um Herrin zu sein, braucht es – selbständig handelnder – Diener. Zum Text treten, das einwandfreie

Verständnis mitbestimmend, die Instrumente: mehr wie nur Begleitung, sondern zugleich Interpretation, indem sie Klangfarben zuordnen. Darin können sie aufgrund einer Typensymbolik szenische Grundlagen legen[3], darüber hinaus werden sie, gleichsam frei ausgewählt, auf den spezifischen Inhalt bezogen. Im Spätwerk vermögen sie auch die Darstellung wesentlich zu führen, etwa im *genere rappresentativo* des Zweikampfs von Tancredi/Clorinda nach Torquato Tasso, jenes Dichters, der nach Monteverdi *esprime* (!) *con ogni proprietá e naturalezza con la sua oratione quelle passioni*[4]. Wir hören das Pferdegetrappel (im Tremolo der Streicher), den Kampflärm (im pizzicato), ja das Sterben (in weicher Akkordführung). Genau hierin setzt das Neue ein: Nicht die Lautmalerei allein ist es, für die etwa eine Generation früher Clément Janequin berühmt war[5], sondern jetzt «denkt» der Klang, einmal in enger Führung, einmal in weiten Bögen das Geschehen unmittelbar mit.

Beide Beispiele mögen einen Gipfel darstellen, sind aber bei weitem nicht alles: Monteverdis Madrigalwerk ist gewaltig, umfasst (fast) seine ganze Schaffensphase bis ins Alter von 76 und zeigt seine Entwicklung: Vom traditionellen mehrstimmigen Satz über eine erste sparsame Begleitung, die im angeblich von ihm erfundenen obstinaten Bass zur Grundlage für zunehmend solistische Darbietungen als *Monodie* im *stilo recitativo* wird, bis zur vollständigen Mitwirkung der Instrumente in den *concerti* (1619). In den monumentalen Werken, sakral oder profan, ergeben sich, wie etwa in den *Vesper*-Psalmen 1610, daraus die verschiedensten Zusammenstellungen: Solostimmen, allein, im Ensemble, in Rezitativ, Arien, Arioso, in Duetten, Terzetten, mit oder «gegenüber» Chor oder Orchester: Der *stile moderno*, der selbstverständlich ebenso seine Opern erfasst (1607 bis 1642, wobei mindestens 12 verloren gingen), wächst zu enormer Geschlossenheit und zu einer Dramatik, die auf der Szene wahrhafte Menschen im Licht und Schatten ihrer Gefühle auftreten lässt.

Somit abschließend der Versuch, das wahrhaft Besondere zu fassen: Monteverdi erschafft in seiner Musik das Persönliche, das Intime, das Tiefe, das sogar die große Geste aussparen kann. Komposition ist nicht nur Anordnung eines Zusammenklangs im «com», sondern offenbart vollkommene Mannigfaltigkeit. Eigentlich hat dafür Goethe (ob-schon in anderem Kontext) gültige Worte gefunden: *Das glückliche Beispiel, wo Kunst und Handwerk in beiderseitiger Vollendung sich auf dem höchsten Punkt lebendig begegnen (...), weshalb die anderen zusammen strömen, um ihren Geist zu erheben und ihre Fähigkeiten zu steigern.*[6]

1 Einige wenige Hinweise: die Spannung zwischen Kunstform und Volkston, Figuralmusik mit Textverständlichkeit (Palestrina) und der Musik als eigener Sprache (Orlando di Lasso), dem *bel canto* (Giulio Caccini) und der raumfassenden Zeremonialmusik (Gabrieli) bis hin zur im vokalen Duktus sich verselbständigenden Harfen- und Lautenmusik.
2 Die Zitate nach Gerhard Nestler, Claudio Monteverdi, in: Exempla historica Bd. 30, Frankfurt/Main 1984, 67 ff.
3 Etwa für Bukolik oder Unterwelt.

4 So Monteverdi in der Vorrede zum 8. Madrigalbuch: [Tasso,] der mit aller Eigenart und Natürlichkeit seiner Rede diese Leidenschaften ausdrückt.

5 In den sog. Programm-Chansons, etwa *La Guerre*, der Darstellung der Schlacht von Marignano, oder *Le Chant des Oiseaux*.

6 Goethe zu Raffaels Kartons, in der Italienischen Reise, Nachtrag Juli 1787 aus Rom.

zuerst veröffentlicht in «Literarisches Österreich» 2017/1

In schwierigen Zeiten.
Andres Gryphius (Greif) zum 400. Geburtstag am 2. Oktober 2016

Als Nicht-Fachmann empfindet man die Gedichte rasch als einzigartig und als Leistung eines der ganz großen Lyriker «deutscher Zunge». Das ist er zweifellos in der Welt-Sicht, gemessen an seiner Sprachgewalt – und berechtigt die Aufnahme auf eine Seite des Österreichischen Schriftsteller/innenverbands. Gleichwohl lässt sich Gryphius in der Wahl seiner Formen und Inhalte unverkennbar in seine Zeit einordnen. Aber gilt solche Voraussetzung nicht für jeden von uns Schreibenden? Demnach erscheint es notwendig, Gryphius in dieser Bipolarität zu beleuchten.

1
Biographisches: Zunächst ist er Schlesier, protestantisch, zugleich als Einwohner des Herzogtums Glogau/Głogów ein (kurz gar Wallensteinischer) Untertan des altgläubigen Habsburg. Wohl deshalb zieht er sich zweimal für längere Zeit ins benachbarte liberalere polnische Fraustadt/Wschowa zurück. Er lässt sich in seinem Leben nicht nur auf die Existenz als Dichter – für uns Heutige entscheidend – verpflichten: Er arbeitet, akademisch in Leyden ausgebildet, als Rechtsgelehrter, amtet als Syndikus der Landstände in der ganzen Schwierigkeit des evangelischen Ausharrens. Er ist weltgewandt, kann sich in zehn Sprachen

verständigen, unternimmt mitten im Großen Krieg 1644-1647 ausgedehnte Reisen, meistert dank Heirat 1649 eine großbürgerliche Existenz im Austausch mit Gleichgesinnten; die Freundschaft zum gleichaltrigen Breslauer Bürgermeister Hoffmannswaldau ist da lediglich eine Spitze des Eisbergs wie anders die literarischen Vereinigungen, so die *Fruchtbringende Gesellschaft* in Weimar, die Gryphius 1662 als *Der Unsterbliche* (!) aufnimmt.

2

Zeitgenössische Voraussetzungen: Seine erste Publikation *Son- und Feyrtags-Sonnete* erscheint 1639; da liegt des ihm persönlich bekannten Martin Opitz' viel beachtetes *Buch von der deutschen Poeterey* (auf der Forderung nach Bildung basierend, theoriegesättigt in der Lehrbarkeit) bereits seit 15 Jahren vor: Die notwendige Qualifikation in Formengut und Handwerklichem ist in einschlägigen Kreisen locus commune ebenso wie die Kenntnis vorbildhafter romanischer Werke und des englischen Dramas, der Gryphius das Wissen vom niederländischen Theater hinzufügt.

3

Die Ausdrucksform: Der expressiv-subjektive Charakter der Barockdichtung basiert zugleich auf überindividueller Übereinkunft und aus dem Manierismus stammender Überlieferung. Der Mensch steht im Mittelpunkt, in der Spannweite seines Lebens zwischen unsicherer Wiege und allgegenwärtiger Bahre.

Da fehlt die Drastik nicht, etwa in Gryphius' *Thränen des Vaterlands*: *Die Türme stehn in Glutt / die Kirch ist umgekehret. / Das Rathaus ligt im Grauß / die Starcken sind zerhaun / Die Jungfern sind geschånd't / und wo wir hin nur schaun / Ist Feuer Pest und Tod / der Hertz und Geist durchfåhret (...)*, doch kann eine moralisch bewertende Schlusssentenz sie partiell wieder aufheben.

4

Das Religiöse: Der lutherische Dichter ergänzt den Geistlichen in der Anrede Gottes und der Erklärung des Bibelworts. Daneben rückt die Stärke der Gefühlsmystik, vor allem die immense Erbauungsliteratur in Predigtsammlungen und *Postillen* (Johann Arndt bis 1621, von dem G. Wendungen und Motive übernimmt) für beinahe alle Lebensumstände, zeitgebunden auf Tröstung und seelische Stärkung ausgerichtet. Paradigmatisch wirkt drittens das Lied weit in Kirchgemeinden und Familien, vor allem im scheinbar schlichten Werk des neun Jahre älteren Paul Gerhardt. Auch Gryphius prägt die Mühsal und Vergänglichkeit des irdischen Lebens, dem man mit Glaubensfestigkeit entgegnen muss. Besonders kennzeichnend sind seine *Kirchhofs-Gedanken* 1657, ein Tableau angesichts des Jüngsten Gerichts, bei dem es zu bestehen gilt: 7. *Oh Schul! Ich komme voll Begir/ Die wahre Weißheit zu ergründen! Durchforsche mich / du wirst bei mir / Ein munter Ohr und Auge finden. / Was mich je Sokrates gelehrt / Hålt ja nicht Stich (...).*

5

Das Dramatische: Gryphius beteiligt sich maßgeblich am Theatergeschehen. In seinen zahlreichen Tragödien herrscht ebenfalls das Standhafte vor, heute vergessen, seinerzeit weit verbreitet bis und mit dem *Aemilius Papinianus* 1659. Die Kehrseite des dezidiert Tugendhaften bildet die Satire, nicht nur als Komik, sondern im Sinn des lateinischen «Allerlei» durchaus ihrerseits gepaart mit Ethos. Wiederum hatten seine Lustspiele großen Erfolg, namentlich die *Absurda Comica* 1658: Handwerker spielen ohne alles Verständnis den Stoff von Pyramus und Thisbe.

6

Bleibt der Versuch, das Persönliche zu fassen: Gryphius schreibt nicht nur im einheimischen Idiom; er ist genauso gut der lateinischen Dichtung mächtig. Gleichwohl trainiert er geradezu seine Sprachgewalt in der „deutschen" Wortgebung, die sich nicht nur qualitativ steigert, sondern sich auch vom modischen barocken Duktus zu lösen vermag. Dahinter steht eine virtuose Bewältigung der strengen Regeln in Sonetten, Oden, oder, viceversa, der Kurzform des Epigramms. Entscheidend erscheint mir allerdings das grandiose Beherrschen der inhaltlichen Arbeit in gezielter Dramaturgie: Innerhalb der gattungseigenen Außenform die innere Entwicklung als maßgebliche Gestalt auszubilden. Gryphius meistert damit die dynamische Spannung zwischen Form und Inhalt ohne das Gleichgewicht zwischen Figur – wie Bild,

Emblem, Metapher – und Stoff – wie Allegorie, Vision, Leitsatz – zu verlieren. Wohl darin liegt seine noch heutige Größe mitbegründet: Er findet durch und über das rein religiöse Schreiben in seinen, zumal in der Lyrik den Anklang an Gesänge nicht verleugnenden, Arbeiten zu einem beispielhaften Standpunkt, der in der und für die Fragilität des Daseins eine allgemein menschliche und damit überkonfessionelle Haltung ermöglicht. So lautet das Epigramm *Betrachtung der Zeit: Mein sind die Jahre nicht die mir die Zeit genommen / Mein sind die Jahre nicht die ewig möchten kommen / Der Augenblick ist mein und nehm ich den in acht / So ist der mein der Jahr und Ewigkeit gemacht.*

zuerst veröffentlicht in „Literarisches Österreich" 2016/2

Der Allrounder.
Gottfried Wilhelm Leibniz zum 370. Geburtstag
am 21.6.1646 und zum **300. Todestag am 14.11.2016**

Früher hieß, über Leibniz schreiben, in weiten Kreisen Eulen nach Athen tragen. Dies dürfte heute vorbei sein. Allenfalls erinnert man sich an ihn als den
womöglich letzten Universalgelehrten, der die Philosophie als eine alles durchwachsende Prinzipienlehre
begriff. Oder man kennt, in einschlägigen Kreisen,
seinen Namen noch als einen fernen Ahnherrn heutiger Informationstechnik, indem er mit dem Gebäude
seiner Monadenlehre, der Entwicklung der Differen-
tial- und Integralrechnung und, *vom Alphabet der
menschlichen Gedanken* ausgehend, der Arbeit an einem
Zahlenwerk als (Zer-)Gliederung menschlicher Begriffe für eine universelle Zeichensprache eine Art
Vorstufe der Algorithmen fand.

Dabei ist Leibniz bei weitem nicht auf solche grundlegenden gleichsam posthumen Entwicklungen zu reduzieren. Er wäre, nein er ist in mancher Hinsicht
ebenfalls ein Vorläufer unserer façon de vie.
▪ Die in höchster Komplexität wahrgenommene
«Welt» – er notiert *daß ich oft nicht weiß, was zuerst zu tun
ist* – ließ ihn (hieß ihn?) an den diversen thematischen
Stellen immer wieder aufs Neue beginnen; dabei stand
ihm kein Team für Delegation von Aufgaben zur Verfügung. So blieb sein Werk, bereits in jungen Jahren
beginnend und konzentriert bis zum Alter mit 70

Jahren durchgehalten, ein zwar magistrales aber dann doch letztlich – für uns gut nachempfindbar – Stückwerk.

▪ Unterdessen respektive innerhalb dessen bewältigte er eine gewaltige Korrespondenz gleichsam mit der gesamten europäischen Geisteswelt (rund 1000 Personen bei erhaltenen 15000 Nummern). Was dies bedeutet, mögen wir mit unserer täglichen Mailüberflutung und den Mühen, darin wenigstens halbwegs Ordnung zu halten, ebenfalls so gut nachempfinden wie die inhaltliche Volatilität, die mit einer solchen ständigen «Produktion» verbunden ist.

▪ Nota bene: Nebenbei oblag Leibniz noch einem Broterwerb als Hof-Bibliothekar in Hannover und wirkte in breiter Gutachtertätigkeit als Staatsrechtler, Historiker und (vor-)akademischer Wissenschafter.

▪ Lag es an dieser höchst stressigen Doppelspurigkeit, oder stand, womöglich wichtiger, das Misstrauen einer statischen, normativ ausgerichteten, intellektuell allenfalls angehauchten Gesellschaft einem weit Überdurchschnittlichen, die soziale Stratigraphie in seinem Denken Missachtenden, ohne Olympier sein zu dürfen zu den Sternen des Geistes Greifenden gegenüber für die im Rückblick deprimierende Lage Pate, dass Leibniz gegen Lebensende, ihn verbitternd, zu Hause nahezu vergessen worden war?

▪ Man könnte in gewisser Weise allerdings auch nach Markus den Satz *Der Prophet* etc. anführen, denn immerhin ermöglichte «unser» Prinz Eugen ihm 1712-14 einen Aufenthalt in Wien. Dahinter stand nicht

zuletzt die Attraktivität der Anschauungen Leibniz'
als einer Art evangelischen Vorzeigedenkers. Bereits
früh engagiert er sich gegen Atheisten, ruft «politisch»
auf, vereint gegen die nichtchristliche Welt vorzuge-
hen. Die Folge ist, heute erneut aktuell, die Forderung
nach der Wiedervereinigung der Konfessionen. Für
sie müssen in der Religiosität die Vorkehrungen getroffen werden.

Leibniz denkt über physische Natur und (darin ganz
protestantisch) moralische Gnade nach, wobei die positive Spannung zwischen dem Ganzen und dem Individuum durch die göttliche Weisheit fundiert ist. In
dieser [Hin-] Sicht mochte der Prinz seinen eigenen
Standort verklärt wissen: als mitbestimmender Teil
der vom Religionsphilosophen statuierten Ordnung,
die *unmöglich besser gemacht werden kann*... Die aus dieser
Konstellation gottgegebene faktische Einheit basiert,
gemäß dem hierbei bemerkenswert optimistischen
Leibniz, auf sozusagen von oben herab *prästabilierter
Harmonie*. Sie mündet folgerichtig in einer Theodizee,
eine allerdings nicht ganz widerspruchsfreie Rechtfer-
tigung Gottes (in der etwa der ebenfalls religiös zentrale Gedanke der Erlösung kaum seinen Platz findet).
Item, soweit Leibniz als Zeitgenosse. Aber würde
dies, abgesehen vom Wiener Aufenthalt, bei all seinen
großen, zweifelsfreien Meriten für eine Aufnahme in
die Seiten des Österreichischen Schriftsteller/innen-
verbands ausreichen? Als Begründung für diesen
Platz bedarf es eines Ausflugs in die Sprachwelt.

Neben dem seit eh und je geltenden Universal-Latein, das Leibniz bestens beherrschte, schrieb er gleich gekonnt in Französisch, der damaligen lingua franca. Die heutige Durchmischung mit welchem Englisch auch immer weist nach, wie z. T. notgedrungen solche Orientierung ist, will man über seinen Standort hinaus Gehör finden. Bliebe demnach sprachlich die Frage nach der, uns vom globalen Buchmarkt her geläufigen, Qualität der Übersetzungen.

Die Antwort auf ihre Gültigkeit lautet: ja und nein. Das Nein bezieht sich darauf, dass Leibniz sich entschieden für einen breitgestreuten Gebrauch des Deutschen aussprach und auch – wenngleich schriftlich eher selten fassbar – ebenso formulierte. Dann, ja dann, wird er in seinem definitorischen Akt sogar kraftvoll bildhaft, wenn er etwa von der *Kette* der Phänomene, gar vom *Laden* der menschlichen Erkenntnis handelt oder das Zukünftige *gleichsam in einem Spiegel* erfasst.

Und ausgerechnet an diesem Punkt kommt neuerlich die Langzeitwirkung des «großen» Leibniz zur Geltung: Er wird zu einem kaum zu unterschätzenden Promoter der Weiterentwicklung des heimischen Idioms, namentlich in Wissenschaft und Philosophie. An ihn schließt unmittelbar Christian Wolff in Halle an, der die verschiedenen Verästelungen des Leibnizschen Denkens aufgreift, sie für breite, zunehmend bildungsbeflissene (Mittel-)Schichten systematisch aufbereitet und nicht zuletzt durch die (späterhin wieder aufgegebene) Entwicklung einheimischer

Ausdrücke wie *Bewußtsein, Verhältnis* und *Vorstellung* höchst populär macht.

Amen, möchte man da zum Schluss ausrufen: Leibniz, eine nach wie vor für uns Heutige faszinierende Persönlichkeit und ein Anreger sui generis weit über seine Zeit hinaus. Könnten wir uns für uns selber etwas Besseres wünschen – Fragezeichen.

zuerst veröffentlicht in «Literarisches Österreich» 2016/2

Edle Einfalt, stille Größe.
Johann Joachim Winckelmann zum 300. Geburtstag am 9. Dezember 2017

Es gibt insbesondere drei Porträts des Mannes, sämtlich aus der zweiten Lebenshälfte. Das letzte stammt aus dem Todesjahr 1768; Anton von Maron[1] zeigt ihn in pompöser Dreiviertelansicht in rotem Pelzmantel mit gelber, vielfaltiger Tuchhaube: eine Art «Parade»-Bild (wie man dies im adligen Genre nannte), das Habitus und Größe im ausgeprägten Schreib- und Redegestus, in den leicht verhärteten Zügen, im dunklen Blick ebenso vereinte wie in der Staffage mit Büste, Stichblatt und Federkiel. Und dementsprechend oft in Kupferstichen, wenngleich mit Reduktion auf die Kopfpartie, vervielfältigt wurde. Ganz anders die Wirkung beim (damaligen) Freund Anton Raphael Mengs[2] rund ein Jahrzehnt zuvor, 1755. Hier zeigt sich der etwa 38jährige Winckelmann als fast jugendfrischer feinsinniger Beobachter mit forschend-sensiblen Augen im buchstäblich hervorgehobenen Haupt … bei allerdings erstaunlich kräftigen Händen, in denen das Buch nicht fehlen darf. Die Mitte hält das von Angelika Kauffmann[3] 1764 gemalte Porträt, bei dem wiederum der Kopf mit hoher Stirn, scharflinigen zugleich weichen, den Mund hervorhebenden Zügen die Büste beherrscht, dies bei durchgehend stilisierter Draperie. Drei Interpretationen mit verschiedenen Zugängen: die Person als Gegenüber (Mengs), der kulturwache Zeitgeist (Kauffmann), der wirkungsmächtige Beweger (Maron). Kein eigentlicher Zugang zum Privaten; stattdessen ein Literat, ein Denker, ein Kunstfreund.

Der Mensch lässt sich ansatzweise im Werdegang nachvollziehen. Johann Joachim W. stammt aus einfachem Haus, vermag aber trotzdem in der brandenburgischen Klein- und Garnisonsstadt Stendal[4] trotzdem zu einem gewissen Bildungsgrad zu gelangen. Dazu gehören der Besuch der Lateinschule, ein Teilstudium in Halle (Theologie) und Jena (Medizin), die Tätigkeit als Hauslehrer und Schul-Konrektor. Entscheidend wird für seine Karriere, bei dürftigen Verhältnissen womöglich nicht ungewöhnlich, eine hohe Belesenheit: 1748 nimmt er die Arbeit als Bibliothekar auf Schloss Nöthnitz auf, berühmt für öffentlich zugängliche 42000 Bände[5]; dort erreicht ihn das Angebot des Nuntius, ab 1755 in die Biblioteca Vaticana einzutreten[6]. Die notwendige Konversion zum Katholizismus scheint Formsache gewesen zu sein, obgleich W. stets dem Reformierten verbunden blieb: Was eine gewisse Unabhängigkeit ermöglicht. Außerdem schiebt W. vor dem Wegzug in der benachbarten Kunstmetropole Dresden Studien beim befreundeten, gleichaltrigen Zeichner und Stecher Adam Friedrich Oeser[7] ein.

Dann also Rom, zunächst in der eingewilligten Arbeit; er bringt es bis *zum Scrittore linguae teutoniae*. Dann genauer: Rom und seine antiken Zeugnisse; diesbezüglich avanciert er 1763 zum *Commissario delle Antichità*, zum Aufseher der Altertümer des Kirchenstaats, und wirkt mit Publikationen zu dem geradezu internationalen Betrieb der Scavi (Ausgrabungen)[8] in Herculaneum. Schließlich noch genauer: das Rom mit der Reflexion der dort gesammelten, aufbewahrten Kunstwerke; er engagiert sich als Geschulter und Kunstschriftsteller und avanciert zum Doyen der Gelehrten- und Künstlerwelt.

Das alles naturgemäß nicht unabhängig von der Kirche: schon seit 1758 ist er ebenso Schützling wie Mitarbeiter des kirchenpolitisch wie kulturell bedeutenden Alessandro Kardinal Albani: Für dessen Villenneubau entwirft er das Programm der Ausgestaltung, bei der sein Kompagnon Mengs (im Übrigen auch Konvertit) 1761 mit Maron und Paolo Anesi[9] das sofort als epochemachend qualifizierte Deckenfresko des *Parnass* ausführt: im Verzicht auf das *sotto in sú* (d.i. das barocke Aufreißen der Decke zur Himmelsvision) zugunsten einer an Leinwandbildern orientierten Perspektive, einem der Illusion ebenso widersprechenden Kolorit von farbigem Schmelz sowie einer kontrollierten Reduktion der nunmehr als Einzelperson stärker zur Geltung kommenden Figuren.

Eben auch darin äußert sich der Theoretiker und Kunstschriftsteller Winckelmann: Seine auf Basis der Studien in der europäischen Kunstdrehscheibe 1755 noch in Dresden publizierten und zumindest im deutschen Sprachraum rasch bekannt gewordenen *Gedanken über die Nachahmung der griechischen Wercke in Mahlerey und Bildhauer-Kunst* enthalten schon die wesentlichen neuen Implikationen: Es geht dabei zum einen um die Gesinnung, namentlich um die Aversion gegen alles Oberflächliche («Trivialität» und «Schlendrian»[10]), die aber zum zweiten eine Ernsthaftigkeit und Würde auch des Handelns nach sich führt. Solche Ansätze hatte es bereits gegeben und gab es in akademischen Künstlerkreisen. Aber jetzt zeigt sich eine Kompromisslosigkeit, die konsequent die angetroffenen gegenwärtigen Zustände verändern will: um über das Alte die Zukunft zu gewinnen. Dieses Durchhalten bis zum Äußersten mag im «Konvertiten» W. mitbegründet sein, der erst als Enddreißiger die bildende Kunst entdeckt.

Den Weg zeichnet die Antike vor, vorwiegend die als besser und originaler empfundene griechische. *Wenn der Künstler auf diesen Grund bauet, und sich die griechische Regel der Schönheit Hand und Sinne führen lässet, so ist er auf dem Wege, der ihn sicher zur Nachahmung der Natur führen wird. Die Begriffe des Ganzen, des Vollkommenen in der Natur des Altertums werden die Begriffe des Geteilten in unserer Natur bei ihm läutern und sinnlicher machen: er wird bei Entdeckung der Schönheiten derselben diese mit dem vollkommenen Schönen zu verbinden wissen, und durch Hülfe der ihm beständig gegenwärtigen erhabenen Formen wird er sich selbst eine Regel werden.* Im Vordergrund steht die Skulptur: *Das allgemeine vorzügliche Kennzeichen der griechischen Meisterstücke ist endlich eine edle Einfalt, und eine stille Größe, sowohl in der Stellung als im Ausdrucke [...], bei allen Leidenschaften eine große und gesetzte Seele.* Aber auch die Malerei enthält den Sinn, der alles vereint: *Der Pinsel, den der Künstler führet, soll im Verstand getunkt sein [...]: Er soll mehr zu denken hinterlassen, als was er dem Auge gezeiget [...]. Der Kenner wird zu denken haben, und der bloße Liebhaber wird es lernen.*[11]

Den *Gedanken* folgt 1764 die auf 462 Seiten groß angelegte und neuerlich wegweisende *Geschichte der Kunst des Altertums* (ebenfalls in Dresden verlegt). Nunmehr handelt W. von der Charakteristik einer, für ihn selbst für die Römer vorbildlichen griechischen Stilistik, die umfassend das Idealschöne vorstellt. Zum Apoll von Belvedere etwa notiert er: *Der Künstler [...] hat dieses Werk gänzlich auf das Ideal gebaut, und er hat nur eben so viel von der Materie dazu genommen, als nötig war, seine Absicht auszuführen und sichtbar zu machen.*[12] Die Intensität von Winckelmanns Behandlung des Stoffs wirkt neuerlich als fulminante Absage der Gegenwart, so wie sich der Autor als der Künder von jenem Neuem offenbart, das in die „Klassik" bzw. den Klassizismus einmünden wird: «eine unverkennbare Tendenz zum Typischen und Allgemeingültigen, Gesetzmäßigen und Normativen, Bleibenden und Zeitlosen» (Hauser)[13]; wobei die Oberflächenwerte vom auserlesenen Weiß leben.

Winckelmanns tiefer Wunsch, Hellas zu besuchen, sollte sich nicht erfüllen. Bereits krank bricht er eine Nordreise ab, um in Triest das Schiff zu nehmen, Dort fällt er 1768 einem Raubmord mit womöglich homoerotischem Hintergrund zum Opfer. Wird heutzutage das Kriminalistische des Falls betont[14], steht für Goethe, der in Rom Winckelmann «entdeckt»[15], der dessen Briefe edieren will und 1805 eine subtile Studie des Mannes vorlegt, die Wirkung im Vordergrund: Durch den frühen und auf dem Gipfel des Glücks erfolgten *Hingang* bleibt er *als vollständiger Mann* in Erinnerung, *im Andenken der Nachwelt als ein ewig Tüchtiger und Kräftiger.*[16]

Soweit das Leben mit (s)einem traurigen Ende. Ein Beitrag zu Winckelmann wäre allerdings unvollkommen, ginge er nicht der, nicht zuletzt in der Edition seines Gesamtwerks ab 1806 mitbegründeten, Rezeption nach: Sie ist, als Gegenüber-Alternative zur Romantik, gar nicht zu unterschätzen und mag in einigen Schlaglichtern beleuchtet sein. Ein Ausgangspunkt ist, noch einmal, Goethe: [...] *der Eindruck des Erhabenen, des Schönen, so wohltätig er auch sein mag, beunruhigt uns.*[17] Nach diesem Leitstern richten sich jene Künstler, die sich an den Werten der Antike orientieren, speziell die Bildhauer und unter ihnen explizit in nachahmendem Gestus und in subtiler Steinbearbeitung Antonio Canova[18], in Wien in der Augustinerkirche mit dem Grabmal Erzherzogin Maria Christine von Sachsen-Teschen 1801/05 vertreten, oder dann Bertel Thorwaldsen[19]. Noch mehr: Bei der Hautevolee, darunter zahlreiche Gelehrte, wird es Brauch, sich mit Kunstwerken aus der Antike, so nicht im Original halt in guten Gipsabgüssen, zu umgeben. König Ludwig I. dürfte, auch aufgrund seiner Stellung und den daraus resultierenden Möglichkeiten, mit der Glyptothek in München die «Spitze des Eisbergs» dieses Zeitgeschmacks gegeben haben; aber deutlich und bekannt wird diese Mode aus vielen anderen Fällen, etwa bei Wilhelm von Humboldt (dessen 250ster Geburtstag heuer gedacht wird). Die Sammlung wird integraler Teil des Umbaus des Wohnschlosses; in seinen Worten: *An Tegel hänge ich aus vielen Gründen, unter denen doch aber der hauptsächlichste die Bildsäulen sind, teils Antiken in Marmor, teils Gipse von Antiken, die in den Zimmern stehen und die ich also immer um mich habe [...], [das] gehört zu den reinsten, edelsten und schönsten Genüssen. [...] Die Schönheit, welche ein Kunstwerk besitzt, ist natürlich, weil es ein Kunstwerk ist, viel freier von Beschränkung als die Natur.*[20] Im Übrigen leitet den Umbau Karl Friedrich Schinkel, jener Architekt, der in Norddeutschland paradigmatisch für die klassizistische Architektur stehen kann (und zugleich den Weg in die Neugotik mitebnete), dem in Bayern Leo von Klenze und Friedrich von Gärtner an die Seite gestellt werden können: Weißlich helle Architektur, bestimmt von unmissverständlich klaren Körpern und Gliederungen. Auch darin lässt Winckelmann (noch) grüßen.

1 Jg, 1731, aus Wien, dort Studium an der Akademie, mit dieser zeitlebens verbunden, so als Berater bei der Neuorganisation 1772 (mit der Folge von Stipendien für Romaufenthalte); 1755 nach Rom zu seinem Schwager Mengs – siehe Anm. 2 –, dessen freier Mitarbeiter er wird. Nach 1761 vor allem Porträtmaler, allerdings im Schatten von Angelika Kauffmanns – siehe Anm. 3.
2 Jg. 1717 aus Böhmen (Aussig/Ústi nad Labem), als Jude Konvertit und in Rom für lange Freund Ws. 1762 erscheinen von ihm (ebenfalls) *Gedanken über die Schönheit und den Geschmack*: das für Jahrzehnte das grundlegende Lehrbuch in den Kunstakademien. Ihm gelang, für die hier besprochene Thematik relevant, die Synthese von christlichen und antiken Vorlagen.

3 Jg. 1741, geb. in Chur, gebürtig aus dem Bregenzerwald, über Jahrzehnte die europäische Porträtistin schlechthin und in Rom Goethes geistige Freundin.

4 Heute im Bundesland Sachsen-Anhalt. Aufgrund seiner Verehrung für Winckelmann wählte Henri Beyle, der 1807/08 nahe des Orts lebte, sein Pseudonym als Stendhal und machte dadurch den Ortsnamen in der Weltliteratur berühmt.

5 Besitzer ist Heinrich Graf von Bünau, den W. zusätzlich bei dessen Manuskript über die Dt. Kaiser- und Reichsgeschichte (die bis zu den Ottonen gelangt) unterstützt.

6 Ein Schritt, den ein anfängliches Stipendium des sächsischen Kronprinzen erleichtert; im Unterschied zum «Volk» waren ja die Wettiner seit August dem Starken wegen der Inanspruchnahme der polnischen Krone katholisch; siehe auch die beiden zentralen Sakralhäuser: Frauenkirche ev.-lutherisch 1743, Hofkirche 1751 (!) katholisch.

7 Jg. 1717, aus Preßburg (Bratislava) mit Lehre bei Georg Raphael Donner; seit 1739 in der konfessionell dualistischen Kulturmetropole Dresden, ab 1759 in Leipzig, wo er etwa auch Goethe Zeichenunterricht gibt, und wesentliche malerische Beiträge liefert.

8 Arnold Hauser, Sozialgeschichte der Kunst und Literatur, München 1953/1967, S. 660, setzt noch hinzu: zum ersten Mal nicht mehr „französisch" geprägt und «die scavi werden zum Losungswort des Tages».

9 Jg. 1697, Römischer Landschafts- und Veduten-Maler.

10 So nennt es Gombrich in der Geschichte der Kunst (engl. 1950, dt. 1952 [S. 308], letztlich eine nicht übertroffene Geschichte des Sehens und bis 2004 in 16. Auflage mehrfach aufgelegt).

11 Erstes Zitat aus dem Kap. 3, zweites Zitat aus dem Kap. 4, drittes Zitat aus dem Kap. 6.

12 Die Statue ist die römische Steinkopie eines griechischen Bronzewerks und wurde unter anderem berühmt durch einen Stich aus den 1530er Jahren.

13 Hauser, a.a.O. S. 647.

14 Siehe unter anderem auf der Website der Winckelmann-Gesellschaft.

15 Siehe etwa in der Italienischen Reise: *Vor einunddreißig Jahren (…) kam er (…) hierher, ihm war es auch so deutsch um das Gründliche und Sichere der Altertümer und der Kunst.* (13.12.1786) oder *Wie viel tat Winckelmann nicht, und wieviel ließ er uns zu wünschen übrig.* (11. Jan. 1787).

16 Über Winckelmann, zitiert nach Goethes Werke in 2 Bänden, Salzburg/Wien 1949, Bd. 1 «Winckelmann», S.944- 954, Zitat S. 954.

17 Ital. Reise, Bericht April 1788.

18 Jg. 1757; besonders berühmt mit «Amor und Psyche» 1793 und der «Paolina Borghese» (der Lieblingsschwester Napoleons als Liegende Venus) 1805/05. Ein personenbezogenes Museum an seinem Geburtsort Possagno (Provinz Treviso) in Oberitalien.
19 Jg. 1770 Kopenhagen. Abgesehen vom Th-Museum in Kopenhagen viel besucht sein Löwendenkmal in Luzern 1821.
20 Briefe an eine Freundin, 8. Nov. 1825.

zuerst veröffentlicht in «Der Literarische Zaunkönig» 3/2017

Alle Aufklärung ist nie Zweck, sondern immer Mittel.[1]
Johann **Gottfried Herder zum 275. Geburtstag am 25. August 2019**

Es gibt von ihm kein bis heute berühmtes oder auch nur der Allgemeinheit gut bekanntes Werk. Das Vernachlässigte dürfte mit den nicht als «System» abgeschlossenen *Fragmenten, Betrachtungen, fliegende*(n) *Blätter*(n), *Ideen* zusammenhängen. Und doch kommt niemand in der Auseinandersetzung mit den Grundlagen der literarischen Moderne um ihn herum. Von nichts kommt nichts: Zum Teil setzte eine gewisse Entfremdung schon zu seiner Lebzeit ein, der Mann zog sich – wohlgemerkt in dem Trubel des «Klassikerreichs» Weimar – immer stärker in seine Welt zurück. Der Hintergrund dieses, um es drastisch auszudrücken, Ausweichens mag sich in seinem Gedicht *Der Mond* widerspiegeln: *Und grämt dich, Edler, noch ein Wort / der kleinen Neidgesellen? / Der hohe Mond, er leuchtet dort, / Und läßt die Hunde bellen / Und schweigt und wandelt ruhig fort, / Was Nacht ist, aufzuhellen.* Bezüglich des (er-)Leuchtens immerhin kommunizierte das selbst erklärte Gestirn weiterhin und weiterum über Briefe und Abhandlungen mit der Welt, und solches in höchster Intensität. Handkehrum legte der gesellschaftlich immer Unzugänglichere sich mit einigen Größen seiner Epoche an, publizistisch und somit durchaus öffentlich: etwa mit Kant, bei dem er studierte, was auf reichliches Unverständnis stieß, oder mit Goethe, mit dem er seit frühen Elsässer Zeiten befreundet war und der ihn 1776 an den «Musenhof» geholt hatte. Was zu einem echten Zerwürfnis ja zeitweisen Bruch der Beziehung führte, der sich – ungeachtet einer eigenen, dem Dichter nachfolgenden Italienreise 1788/89, die jedoch zu konträren «Ergebnissen» führte – erst sehr spät kitten liess. Einem Großteil des deutschsprachigen Südens stand überdies lange Zeit der stets die Moral hochhaltende protestantische Theologe fern, obgleich er nach seinem Tod am 18. Dezember 1803 indirekt ins Bayerische über einige seiner Söhne, wenn auch nicht auf literarischen Gebieten, hineinwirkte.

Herder entstammte einem ostpreußischen Kantor- und Volksschullehrerhaus in Mohrungen, und der trotz bescheidener Verhältnisse dort herrschende praktisch-didaktische Geist hat ihn ungeachtet theoretisierender Geistesflüge im Kulturellen offensichtlich nicht verlassen. Bereits neben dem Besuch der örtlichen Lateinschule gelang ihm eine autodidaktische Weiterbildung mittels Kopistentätigkeit bei einem Diakon und mittels Lektüre in der Pfarrbibliothek. Daran fügte sich das zweijährige Studium der Medizin, Theologie und Philosophie in Königsberg sowie ein Dasein als Lehrer und Geistlicher in Riga. Nach der Aufgabe aller Ämter 1769 folgte, nunmehr «en groupe», eine Art Studienfahrt bis nach Paris. Im Anschluss an einen Zwischenaufenthalt im gräflichen Bückeburg in einer Art Mischfunktion wechselte er schließlich nach Weimar, wo er als *Oberhofprediger* zeitlebens im Pfarrhaus hinter der Stadtkirche lebte. Zudem amtete er als *Generalsuperintendent* und *Oberkonsistorialrat*, damit auch für das Schulwesen zuständig; obgleich für ihn, wie er ausführte, *die Erziehung* gleich nach der Geburt einsetzt. Zweifellos gründen die meisten seiner Äußerungen – mündlich zumal in (nicht zuletzt nach Schillers Zeugnis) lebensnah die evangelische Theologie pietistischer Prägung veranschaulichenden Predigten, schriftlich wahrhaft umfangreich in Briefverkehr und Publikationstätigkeit – in diesen Arbeitsfeldern.

Und dennoch: In einem (posthum veröffentlichten) *Journal* der ersten Reise breitet der Endzwanziger, dem Titel widersprechend, Pläne und Entwürfe, Wünsche und (in der Beschäftigung mit Rousseau) Phantasien zur Natur aus; die hier ebenfalls niedergelegte (wohl durch die gesicherte Begegnung mit den großen Enzyklopädisten Didérot und d'Alembert beeinflusste) Wendung zu den Themata «Weltgeschichte» und «Bildung» weist aber bereits auf einen entscheidenden Wechsel der sich selbst gestellten Hauptaufgaben hin.

Ein weit ausgebreitetes Spektrum also; darob wird Herder manchmal als Universalgelehrter benannt, doch das trifft (vergleicht man ihn etwa mit Leibniz aus der vorangegangenen Generation) nicht den Kern seiner Ausrichtung, so wie ebenso das Studium der Naturgesetzlichkeiten (wie beim Nachbarn Goethe)

fehlt. Seine «Natur» orientierte sich ganz an der Eigenart des Menschen und ist darin im allerbesten
Wortsinn Humanismus. In dieser Ausrichtung strebt
Herder nach außerordentlicher Breite, die niemals die
gedanklich und menschliche Tiefe vermissen lässt.
Basis bleibt für jede persönliche Befähigung die theo-
logische Grundlage der Offenbarung Gottes als *die all-*
weise, allmächtige und allgültige Urkraft, die nicht außerhalb,
sondern innerhalb der Welt existiert (...). Die konkrete
Folge für die Erde heißt allgemein: *Die Religion ist die*
höchste Humanität des Menschen, während die zielgerich-
tete Definition lautet: *Niemand schaden, allen Hilfe leisten,*
jedermann ein heilger Altar sein, ist Religion. Und diese Freun-
din geht mit uns, wenn alles einst zurückbleibt. Darin ruht
der *Zeitgeist,* ein Begriff, den Herder erfindet und den
er vielfältig auszuleuchten versucht. Darin erklärt sich
der Umfang seines Denkens, über die «heimatliche»
Religion hinaus ausgerichtet ▪ auf Kultur(-Philoso-
phie), nachgerade im Spiegel der Dichtung, ▪ auf Bildung, vor allem im Studium der *Kunst des Schönen,* ▪ auf
Zeugnisse der Vergangenheit, expressis verbis und in
extenso immer unter dem Gesichtspunkt des Ausdrucks. Darin begründet sich der Ausgangspunkt seiner Überlegungen in der und zur Gegenwart, die indes ebenso den Fokus auf über Mitteleuropa und die
eigene Zugehörigkeit hinausreichende historische Belege insbesondere des Brauchtums richtet. Ist Herder
bereits die *ebräische* Bibel Beweis für *die älteste, simpelste*
und erhabenste Poesie überhaupt, so erfasst er von früh an
eine Vielzahl *Volkslieder,* wiederum eine eigene

Wortschöpfung, die er (1744, 1788/89) in bedeutenden Sammlungen vorstellt: Maßgabe bleibt die – der Erbauungsliteratur und *der künstlichvollkommensten* (was wohl bedeuten soll: regelkonformen) Dichtung unbedingt gleichberechtigte – *Volkspoesie, ganz Natur, wie sie ist, hat Naivetäten und Reize*, unbedingt zu resp. in verschiedenen Zeiten und Ländern, weshalb Herder ein weiteres Mal empfindsam nachvollziehende Übersetzungen (etwa des samländischen *Annchen von Tharau*) vorlegt ... und, fast nebenbei, eigene Lyrik beisteuert (siehe oben), was zur Freundschaft des Matthias Claudius im entfernten Wandsbe(c)k beitrug.

Derart intensive Beschäftigung und Nachvollzug müssen fast notgedrungen «die» Sprache generell in den Mittelpunkt rücken. Weiterhum bekannt wird der Mittdreißiger mit der *Abhandlung über den Ursprung der Sprache*, die er auf der Grundlage früherer vorgelegter Forschungen zur Ode (1765) bzw. zur *neueren deutschen Literatur* (1766) als seinen Beitrag zu einer von der Berliner Akademie ausgelobten *Preisfrage* einreicht – den Wettbewerb gewinnend. Erster Punkt ist der Hinweis auf eine Naturgesetzlichkeit: *Der Mensch ..., diese* [seine] *Besonnenheit (Reflexion) zum erstenmal frei würkend, hat Sprache erfunden. Denn was ist Reflexion? Was ist Sprache? Erfindung der Sprache ist ihm also so natürlich, als er ein Mensch ist!* Daraus folgt Punkt zwei: *Am offenbarsten wird (...) der Fortgang der Sprache durch die Vernunft und der Vernunft durch die Sprache.* Womit sich Herders anfänglicher «Sturm und Drang» zur «Aufklärung» gewandelt hat, denn: *Der Ursprung der Sprache wird (...)*

also nur auf eine würdige Art göttlich, sofern er menschlich ist. Als Punkt drei kann der Blick auf das ihm eigene, gewohnte Idiom nicht fehlen, dessen eigenständiges Niveau er zu definieren versucht, indem sich hierin namentlich der Einfluss von Klima und Lebensweise manifestiere. Diese Beschäftigung führt zu Überlegungen *Von deutscher Art und Kunst*, wiederum zeitlich weit zurückreichend, sodass gerade er Goethe bereits auf das Straßburger Münster hinwies (dessen Beitrag er in seine Kompilation aufnahm).

Unumgänglich kommt Herder zur Frage der Entwicklung innerhalb des historischen Ablaufs. Geschichte bleibt ihm (Stichwort «Natur») etwas organisch Gewachsenes, dessen *Linie des Fortganges* er als *Prüfung des europäischen Verstandes* von der Frühzeit verschiedener Völker bis und mit dem germanischen Mittelalter untersucht. In ihr äußert sich ein Vorwärtsstreben, das in der der Menschheit eignenden Religiosität zusammenläuft, ja mehr noch: *In ihr sind wir alle eins.* Die damit zugrunde gelegte Toleranz – geradezu modern klingt das *Gott sortiert Gebet sicherlich nicht nach Konfessionen* – erweist sich in den späteren *Ideen zur Philosophie der Geschichte der Menschheit* (1784 ff) und den *Briefe(n) zur Beförderung der Humanität* (1792ff) dank der *immer und überall* geltenden *Frage der inneren Selbstbefreiung* im erreichbaren Ideal der harmonischen Entfaltung und Betätigung jener Anlagen, die alle im Menschlichen wurzeln und konkrete Auswirkungen bis zu den allgemeinen *Menschenrechten* besitzen.

Kehren wir abschließend zum Menschen Herder zurück. In einem sind sich alle Porträts, ob gemalt (wie jenes des berühmten Anton Graff) oder gestochen, einig: in der hohen «frei» gehaltenen Stirn, in dem schmalen (erst im Alter leicht fülligeren) Gesicht und in den dunklen eher sinnend als forschenden Augen, zweifellos ohne strengem Blick. Mochte er, etwa wenn er sich in Rom nicht auf die lebenslustigen Künstlerkreise einliess, als «sittenstreng» gelten (so Katharina Junk), seine protestantische Moralität besass stets das Korrektiv im undogmatischen Blick auf das zutiefst Humane. Sein zunehmendes Abseitsstehen erscheint gemildert durch die enge Beziehung zu seiner Frau, die ihm umfassend zur Seite stand, und durch seinen Fleiss trotz Krankheit aber in *Begeisterung*, gepaart mit dem hohen Ethos im Anspruch, *die nützlichen Dienste geleistet* zu haben. Das scheint ihm die Seufzer nicht zu ersparen: Den Zweizeiler *Wer des Feuers genießen will, / muß sich den Rauch gefallen lassen* mochte er als eine Art Alterssicht (um 1797) auf seine Lebenssituation selbst angewendet wissen wollen, dem er, halb resignierend halb sich ermutigend, in seinen letzten Jahren (um 1803) hinzuzufügen weiss: *Wer ausharret, wird gekrönt.* Diesen Lorbeer verdient er sich zudem zweifellos in der kaum zu unterschätzenden, rasch einsetzenden und für lange verbleibenden Nachwirkung seiner grundlegenden Beiträge für ein breites Spektrum höchst unterschiedlicher «geistiger» Disziplinen.

1 aus Herder, Journal meiner Reise im Jahr 1769, entstanden 1769/70.
Erstdruck in: E.G. v. Herder, Herders Lebensbild, Erlangen 1846

zuerst erschienen in «Literarisches Österreich» 2020/1

Was aber bleibet, stiften die Dichter.
Johann Christian **Friedrich Hölderlin zum 175. Todestag am 7. Juni 2017**

Allein ein Abriss der Positionen zu «Wahnsinn oder
nicht» von Germanisten, Psychologen, Mediziner,
Psychiater füllte mehr wie den hier möglichen Text-
umfang[1]. Basis aller Schlussfolgerungen sind naturgemäß die Beobachtungen von Zeitgenossen, allemal in
damaliger Diktion, die sprachlich übersetzt und zudem aus der Sicht des jeweiligen Verfassers interpre-
tiert werden müssen ... Es erscheint eher lohnend,
sich aus dem Streit heraus und die Lebensstationen
H.s vor Augen zu halten. Es tut sich nach dem unbe-
friedigenden Besuch der theologischen Seminare in
Maulbronn und Tübingen für eineinhalb Jahrzehnte
eine unstet rastlose Existenz auf, in der vieles gesehen, versucht und durchlaufen wird. Wobei er im ge-
drängten Dasein ab 1796 eine Art sinnlicher Kontinuität in seiner erwiderten Liebe zur Frankfurter Banki-
ersgattin Susette Gontard erhält. Die Beziehung zu
«Diotima» wird, ohne eigentliche Bereinigung, äußerlich abgebrochen wie ebenso faktisch seine zahlreichen kurzatmigen Stellungen als Studiosus und Hauslehrer, darunter zwei Auslandsaufenthalte. Von
Bordeaux kommt er 1802 verändert ja verstört zurück, die äußere konfuse Erscheinung offenbar Spiegel des aufgewühlten Inneren. Von diesem ersten
Schub erholt er sich noch einmal, arbeitet höchst intensiv, um dann einen immer verwirrteren Eindruck

zu hinterlassen, der zur medizinischen Behandlung in Tübingen und ab 1807 zum Dasein «im Turm» führt: Keineswegs weggesperrt, gepflegt von der Schreinerfamilie Zimmer, mit geregeltem Tagesablauf, mit Phasen der Ruhe wohl ebenso Resignation, die von Ausbrüchen (aus Unverstanden-Sein?) auch Besuchen (bei denen er sich äußerst devot gibt) unterbrochen werden – und bei weiterlebender Kreativität mit einen schlichteren Ton in Rhythmus und Klang suchenden Gedichten: Es mag sein, dass er in dieser Empfindung jenes Reine erlebte, das er zuvor als eine Art absoluter Sprache suchte.

Stellen wir dem das «überall» abgebildete Brustbild des rund 30jährigen[2] gegenüber: eine hohe zurückfliehende Stirn, weiche ausdrucksstarke Lippen unter schmaler geradliniger Nase und bemerkenswerte von innen heraus beobachtende Augen. (Die wesentlichen Grundzüge sind ebenso erkennbar in Bilddokumenten anderer Altersstufen[3].) In einem Gedicht scheint Hölderlin eben diese Haltung mit *heilignüchtern* zu beschreiben. Kulturell äußerst wach, nimmt er bis 1803 intensiven Anteil am zeitgenössischen Geschehen, das, zumal im deutschen Südwesten, von enormen politisch-gesellschaftlichen Umbrüchen durch den unmittelbar wirksamen Nachhall der Franz. Revolution gekennzeichnet ist. Die von ihm verspürte soziale Herausforderung (deren Wirksamkeit in seinem Leben ebenfalls kontrovers diskutiert wird) führt aber offenbar nicht zu größeren Handlungs-Aktivitäten.

Es dürfte zugleich aus eigener Anschauung getextet sein: *Denn, ihr Deutschen, auch ihr seid / Tatenarm und gedankenvoll.*[4]

Man bräuchte also eigentlich nicht «groß» zu mutmaßen, sondern sollte ihn selbst zu Wort kommen lassen. Hierher gehören, weit weniger als die Lyrik bekannt, unbedingt die «theoretischen» Texte, die von einem tiefen Nachdenken über seine, über des Dichters Stellung erfüllt sind. Wenn das *Sein die Verbindung des Subjekts und Objekts aus*[drückt], ist das *Urteil im höchsten und strengsten Sinne die ursprüngliche Trennung des in der intellektualen Anschauung innigst vereinigten Objekts und Subjekts,* [...] *die* Ur=*Teilung.* Daraus folgt konsequent *die Verfahrungsweise des poetischen Geistes: Setze dich mit freier Wahl in harmonische Entgegensetzung mit einer äußeren Sphäre, so wie du in dir selber in harmonischer Entgegensetzung bist, von Natur, aber unerkennbarerweise, solange du in dir selbst bleibst* [...].

Der nächste Schritt, nun in der Lyrik vollzogen, ist die Verbindung eines vollständigen Bogens: *Wer das Tiefste gedacht, liebt das Lebendigste, / Hohe Jugend versteht, wer in die Welt geblickt, / Und es neigen die Weisen / Oft am Ende zu Schönem sich.*[5] In und aus diesem *Bund des Geistes*[6] entsteht ein außerordentlich hoher Anspruch an sich und die Welt im gesamten *Lebenslauf:* [...] *denn nie, sterblichen Meistern gleich, / Habt ihr Himmlischen, ihr Alleserhaltenden, / Daß ich wüßte, mit Vorsicht / Mich des ebenen Pfads geführt. // Alles prüfe der Mensch, sagen die Himmlischen, / Daß er, kräftig genährt, danken für Alles lern', / Und verstehe die Freiheit, / Aufzubrechen, wohin er will.*[7]

Die Bewältigung erfolgt durch die Sprache: *Wird nicht alle Beurteilung der Sprache sich darauf reduzieren, [...] ob sie die Sprache einer echten schön beschriebenen Empfindung sei? So wie die Erkenntnis die Sprache ahndet, so erinnert sich die Sprache der Erkenntnis.* Darin ist die Poesie erfasst: Hölderlin handelt selbst *Über den Unterschied der Dichtarten,* bei denen als *Seiten* die lyrische, epische, tragische Gattung zu unterscheiden sind. Dem schließt sich unmittelbar die in der Sprache ausgedrückte Haltung an mit der Differenz von naivem Gedicht *vermittelst der Phantasie* und energischem *vermittelst der Empfindung.* Es folgen die Partien und die Mischung der Dichtarten (namentlich im *Wechsel der Töne* als Farben, Stimmungen): *Denn wenn schon die Vollendung von allen ein vermischter Ausdruck von allen ist, so ist doch eine der drei Seiten in jedem die hervorstechendste.* Demgegenüber ist nicht bekannt geworden, in welcher Weise Hölderlin für sich die metrischen Möglichkeiten und die Typen wie Ode oder Hymne – Bezeichnungen, mit denen er zahlreiche Gedichte versieht – bewertet. Auch zu den von ihm üppig genutzten Andeutungen und Metaphern äußert er sich nicht im Allgemeinen. Und vermag er auch wahrhaft aus dem Vollen zu schöpfen, handelt er zugleich als ein strenger Stilist, der wohl zu kalkulieren weiß (was er wohl «vernünftig handeln» genannt hätte). Von dieser Warte aus mag sich seine intensive Beschäftigung mit der griechischen Antike, die von der Anteilnahme am Befreiungskampf bis zur

Nachdichtung von Sophokles reicht, ebenso ihren Platz finden wie seine Bekanntschaft mit Schiller und nachfolgend mit Schelling und Hegel.

Es bleibt viel Raum für Interpretationen aus ganz verschiedenen Blickwinkeln. Eine Perspektive ist, um zum Anfang des Beitrags zurückzukommen, die Beachtung zahlreicher gleichzeitiger Künstlerviten aller Kunstgattungen, in denen sich ein verwandtes «Schicksal» manifestiert, weil sich der kreative Entwurf zwischen geistvoll aufgeklärter Vernunft und seelisch empfundener Weltsicht[8] nicht in die unruhigen, das Selbst erschütternden Lebenswirklichkeiten einordnen lässt[9].

Das Titelzitat aus der Hymne *Andenken.*; Friedrich Hölderlin: *Sämtliche Werke.* Bd. 2, hrsg. F. Beißner. Stuttgart 1951, S. 188f.
1 Immerhin gibt es Zusammenfassungen der sehr kontroversen Diskussion; z.B. Aargauer Zeitung 7.5.2017: *Hat die damalige Medizin den Dichter verrückt gemacht* (Christoph Bopp) oder: Friedrich Hölderlin und die Psychiatrie, hrsg. von Uwe Gonther und Jann E. Schlimme = Schriften der Hölderlin-Gesellschaft, Bd: 25, Bonn 2010.
2 ein Pastell F.K. Hiemers 1792.
3 etwa Zeichnung des Jugendlichen oder Wachsbild des 70jährigen.
4 *An die Deutschen,* in: Friedrich Hölderlin, Sämtliche Werke. 6 Bände, Band 1, Stuttgart 1946, S. 253-254, im Internet unter www.zeno.org.
5 2. Strophe aus *Sokrates und Alcibiades* (zwischen 1796 und 98).
6 Vgl., aus der letzten Phase: *Des Geistes Werden ist den Menschen nicht verborgen, / Und wie das Leben ist, das Menschen sich gefunden, / Es ist des Lebens Tag, es ist des Lebens Morgen, / Wie Reichtum sind des Geistes hohe Stunden. // Wie die Natur sich dazu herrlich findet, / Ist, daß der Mensch nach solcher Freude schauet, / Wie er dem Tage sich, dem Leben sich vertrauet, / Wie er mit sich den Bund des Geistes bindet.*
7 Die letzten beiden Strophen des Gedichts *Lebenslauf* (zwischen 1800 und 1806).

8 Schlegel in der Allgemeinen Literarischen Zeitung 71 vom 2.3.1799: *Hölderlins* [...] *Beiträge sind voll Geist und Seele.*

9 In der deutschsprachigen Literaturszene ließen sich etwa zeitgleich Lenz (aufgearbeitet von Büchner!), Kleist oder Novalis (mit Hölderlin verwandter Liebes-Tragik), evtl. noch der «Ästhet» Wackenroder zur Seite stellen.

zuerst veröffentlicht in «Literarisches Österreich» 2018/2

Der ältere Bruder wird 250[1].
Wilhelm von Humboldt zum 250ten Geburtstag am 22. Juni 2017

Eigentlich stand und steht er noch immer im Schatten: der größeren Namen aus der Napoleon- und Übergangszeit, der Entwicklung der Linguistik im 19. Jh. und gewiss seines Bruders Alexander. Man hörte ihm zu, las (eventuell) auch, was er in andauerndem Bemühen schrieb, in den politisch handelnden Kreisen meist ungern. Er dachte zu gründlich und formulierte zu ambitioniert. Immerhin: er konnte es sich leisten, zumal materiell: Gut situiert durch das geteilte Erbe, noch besser gestellt durch seine Frau – die ihm allerdings darüber hinaus zeitlebens eine gehörige intellektuelle und kulturbeflissene Begleiterin war. Eigentlich ein durchaus freier Mensch, wäre er nicht aufgrund seiner gehobenen Stellung immer wieder in die unruhigen Zeitläufte mit den unsicheren Kantonisten der starken Männer hineingezogen worden. *Ich trage eigentlich einen zwiefachen Menschen in mir: einen, der immer von der Welt ab nach der Einsamkeit gerichtet ist, und einen, der sich durch die Umstände und [...] Lust, sich in einer Lage zu versuchen, nach der Welt hinstoßen läßt.*[2]

Äußere und innere «Zustände» sind also maßgeblich an seiner Stellung beteiligt, wie vier für ihn grundlegende Arbeitsbereiche zeigen.

- Politik

Auf seine Weise weigert sich Wilhelm von Humboldt, sich in den an sich pflichtgemäßen preußischen Staatsdienst zu fügen, bis er nach der Katastrophe von 1806 (Jena) seine Zurückhaltung mit dem Eintritt in die Diplomatie aufgibt. Nach Jahren in Rom (siehe unten) ist er nicht unwesentlich beteiligt am Frontwechsel Österreichs 1813, nachfolgend am Wiener Kongress und schließlich am neuen Deutschen Bundesstaat, wird– aufgrund seiner alldeutschen Gedanken – aber von Gneisenau, dem Staatskanzler, hintangehalten und bleibt – aufgrund seiner europäischen Gedanken – in steter Antistellung zu Metternich. Um nach einem Intermezzo in Berlin als Beauftragter für das Unterrichtswesen und in London als Botschafter wegen bleibender schwerer Unstimmigkeiten – aufgrund seiner liberalen Gedanken – definitiv auszuscheiden.

- Bildung

Nicht von ungefähr handelt es sich bei WvH um einen der am umfassendsten gebildeten Männer seiner Zeit, das Wissen größtenteils im Selbststudium erworben (und somit seinen Reichtum vorbildlich und für einen Reformierten unüblich immateriell anlegend). *Gebiete des Geistes, die selten ein einzelner zu vereinigen vermag, hat er in Klarheit zusammengefaßt, [...] in solcher geistigen Höhe und Freiheit, daß nichts zum Beruf in ihm ward, alles nur zum Stoff für ein höchstes, ideales Gepräge der Humanität*[3].

Dazu gehören seine enormen Kenntnisse in vielen Fremdsprachen, in denen er sich zu verständigen wusste, seine tiefgehenden Einsichten in antike Kultur, seine beherzte Vertrautheit mit Literatur, allemal zeitgenössischer Werke: Schon in jungen Jahren beginnend, begleitet er kritisch die Entstehung zahlreicher Werke Schillers und Goethes, denen er zeitlebens befreundet blieb. Indessen dachte er konsequent über sich hinaus und ist in seinem ganzheitlichen Ansatz Joh. Heinrich Pestalozzi[4] verwandt. Allerdings negiert WvH ausdrücklich die Praxis des Alltags, begreift die Allgemeinbildung in entscheidender Differenz zur damals üblichen Berufsförderung (!). Dieses Anliegen – *Das Resultat der Erziehung hängt ganz und gar von der Kraft ab, mit der der Mensch sich auf Veranlassung oder durch den Einfluß derselben selbst bearbeitet.*[5] – ist der Motor zur Ausarbeitung der mehrstufigen öffentlichen Schule. Wobei er vor allem dem «Klassischen Gymnasium» die wesentliche Humanbildung für den einzelnen Menschen beimisst und maßgeblich an der Entwicklung der Berliner Universität zum Hort umfassender Gelehrsamkeit beteiligt ist.

▪ Kultur
Ich kann es nicht leugnen, und es muß tiefer liegen [...]: das Altertum ist das einzige, was mich eigentlich ganz lebendig ergreift, und ich bin [...] ein vollständiger Gegensatz gegen alles Moderne, das Mittelalter mit eingeschlossen, und was sich darauf gründet.[6] Seit der Kindheit mit dem alten Griechenland befasst, das ihn – der sich zuallererst der

deutschen Nation zugehörig fühlt – bis zur Übersetzung von Aischylos' «Agamemnon» 1816 nicht mehr loslässt, bietet ihm die Stellung als preußischer Resident in Rom und *Chargé d'affaires* im Königreich Neapel 1806-11 die Chance und Herausforderung, das antike Leben umfassend zu studieren und zu begreifen. Darüber hinaus baut er mit seiner Gattin ein eigentliches Kulturinstitut auf, das lange und weit über ihn auch als Basis wissenschaftlicher Studien hinauswirkt.

▪ Sprache

Im Rückblick verhält er sich ambivalent zu Herders Aufgliederungsideen. Zum einen bleibt WvH skeptisch, wenn er nachdenkt, wie es überhaupt zur Entwicklung kommt: *Der Mensch ist nur Mensch durch die Sprache; um aber die Sprache zu erfinden, müsste er schon Mensch sein.*[7] Es bedeutet, *daß die objective Wahrheit aus der ganzen Kraft der subjectiven Individualität hervorgeht*[8].

Solche Überlegungen erscheinen doch eher als konträrer Ansatz. Aus seinen mannigfachen Untersuchungen von Baskisch, Sanskrit, Kawi (der Literatursprache Jawas) und amerikanischer Idiome folgert er, Sprache sei Mittel der und zur Erkenntnis: *In der Sprache vereinigt sich einmal die Welt, die sie darstellt, und der Mensch, der sie schafft.*[9] Auf dieser Basis versucht er stets, Gesetzmäßigkeiten zu finden, die mittels Reflexion der Schrift und ausgedehnter Grammatiken ihrerseits die Beschäftigung mit Bildern und/oder Tönen – somit durchaus quantifizierbarer und isolierbarer Zeichen – aufspüren sollen. Dennoch beharrt er immer

darauf: *Es giebt nichts Einzelnes in der Sprache, jedes ihrer Elemente kündigt sich nur als Theil eines Ganzen an.*[10] Aus dieser Perspektive begründet er sicher nicht die Linguistik, aber er bleibt einer der entscheidenden Beförderer der methodischen Durchdringung, folglich ein wesentlicher Vater der Sprachwissenschaft.
Und: WvH ist ein unermüdlicher und versierter Briefeschreiber und verfasst zahlreiche Gedichte, in den letzten Lebensjahren bis 1835 täglich ein Sonett …

1 Wilhelm (22. Juni 1767 – 8. April 1835) ist der ältere Bruder des weit bekannteren Alexander.
2 Brief an die Ehefrau Karoline 16. Juni 1818.
3 Ferdinand Gregorovius in der Einleitung zur Herausgabe der Briefe Alexanders von Humboldt an seinen Bruder.
4 europaweit in den 1780er Jahren beachtet mit «Lienhart und Gertrud».
5 aus «Briefe an eine Freundin», 29. Nov. 1823.
6 Brief an Karoline, 3. Juli 1813.
7 Vortrag «Über das vergleichende Sprachstudium (…)» 1820
8 Vortrag «Über die Buchstabenschrift (…)» 1824
9 Brief an Schiller, Anfang sept.1800
10 Vortrag (s. oben) 1820.

zuerst veröffentlicht in «Literarisches Österreich» 2017/2

Wien - à la carte.
Anne Louise **Germaine „Madame" de Staël zum 250. Geburtstag von am 22. April 2016**

Man mag es einem in der Schweiz Beheimateten nachsehen, wenn er die immer mit einer Französin assoziierte europäische Größe (Goethes «Weltfrau»), die eigentlich eine evangelisch-reformierte Genferin war, bei einer österreichischen Literarischen Zeitschrift vorstellt.

Dabei reichte bereits ihr ereignisreiches, recht turbulentes Dasein als Romanstoff vollkommen aus. Ihr Vater, Jacques Necker, lebte als Bankier in Paris. Obgleich er vor der Revolution als Finanzminister und kurzzeitiger Regierungschef amtete, vermochte er sein Kapital «hinüber» zu retten – und hinterließ der selbsternannten «Fille Monsieur Necker»[1] ein stets für höchste Belange ausreichendes finanzielles Polster. Ihrerseits führte die Mutter, Madame Necker, in eben dieser Zeit einen der Aufklärung verpflichteten Freitag-Salon. Dies bedeutete vielseitigste Anregungen für den äußerst wachen, kaum von Zweifeln geplagten Sprössling.

Gemeinsam vermachten die Eltern der Tochter Anne Louise Germaine einen starken Selbstbehauptungswillen und eine gute Portion Berechnungsfähigkeit. So sehr Germaine dem französischen Savoir-vivre verpflichtet war, setzte sie klug ein nicht alltägliches Unterpfand ein: Keine Französin zu sein und zudem keine Katholikin, verhalf zum abgesicherten

Überleben in äußerst schwierigen Zeiten. Sie ließ sich trotz allem dramatischem Hin und Her offensichtlich nicht unterkriegen.

Über Jahrzehnte hinweg behielt ihre Anziehungskraft auf die Zeitgenossen ihre außerordentliche Wirkung. Der Glanz galt doppelt: in der enormen erotischen Ausstrahlung (ungeachtet ihrer späteren Neigung zur Fülligkeit) ebenso wie im sprühend geistvollen Intellekt (von Jugend an).

Immer wieder aus Paris verbannt, wählte sie in Antistellung zu Napoleon, den sie lediglich anfangs bewunderte, seit der Wende des 18. zum 19. Jahrhundert als dauerhaftes Exil das Neckersche, damals in einer Bernischen Vogtei liegende Schloss Coppet am Genfer See, heute im Kanton Waadt[2].

Dort baute sie sich nach und nach ein illustres Kollegium auf. Sie scharte einen Kreis einander, mit wenigen Ausnahmen, immer wieder ablösender Diskutanten um sich. Eines blieb dabei gleich: Die namentlich Deutsch- und Französischsprachige vereinende Gemeinschaft lebte in der Symbiose ganz unmittelbar körperlichen Liebeslebens – ein gefundenes Fressen für die europäische Tratschbörse – und hohen geistigen Bildungsanspruchs. Dieser Think-Tank, aus eigenen Mitteln dotiert, beruhte außer auf den finanziellen Grundlagen zweifellos auf ihrem geschliffenen Verstand und ihrer enormen Beredsamkeit. Hinzu gesellte sich ihr großer Bekanntheitsgrad aus einer dichten schriftstellerischen Tätigkeit mit zwei Romanen und einer Fülle literaturtheoretischer und politikphilosophischer Abhandlungen.

Zentral für die vorliegende Würdigung ist ein Buch, das sich untrennbar mit ihrem Namen und, bis heute, mit dem Buchtitel «De l'Allemagne» verbindet[3]. Die in ihrer Wirkung kaum zu unterschätzende «Bibel der französischen Romantiker», so Comtesse Jean de Pange, gab noch 2013 der sich dem Nachbarland widmenden Ausstellung in Paris das gefällige Motto. Das Werk hat selbst eine abenteuerliche Geschichte: Nachdem unter Napoleon 1810 das zensurbereinigte, druckreife Manuskript eingestampft wurde, rettete Madames Adept August Wilhelm Schlegel die Korrekturfahnen, welche, 1814 in London publiziert, bald darauf übersetzt unter dem Titel «Deutschland» erschienen. Apropos: Eigentlich bestand der nicht französisch besetzte, respektive in die Republik eingegliederte Teil dieser «Allemagne» zur Zeit der Fahrten Madames, 1803/04 und 1807/08, noch aus zahlreichen, höchst unterschiedlichen Ländern, großen und kleinen, breiten und schmalen, hinterwäldlerisch strukturierten und klug regierten. Differenzen und Gemeinsamkeiten beobachtete Madame einerseits distanziert aus der Warte der Ausländerin und kaum der einheimischen Sprache Mächtigen, andererseits involviert als eine in den von ihr vertretenen, ja beherrschten Belangen Gefragte (siehe oben), oder, wenn nicht, als sich ins dortige Leben Hineinmengende.

Ihren langen Bericht weiß sie thematisch wohl zu ordnen, was wohl bereits als Hinweis auf den selbstbestimmten außerordentlichen Anspruch zu verstehen ist. So beleuchtet sie im ersten, «Sitten» genannten Teil, der den eigentlichen Reiseverlauf widerspiegelt, ihre mehr oder minder erfolgreiche Aufnahme in die jeweiligen Gesellschaften. Den Umfang dieser ersten Bücher übersteigen bei weitem die folgenden Abhandlungen über die angetroffene Welt der Kultur. Germaine de Staël beginnt mit der Darstellung von «Literatur und Kunst», erörtert «Philosophie und Moral» und handelt schließlich über «Religion und Enthusiasmus». Sie versucht herauszufinden, was in den kennengelernten Einstellungen das Wesen der jeweils angetroffenen Gebräuche und Manieren sei. In ihren Beobachtungen vergleicht sie darüber hinaus gut und gerne das Angetroffene mit dem ihr Gewohnten. Auf den ersten Blick mögen dabei die „Westler" mit ihrem Scharfsinn und in ihrer Aufgewecktheit besser abschneiden. Madame aber nimmt gerade durch die Gegenüberstellung in deren Witz das allzu Geschmeidige als dadurch Oberflächliches wahr. Esprit und Lebenskunst allein reichen nicht, folgert sie, sind es doch die Deutschen, die Innerlichkeit und Korrektheit in die Waagschale werfen. Schlaglichtartig verdeutlicht diesen Impuls die einzige lange Kapitelüberschrift «*Warum lassen die Franzosen der deutschen Literatur nicht Gerechtigkeit widerfahren?*»

Die nuancierte Billigung des Eigenständigen in diesem «Allemagne» kommt für eine zutiefst

Frankophile einer beachtlichen Neuorientierung gleich. Und gerade diese Neuausrichtung erlebten die Leser als revolutionär – und meist als überzeugend. Hinter dem mit aller Verve vorgetragenen Wandel der Einstellung mochten die Interpretationen (und Einflüsterungen?) mancher Mitreisender, namentlich Schlegels, stehen. Aber sie war zeitlebens Manns (Frau!) genug, ihre Erlebnisse, Erfahrungen, Kontakte selbständig zu bewerten. Bei ihnen schwingt ungeachtet des bleibenden kritischen Ansatzes das mehrfach positiv aufscheinende Weimar oben aus.

Der folgende Satz steht nicht isoliert im Text und gibt, will man nicht einige eigene Abhandlung über die Abhandlung schreiben, doch eine Art Résumé: *Im Deutschen muß man sich mit den Ideen, im Französischen mit den Personen messen; mit Hülfe des Deutschen muß man grübeln, mit Hülfe des Französischen zum Ziel gelangen. Mit dem ersteren muß man die Natur, mit dem anderen die Gesellschaft mahlen.*[4]

Kurz: Evaluation und Urteil sind bei ihr eine Sache.

Madame weilte 1808 ebenfalls in Wien. Ihre Recherche verband sie mit ureigenem Liebesleben (Graf O'Donnell) und Ränke (Aufbau einer Front gegen Napoleon). Konnte sie vielerorts nicht mehr den mitgebrachten Gemeinplatz eines bemitleidenswerten Zustands „deutscher" Realität feststellen, so blieb sie meinem Empfinden nach Wien gegenüber erstaunlich reserviert. Hier – an einer Macht-Schaltstelle sui generis und Paris an Relevanz vergleichbar – schien sie sich nicht ganz von Vorurteilen, oder, vorsichtiger formuliert, mitgebrachten Denkweisen lösen zu können; die Passagen wirken oft etwas klischeehaft. So heißt es etwa, gleich zu Beginn: *Oestreich ist ein so ruhiges Land, ein Land, wo der Wohlstand allen Classen von Einwohnern so sicher, so leicht gemacht wird, daß man sich nicht viel mit den intellectuellen Genüssen zu schaffen macht. … Der Mangel an Wetteifer hat in so fern sein Gutes, daß er die Eitelkeit niederschlägt; oft aber auch leidet der edle Stolz darunter, und macht zuletzt der bequemen Hoffart Platz, der es in allen Stücken an der Aussenseite genügt.*[5]

Der nahezu omnipräsente, direkte oder indirekte Vergleich rückt für sie hier die örtlichen Verhältnisse im Sinn einer Einschränkung zurecht: *Das tägliche Lustwandeln im Prater zu einer bestimmten Stunde, ist eine italienische Sitte. Eine solche Gleichförmigkeit im Vergnügen wäre in Paris, in einer Stadt und in einem Lande, wo die Vergnügungen so abwechselnd sind, unmöglich; die Wiener hingegen dürften, bei allem übrigen Lebenswechsel, dieser Ordnung nicht entsagen.*[6]

Dann setzt sie gezielt, pointiert und durchaus scharf fort: *Der gesellschaftliche Umgang dient nicht in Oestreich, wie in Frankreich, zur Entwickelung oder Belebung des Geistes; er läßt bloß Geräusch und Lärm im Kopfe zurück. Auch halten sich die geistreichsten Köpfe der Monarchie größtentheils von solchen Gesellschaften fern; diese werden fast ausschließlich von Frauenzimmern besucht, und man muß wirklich über den Geist erstaunen, den sie bei einer so geistlosen Lebensweise entwickeln.*[7]

Bei einer Relektüre im enormen zeitlichen Abstand atmet das ganze Werk noch immer die geistvoll-vitale Frische der Reisenden, durchdrungen von Germaine de Staëls sachlich beobachtender Fähigkeit, ihrem wachen, wenngleich eigensinnigen Verstand und ihrer aus der Praxis geborenen, analytischen Darstellung des erfassten Geisteslebens.

1 In Frankreich bezeichnete man (wie im Angelsächsischen) die Ehefrauen nach der Anrede mit dem Namen des Gatten. Germaines Selbstbezeichnung mit Blick auf das väterliche Erbe stellt in dieser Hinsicht eine geradezu provokante Autonomiebekundung dar.

2 Der Stadtstaat Bern verlor sein bis vor die Tore Genfs reichendes „Untertanenland" erst beim Wiener Kongress 1814/15.

3 Anne Louise Germaine de Staël: *De l'Allemagne,* Reutlingen, 1815, Bibliotheca Augustana.

4 wie Anm. 3, S. 103

5 wie Anm. 3, S. 55, S. 59

6 wie Anm. 3, S. 65

7 wie Anm. 3, S. 73

Der musikalische Balladen-König.
Johann **Carl** Gottfried **Loewe zum 150. Todestag am 20. April 2019**

«Prinz Eugen der edle Ritter, wollt dem Kaiser wiedrum kriegen Stadt und Festung Belgerad, er ließ schlagen eine Brucken, daß man kunnt hinüber rucken, mit dr' Armee wohl vor die Stadt ...» Wer kannte früher nicht die dazugehörende Melodie, eingängig im Vorwärtsstreben und markant im Klangablauf? Ein österreichisches Memento, Evokation der der Leistungen des habsburgischen Feldherrn bis hin zur Chance eines «Wir-Gefühls». Und doch nicht allein ein Austriazismus, sondern wahrhaft breitenwirksam im Rahmen einer Entstehungsgeschichte (nach Freiligrath) von einem Norddeutschen aufgegriffen und zielsicher verwertet (op. 92 1844). Zu diesem passt inhaltlich schon eher die ebenfalls sehr bekannte und ebenfalls singbare Story, wie der beim Vorbereiten der Vogeljagd (angeblich) überraschte Heinrich (I.) die Wahl zum König der Deutschen erfährt (op. 56.1 1836). Besonders eindringlich ist dabei die Schilderung in einer Art von «Tonmalerei» (wie das in der Literatur genannt wird), sei es in der Beschreibung des Feldlagers einerseits oder der berittenen Wahlabordnung andererseits.

Südlich Magdeburgs im ausgehenden 18. Jahrhundert geboren, orientiert sich sein Leben in den norddeutschen Raum. Bereits früh als guter Sänger aufgefallen, der sich zudem selbst am Klavier begleiten konnte, bekam er noch in jungen Jahren vom westfälischen König Jerôme einen «Jahressold» (wie er das in seiner Autobiographie nennt) für Auftritte in Köthen. Nach dem Ende der napoleonischen Ära und einem Intermezzo mit Studium der reformierten Theologie in Halle, wo er gleichwohl als Tenor auffiel, wandte er sich definitiv der Musik zu und lernte vor allem bei Carl Friedrich Zelter, dem Freund und Informanten Goethes, in Berlin. Loewes op. 1 (1824) vertont denn unter anderem dessen «Erlkönig» (offenbar in Unkenntnis des gleichnamigen Stücks des zwei Monate jüngeren Schubert 1815). Sein Mentor Zelter ist namentlich tätig im Gesangsbereich, die Gründung der Liedertafel 1809 wird (parallel zum Wirken Hans Georg Nägelis in Zürich) vorbildlich für zahlreiche folgende bürgerliche Gesangsvereine. Gerade diese «Schiene» prägt Loewe offensichtlich in hohem Maß bis hin zur eigenen Gründung eines «Pommerschen Chorverbands».

Nein, man kann Loewe natürlich nicht auf Lieder einschränken, zu breit ist seine über 40jährige Arbeit als Organist, Kantor und städtischer Musikdirektor also auch Dirigent in Stettin. Er schreibt allein 17 Oratorien und 6 Opern, Kantaten, Chorgesänge, 2 Symphonien, Kammer- und Klaviermusik, darunter 2 Konzerte mit der schönen Española im zweiten. (Dazu eine Anmerkung en parenthèse: Ausgerechnet aus der Feder von Anton Webern stammen einige

Instrumentationen von Loewes Werken, womöglich aufgrund einer gewissen Verbundenheit während seines Kapellmeister-Intermezzos in Stettin 1912.)

Und doch wird Loewe weit herum als Liedkomponist (bei etwa 500 Nummern auch nicht sehr erstaunlich) bekannt, ausdrücklich mit seinen zahlreichen Balladen (eben bereits seit seinem opus 1). Die Rezeption ist recht gespalten: Der Ablehnung wegen zu phrasenlosen Tons und eines schlichten Hausmusikgenres stehen apologetische Äußerungen bis hin zum «Schubert des Nordens» – was immerhin eine zweite Annäherung an Österreich ermöglichte – gegenüber. Zweifellos ist auch seine preussische Verwurzelung (was ihm gar das Epitheton eines «Hohenzollernkomponisten» eintrug) zumindest da und dort ein einschränkender Faktor für die positive Wahrnehmung: die jedoch an seinem Renommee als Meister der Balladen nicht entscheidend zu rütteln vermochte. Obwohl er nicht als die erste Kapazität dieser Gattung gelten kann, die vor allem der Stuttgarter Johann Rudolf Zumsteg (seit Jugend Freund Schillers) in einer Art Durchbruch in der dramatischen Auslegung und musikalischen Situationsschilderung prägte; an dieses Vorbild schloss durchaus auch Loewe (wie der «späte» Schubert) an.

Versuchen wir also das Genre in der Leistung Loewes etwas genauer zu fassen. Balladen wollen eine gewisse Dramatik des Geschehens widerspiegeln, der lyrische Charakter verliert sich also. Der Ausdruck orientiert sich stark auf das in Wort gefasste Geschehen, das in Motivik und Harmonik gleichsam musikalisch umgesetzt wird. Auf diese Weise entstehen bildhafte Szenen, die Loewe eindringlich zu gestalten weiss: Er legt, und darin lag wohl die breiten Schichten zugängliche «einfache» Nachvollziehbarkeit, Wert auf eine – etwa durch klar erkennbare Taktfolge, motivische Zuordnungen und strophenartige Abfolgen – direkte, unmittelbar wirkende Aussage: nicht zu verwechseln mit einem eigentlichen wenn auch künstlerisch bearbeiteten Volkston (dem sich andere Zeitgenossen wie der 20 Jahre jüngere, ebenfalls in Preussen [Halle] wirkende Robert Franz widmeten).

Nicht die Wortvertonung steht also im Vordergrund, sondern die Vergegenwärtigung des durch die zugrunde liegende Dichtung angesprochenen Atmosphärischen, bei dem die musikalische Gestaltung gleichsam die unerlässliche Erklärung liefert: Mithilfe der Methode, durch den musikalischen Charakter auf die jeweiligen Personen, Szenerien und Handlungsabläufe einzugehen, bildet Loewe ein eigentliches, «einleuchtendes» Stimmungsbild aus und eine weit mehr als nur ergänzende Unterstützung des Textes. Das gilt, um auf den «Prinzen Eigen» zurückzukommen, gleich zu Beginn für die Bühne des Biwaks («Zelte, Posten, Wer-da-Rufer, lust'ge Nacht am Donauufer»). Sicher wird Schuberts grandiose Parität von Stimme und Klavierpart wie ebenfalls das von Schumann stark gewichtete Textganze nicht erreicht, aber zum

einen liegt Loewes Leistung in der szenischen Charakterisierung von Personen, Szenerien und Handlungs-
abläufen, zum anderen in der leicht fasslichen, eingängigen musikalischen Führung nicht zuletzt der Solo-
stimme («Kantabilität»), die gemeinsam mit der harmonischen Klavierbegleitung das Stück zu einem ver-
dichteten Wirken kommen lässt. Kein Wunder, führte
er eben die Ballade auch dank einem breiten Themen-
spektrum seiner Vertonungen von Historischem
(Tom der Reimer) über dramatische Ereignisse (Ar-
chibald Douglas), Genreevokationen (Die Uhr) bis zu
Märchen und Sagen (Die Heinzelmännchen), das
zum Teil gewichtigen Textvorlagen (etwa von Goethe, Uhland, Fontane) nicht ausspart, zu einer breiten
Popularität – und, setzt man sich nicht auf den Elite-
stuhl, in vielen Fällen (siehe eingangs) dank einer
sozusagen maßgeschneiderten Vortragskultur durchaus gut und gerne noch heute hörbar! Und es wird
deutlich: Der Erfolg – nicht nur seiner zahlreichen
Konzertreisen, 1844 auch nach Wien – gab ihm nicht
von ungefähr Recht.

zuerst veröffentlicht in „Literarisches Österreich" 2019

Mit klarem Blick und spitzer Feder.
Jane Austen (1775-1817) zum 200. Todestag am 18. Juli 2017

Obschon man nur sehr wenig über Jane Austen weiß, meint man sie gut zu kennen.

Es gibt zahlreiche Informationsmöglichkeiten über sie, darunter neuere Bücher, die angestrengt versuchen, alles annähernd sicher Qualifizierbare und nur irgendwie Erhaschbare aufzuführen: Weil streng nachvollziehbare Unterlagen und Abbildungen fast vollständig fehlen, behilft man sich mit ihrer häuslichen Umgebung, den Kenntnissen des Englands im frühen 19. Jahrhundert und namentlich mit dessen Sozialstruktur. Denn diese spielt zweifellos zum Verständnis eine enorme Rolle. Erschwerend kommt hinzu, dass «Englands Lieblingsautorin» (NZZ 1.4.2017) bereits kurz nach ihrem Ableben von der Familie vereinnahmt wurde, beginnend mit den Erinnerungen ihres Bruders Thomas und einer zunehmenden Mystifizierung «der lieben Tante Jane».

Und es gibt jede Menge von Verfilmungen, 1938 beginnend und nicht endend bis in die letzte Zeit, namentlich 14 Mal ihres bekanntesten Romans (*Stolz und Vorurteil*), gleich in mehreren Varianten: als moderne Version mit der Möglichkeit, dank einer Schiebtür zwischen dem heutigen London und der buchstäblich vergangenen Welt zu wechseln, oder umgekehrt ganz als Eintauchen in die Atmosphäre von 1810 auf dem englischen Land.

Die Bildsprache unterstützt, nimmt man sich die Geschichte anschließend (noch einmal) vor, den Eindruck, Jane Austen schreibe «Historische Romane», die aus viel Angelesenem und Studiertem einen möglichst spannenden, möglichst echt wirkenden Plot generiert. Das ist heute höchst modern, gab es aber ausgerechnet bereits in ihrer Epoche: Zeit seines – und ihres! – Lebens berühmt etwa der Autor Walter Scott, der das neue Genre zu einem einflussreichen literarischen Zweig entwickelte ... und der gleichwohl Jane Austens literarische Sicht der Welt sehr bewunderte.

Der Eindruck eines gleichsam heraufgeförderten Inhalts trügt natürlich, noch dazu in allerhöchstem Maß: Jane Austen ist schlichtweg authentisch, nein, mehr als das: absolut echt. Sie springt zwar auf den Zug des außerordentlich populären Sittenromans auf, krempelt ihn jedoch gehörig um. Trotz der nach wie vor beibehaltenen Position der auktorialen Erzählerin identifiziert sie sich mit einer weiblichen Hauptperson. Diese bestimmt damit letztlich die Perspektive, mit ihr tauchen wir als Lesende vollkommen in ihr «Universum» ein. Das heißt ebenso: Jane Austen rekonstruiert nicht, sie erklärt nicht. Sie schildert aus zutiefst eigener Erfahrung und schöpft aus kontinuierlich sprudelnder Quelle.

Praktisch alle Romanhandlungen spielen in der «Gentry», jener sich selbst als eigene soziale Gruppierung verstehende Schicht aus niederem Adel und Landbesitzern, der sie selber angehörte. Gerade deshalb beeindruckt es, dass sie niemals berichtet. Sie erzählt aus dem inneren Zirkel heraus, innerhalb der (selbst in den Übersetzungen nachvollziehbaren) Grenzen eines gesellschaftlichen Habitus. Die Enge sprengt sie mit sprühender Gestaltungskraft, mit einem scharf klärenden Blick hinter die Kulissen des Scheins ebenso wie mit der notwendigen dichterischen Freiheit, nicht zuletzt ebendarum zugleich voller Bezüge und Charakterisierungen. Das beginnt bei der Landschaft Mittelenglands mit ihren weitläufigen Hügeln, Forsten und Buschwerk und freien Flächen mit Ausblicken.

Das geht weiter über die intensive Schilderung der Wohnorte, oft schlossartige Anwesen. Eine gewisse Rolle als Bezugspunkt wird der Stadt Bath verliehen (die damals einen enormen Entwicklungsschub erlebte), aber eben nicht als urbanes Gebilde, sondern rein als gesellschaftlicher Treffpunkt. Das reicht bis zur Formung des Alltags mit steten Wanderungen querfeldein (die den Geist auslüften lassen), mit der beständigen Sorge um eine «gute» Verheiratung (bei Müttern und Töchtern), mit dem nie aufhörenden Schreiben von Handzetteln und natürlich Briefen (auf deren Gebiet Jane Austen eine vielgeübte Meisterin war), mit der steten Suche nach Höhepunkten (namentlich in gesellschaftlichen Anlässen wie Bällen und Reisen).

Auf den ersten Blick mag solche Wiederholung etwas langatmig, vielleicht sogar langweilig wirken. Doch der Schein täuscht: Das Gleiche ist bei Jane Austen niemals dasselbe. Somit ging ihr erstens der Stoff nie aus. In ihrer kurzen, für die Zeitumstände allerdings nicht ungewöhnlich kurzen, Lebenszeit erschienen in dichter Folge fünf groß angelegte Romane. Zu ihnen treten zahlreiche weitere Arbeiten, die allerdings nicht den gleichen nachhaltigen Bekanntheitsgrad gewinnen konnten. Zweitens beschreibt sie in der Qualifizierung und Führung ihrer Figuren das Wirken des Äußeren in den inneren menschlichen Schichten. Aus dieser höchst subtilen literarischen Leistung resultiert ein farbiges, genauer: farblich changierendes Tableau menschlicher Zustände, eine Psychologie (ante definitionem sozusagen) eines nur scheinbar, weil durch strenge soziale Regeln, in sich geschlossenen Personenkreises.

Und, was die Feministinnen unter den Lesenden freuen wird, jeweils zutiefst aus der Sicht einer sich jedem Tag neu stellenden, stets gründlichen Überlegungen über die eigenen Erfahrungen offenen jungen Frau.

Diese Ausgangslage eröffnet die Chance zum ehrlichen Reflektieren all der großen und der kleinen Dinge des Alltags (*Allow me to feel no more than I profess*), weckt ein sensibel-einfühlsames Verhalten und gibt Anlass zu ironisch-geistvoller Kommentierung. Dazu zwei Beispiele: In «Stolz und Vorurteil» erreicht nach einigen Wirren die Heldin Elizabeth ausgerechnet durch ihre bis zur Kompromisslosigkeit reichende Verwurzelung im eigenen Selbst eine kaum für möglich erachtete soziale Karriere. In Jane Austens letztem, dreibändigen Werk schildert sie schließlich mit «Emma» (Woodhouse) eine bis zur Verweigerung der Heirat bestrickend selbständige Persönlichkeit und beginnt, zu neuen Ufern aufzubrechen. Sie war sich dessen voll bewusst, wenn sie schrieb: *Ich werde eine Heldin schaffen, die keiner außer mir besonders mögen wird.* Die andere Seite ist das Zurücktreten hinter ihre Werke; sie publiziert anonym «by a lady», wird jedoch trotzdem zunehmend als Autorin bekannt – und öffnet damit eine Gasse, etwa für die Brontë-Schwestern der nachfolgenden Schriftstellerinnengeneration.

Man meint sie gut zu kennen: Aber man lese! Man lese nicht zwingend die kaum noch überblickbare Sekundärliteratur über sie, sondern vielmehr und unbedingt – mit stets wartenden Neuentdeckungen – ihre eigenen Werke.

zuerst veröffentlicht auf www.verdichtet.at/Juni 2017

But something whispers to my mind ...
Emily Brontë (1818-1848) zum 200. Geburtstag am 30. Juli 2018

Es sind wohl für eine «gerechte» Beurteilung keine guten Voraussetzungen, wenn man – oder besser, hier: frau – gerade einmal 30 Jahre lebt und nur einen großen Roman hinterlässt. (Wobei es, gemäß Verlegerbrief, ein knapp beendetes zweites Manuskript gab, das jedoch nie aufgefunden wurde.) Bekannt ist überdies ein 1846 gedruckter Sammelband unter dem (männlichen) Pseudonym Currer, Ellis, and Acton Bell mit Gedichten auch zweier Schwestern, die eine älter, die andere jünger.

Die drei Brontë-Schwestern empfanden sich mit dem vorwiegend malenden Bruder nicht zuletzt durch die äußeren Lebensumstände – von den identischen Verhältnissen im elterlichen Pfarrhaus im Norden Englands (Yorkshire) mit einem ebenfalls als Verfasser tätigen Reverend-Vater und einer einfühlsamen Tante als Mutterersatz über eine lang anhaltende, an Holzfiguren sich entzündende Phantasiewelt bis zum Sitzen für (Gruppen-)Bildnisse – zumindest bis nach der Pubertät als eine enge Gemeinschaft. So wie, stets aufs Neue herausgearbeitet, dies Gemeinsame auch späterhin in ihren literarischen Werken im Vordergrund gestanden haben soll.

Was sich aber, sieht oder besser: liest man genauer hin, inhaltlich als etwas arg summarisch und, nimmt man einige Äußerungen (gerade der ältesten über die mittlere, eben Emily) hinzu, durchaus als etwas arg eingeschränkt herausstellte. Gleichwohl blieb inklusive des frühen, rasch aufeinander folgenden Ablebens fast aller Geschwister reichlich Stoff für mehr oder minder einfühlsame Hypothesen, die nicht zuletzt zwischen 1943 und 2016 in phantasievollen Filmen einen Niederschlag fanden, sowie an mehr oder minder gehaltvollen Thesen, deren Wahrheitsgehalt offen, wenn nicht fragwürdig bleibt. Noch bewunderte Virginia Woolf die Leistungen, die aus *nicht mehr Lebenserfahrung* entstanden, *als das Haus eines achtbaren Geistlichen betreten durfte.* Solchen Standpunkten lässt sich auch dank wachsendem Dokumentationsmaterial widersprechen, in diesem Fall etwa, indem sich eine erhebliche Bildung außer Haus und der Auslandsaufenthalt in einem Erziehungsheim in Brüssel mit nachfolgendem Plan einer eigenen Schule festhalten lässt.

Besonders bekannt wurden, bei uns, zwei ihrer Bücher, *Jane Eyre* von Charlotte und *Wuthering Heights* von Emily, jeweils eine Mischung aus frühromantischer Empfindung und gesellschaftlicher Realistik. Bei *Wuthering Heights*, 1847 wieder als von Ellis Bell verfasst und erst posthum 1850 unter eigenem Namen herausgegeben, in mehrfacher deutscher Übersetzung als *(Die) Sturmhöhe* erschienen, ist der Titel trotz der Bezeichnung eines zentralen Ansitzes Programmansage: Es geht zutiefst um leidenschaftliche Gefühle und ihre nicht ausbleibenden Auswirkungen.

Ein Mitglied der Gentry bringt von einer Reise ein Waisenkind mit, das trotz ungebärdigen Wesens zum bevorzugten Sohn wird, in den sich, vollkommen erwidert, die Tochter des Hauses vernarrt. Was in der Familie zu erheblichem Missvergnügen und, nach des Oberhaupts Tod, zu starken Gegenmaßnahmen, zur Trennung und zur bitteren indes örtlich nahen Verheiratung von *Catherine* führt.

Das Unglück nimmt seinen Lauf, als der Findling *Heathcliff* nach einigen Jahren als gemachter Mann zurückkehrt und sich nun in schockierender Weise als Rabauke ohne Manieren manisch-obsessiv dem finanziellen und menschlichen Ruin aller vor Ort Verbliebenen widmet, in den er die nachfolgende Generation mit einbezieht. Nach dem Triumph im allseitigen Elend lebt er nur noch im Bann seiner heißen, bereits bald verstorbenen Liebe bis hin in den Untergang im (shakespearehaften) Wahn. Was jedoch ein knapp geschildertes, deshalb umso überraschenderes glückliches Ende in dem allein überlebenden jungen Paar ermöglicht.

Berichtet wird, in schriftstellerischer Hinsicht zugleich spannend wie bewunderungswürdig, aus einer zweifachen Perspektive: einer Rahmengeschichte und der sämtliche Ereignisse abhandelnden Erzählung durch die Haushälterin, infolge der mehrfach in die Gegenwart mündenden Erinnerung trotz der (scheinbaren) Kontinuität eine vielfache Verschränkung von Personen, Ereignissen, Reaktionen und feinnervig durchleuchteten Beweggründen.

Zu diesem Roman gehört unbedingt die Rezeptionsgeschichte dazu, weil sie seinen Wert mitbestimmt. Da sind die Zeitgenossen, die zwischen Faszination und Bedenken schwanken; der Mode entsprechende, starke, die gesamte Handlung bestimmende und sensitiv entfaltete Gefühle stehen dem Herausarbeiten einer in ihrem Wirken geradezu abstoßenden, wie die Kritik monierte, amoralischen Hauptperson mit vielfältig konkretisiertem negativen Heldengestus gegenüber. Kritische Äußerungen Charlottes – die die Schwester als eigensinnig bis leicht tyrannisch (bzw. *a solitude-loving raven, no gentle dove*) beschrieb – führten gemeinsam mit dem Blick auf die zweifellos in das Geschehen unmittelbar miteinbezogene autobiographische Landschaft, einer feuchten stürmisch-windigen Moorgegend, zu die Mystifizierung nur anheizenden Versuchen, des Romans Hauptfigur mit der Autorin enger zu verbinden.

Die Gewalt der sich allein am Fortgang der Geschichte ausrichtenden psychologischen Studie, in der theoretisierende Erklärungen fehlen, allenfalls dann und wann durch leicht altklug anmutende Bemerkungen ersetzt, blieb in der kompromisslosen Darstellung erst späteren Lesern zugänglich. Sodass der Roman schließlich als eines der wichtigsten literarischen Zeugnisse der vorviktorianischen Epoche, gar als Teil der englischen «Klassik» bewertet wurde und wird.

Die feministischen Würdigungen konnten – vor dem Hintergrund einer weiteren schwesterlichen Charakterisierung, die Emily *stärker als ein Mann, einfacher als ein Kind* empfand – nicht ausbleiben; noch einmal Virginia Woolf: *Nur Jane Austen und (...) Emily Brontë (...) schrieben wie Frauen schreiben, nicht wie Männer schreiben, (...) setzen nur sie allein sich völlig über die unaufhörlichen Ermahnungen des ewigen Pädagogen hinweg – schreibe dies, denke jenes. (...) Man muß etwas von einer Aufrührerin haben, um sich zu sagen: (...) Die Literatur steht allen offen.* Nicht zuletzt von dieser Warte aus folgten über die Jahrzehnte – bis hin zu Elfriede Jelinek – mehr oder minder freie Adaptionen des Stoffs und wiederum zahlreiche Verfilmungen, zuletzt in Irland 2011 durch die Regisseurin Andrea Arnold, und zusätzlich der Song von Kate Bush 1978 mit mindestens sechs späteren Adaptionen.

Versuchen wir bei all diesen Transkriptionen, Umformungen, Umwandlungen uns aufgrund einiger Porträts durch ihren Bruder ein Bild Emilys aus anderer Perspektive zu machen. Da ist die häufige abgebildete, traditionelle Büste im Profil: ein schmales Gesicht mit auffallend hoher Stirn, geradlinig langer, keineswegs überlanger Nase, abgesetztem schmallippigen Mund, weich zum Hals überleitendem Kinn, das volle dunkle Haar kompakt auf die rasch sich senkenden Schultern herabfallend – und, im weißlichen, nur stellenweise «Farbe» annehmenden Inkarnat-Ton des Pastells speziell auffallend die dunkelbraunen Augen unter geraden kurzen Brauen, insbesondere Träger des Ausdrucks: in die Welt blickend, studierend-nachdenklich und zugleich ebenso stark auf das Innere der

Person bezogen. Ein früheres Bild, zusammen mit den Schwestern, erfasst, fast frontal, eher mädchenhafte Züge, die «halbe» Strenge verliert sich, der Mund wirkt weicher und der Augenausdruck heller, die etwas größer angegebene Figur bleibt schmal, wodurch, wenn Emily in einem dritten Beispiel ein Buch mit langgliedrigen Händen vor die Brust hält, die Kontur fast silhouettenhaft geschlossen wirkt.

Auch wenn, im deutschsprachigen Raum, der eine, jedoch umwälzende Roman sicherlich die Bedeutung Emily Brontës «ausmacht», erscheinen ihr literarisches Gewicht und ihr literarischer Verdienst in den angloamerikanischen Ländern mindestens gleich groß bezüglich ihrer Gedichte, die, sehe ich es richtig, bei nur wenigen Übersetzungen hierzulande eher unbekannt blieben. 74 an der Zahl, naturgemäß in verschiedener Kürze oder Länge, schrieb man ihr zu, ein sehr respektables Opus also, partiell bis 1850 von Charlotte, 1908 als Gesamtedition herausgegeben.
Emily empfand sehr stark ihre *inspiration*, für sie eine die Phantasie übersteigende Vorstellungskraft, die sie sogar personalisiert zu sehen vermochte. Der Inhalt der *Poems* orientiert sich erneut oft an der heimatlichen landschaftlichen Umgebung: *I know not how it falls on me, / This summer evening, hushed and lone; / Yet the faint wind comes soothingly / With something of an olden tone.* Hochsensibel erfasste Stimmungen rufen auf zu Meditationen über das Leben, in denen die Lyrikerin insbesondere die Endlichkeit besingt. *It will not shine again:*

/ *Its sad course is done;* / *I have seen the last ray wane* / *Of the cold, bright sun.* Sie ist stets präsent wie – auch – die Romanfiguren früh, was heißt etwa im eigenen Alter der Autorin, die Erde wieder verlassen.

Was macht das (mein) Dasein aus? Emily Brontë gibt in ihrer Biografie und ihrem Werk eine überraschend(e) klare Antwort: Der Wert besteht darin, das jeweils individuelle Leben in seinem singulären Lauf anzunehmen. Damit ist kein Laissez-faire, kein simples Es-drauf-ankommen-Lassen gemeint, sondern ein Akzeptieren, was «es» mit sich bringt und dieses «es» nicht nur ernst zu nehmen, sondern in der Annahme voll auszuloten, mehr noch: ein volles Auskosten.

In dieser Fülle relativiert sich die Zeit: Nicht ein möglichst langes Leben (wie heute häufig bis hin zu den Anti-Aging-Versprechen) ist anzustreben, sondern ein zutiefst, genauer: in der Tiefe erfülltes Leben. *There is not room for Death* / *Nor atom that his might could render void* / *Since thou art Being and Breath* / *And what thou art may never be destroyed.* Erfüllt bedeutet dabei buchstäblich in der gesamten Bandbreite, die es bereithält, in der wach erlebten Spannweite von innen und außen, von Himmel und Erde, von Gefühlen und Realität(en). Dazu gehört Mut: *No Coward Soul is Mine*, heißt der Anfang ihres wohl letzten Gedichts.

Just in den Tagen, in denen dieser Essay entstand, macht eine neue Studie in Fachkreisen Aufsehen, die dank vieler Belege mit der These aufräumt, die Entwicklung der individuellen Persönlichkeit sei mit dem

Alter von 30 Jahren abgeschlossen. Wenn sich die nunmehr (gemäß Poppers Methodik) falsifizierte These gleichwohl bis dato als gültig «hielt», wirft das immerhin ein, wenn man will: sehr positives, Schlaglicht auf Emilys Erdenleben, zu dessen Länge auch diejenige anderer Künstler (allen voran Schubert mit knapp 32 Jahren) hinzugedacht werden muss. Und, rufe ich mir die zahlreichen Äußerungen von und über Emily auf, zeigt sich das eindeutige Bild eines Menschen mit hohem Selbstbewusstsein, genauer: einer Frau, die sich in beeindruckendem Maß des eigenartigen Selbst bewusst war. Das gilt ungebrochen bis zu ihren letzten Tagen, als eine Krankheit ausbricht, die späterhin mit der Verunreinigung des Wassers in unmittelbarer Friedhofsnähe in Verbindung gebracht oder/und als Tuberkulose diagnostiziert wurde.

Entscheidend bleibt Emilys Verweigerung von Arzt und Medizin. In diesem Sinn lautet die erste Strophe des genannten Gedichts: *No Coward Soul is Mine / No trembler in the world's storm-troubled sphere / I see Heaven's glories shine / And Faith shines equal arming me from Fear* ... Und nicht von ungefähr wünschte sich die große amerikanische Lyrikerin Emily Dickinson diese Zeilen bei ihrer Beerdigung 1886, ebenfalls ein Hinweis auf die starke Wirkung, die bis heute anhält: Das Pfarrhaus in Haworth ist ein aus aller Welt vielbesuchtes Museum der Brontë-Schwestern.

Verwendet wurden Die Sturmhöhe, übersetzt von Grete Rambach, Frankfurt/Main 1975 insel tb 141 und verschiedene Gedichteditionen, auch im Internet verfügbar.

Die Zitate Virginia Woolfs stammen aus: Ein eigenes Zimmer, übersetzt von Heidi Zernig, Fischer tb 50906, Frankfurt/Main 2005, S. 70 und 74/75; das engl. Original 1929.

zuerst veröffentlicht auf www.verdichtet.at/Juni 2018

Zustand, Erinnerung und Ausblick.
Mein Nachdenken über Emily.

No coward soul is Mine: diese Zeilen, nein das ganze Gedicht der anderen, früher geborenen Emily werde ich
an meiner bevorstehenden Beerdigung in diesem
frühlingsfreudigen Mai 1886 vortragen lassen. Man
wird meinem letzten Wunsch entsprechen, obwohl er
wohl bei den meisten von jenen, die mich zu kennen
und an diesem Anlass nicht fehlen zu dürfen meinen,
ein Stirnrunzeln auslöst, vielleicht ein unwilliges Lächeln hervorbringt. Solche gewaltig tönenden Worte
letztlich über sie, die sich sensibel vor der Welt verbarg, in einer der Erinnerung geweihten Situation?
Was soll in einem solchen Moment dieser in Worte
gefasste Fremdkörper? Nein, der bestimmende Kör-
per bin ich selbst, war ich selbst – wohl von zarter
Gestalt, indessen unbeugsam in seinem Ausdrucks-
willen.

Wer kannte mich schon, die ich, wie man weiss, vornehmlich im Hause, ja im Zimmer lebte? Da sind, da
waren der das Heim der Dickinsons in Amherst prä-
gende politisch tätige Vater und die Geschwister, also
mein Anwaltsbruder mit der prachtvollen Schwäge-
rin, meiner Schulfreundin Susan, meine Schwester La-
vinia, die nach wie vor um mich in unserer Wohnstatt
lebt – sowie der eine oder die andere gute, freundliche, freundschaftliche, auch liebevoll mir geistig zu-
gewandte Bekannte. Nun, ich schrieb einiges:

Zahlreich sind meine Briefe, in denen ich dann nicht allzu viel von mir verbarg, fügte ich ihnen eines meiner Gedichte bei. Ansonsten schrieb ergiebig ich nur für mich: Es dürften weit mehr wie tausend Blätter in etwa fünfzig Manuskriptheften sein, die bei mir auf dem, in dem Pult liegen; fast nichts demnach wurde veröffentlicht. Rechne ich meine Umgebung nicht: Wer hätte schon die Lyrik einer Frau wahrgenommen, gar gekauft: Soll ich hinter diesen Satz ein Ausrufe- oder ein Fragezeichen setzen?

Ich zog mich zurück von der Welt. Ich zog mich zurück in mich. Freilich bedeutete das keine Weltferne. Ich nahm teil am Geschehen, gerade der grosse grausame Bürgerkrieg beschäftigte mich tief: Nicht dass ich kämpferische Passagen verfasste, er wirkte hinein in meine rastlosen Gedanken über die Begrenztheit des Lebens und die Sache dessen Endes selbst – mit, nein: in der Hoffnung, es bleibe vom einzelnen Menschen etwas Greifbares für die Nachwelt zurück. Und: der Liebe gleich, der stetig ich ebenfalls nachsann, von Mann und Frau, von Mann zu Frau und umgekehrt, einer Liebe, die sich über die Grenzen hinaus verströmen sollte, verlangt meine mich uneingeschränkt zum Berührtsein und Empfinden aufrufende Teilnahme kein feminin sittsames Betragen, kein weiblich zurückhaltendes Auftreten, keine stille Bescheidenheit. Eine derartige, aus den starren Gesellschaftsregeln resultierende Haltung mag für das sich Aufführen in und außerhalb des Hauses Geltung

besitzen. Bei welchem Benehmen, sollte ich nicht auf-
fallen respektive wollte ich nicht anecken, ich eine bestimmte Rolle einzunehmen, sprich: im vorgegebenen
Rahmen zu spielen hatte – wodurch in solchem Vollzug das Angepasste buchstäblich sich veräusserlicht.

Die innere Haltung ist eine ganz andere Sache: Hier
verblasst, bin ich, wenn ehrlich, ganz bei mir selbst,
die bürgerliche, die puritanische, die kirchlich geprägte Sozietät, wird zu Schattierungen des Gefühl-
ten, wenn nicht gar zu immer stärker verblassenden
Schatten degradiert. Hier ist die ewig kindliche Emotion erlaubt, das ewig kindliche Fragen ja Nachfragen
angebracht, das ewig kindliche Aufbegehren legitim:
im steten Verlangen erneut, neu aufbrechen zu können: Wie im buntfrohen Aufblühen die Natur, welche
mir in ihrer auf Entdeckung wartenden Sinnhaftigkeit
unendlich viel bedeutet; wie zu kaum bekannten
dunstig grünen oder graubraunen Ufern, welche das
Empfinden bereithält; wie in die herrliche frühe Helle
oder die sanfte abendliche Kühle eines Maientags, wie
in die angesichts der ungebunden strahlenden Fülle
des die Jahreszeiten zusammenfassenden Indian
Summers ausschwingende Seele: *Not knowing when the
Dawn will come, / I open every Door, / Or has it Feathers,
like a Bird, / Or Billows, like a Shore* – Doch ich formulierte ebenso: *It would never be Common – more – I said –
/ Difference – had begun – / Many a bitterness – had been –
/ But that old sort – was done* – Mein geistlicher Freund,
inzwischen weit entfernt weil hinüber an den

121

pazifischen Ozean übersiedelt, und die meisten all der anderen hätten wohl in dieser verknappten Struktur, in diesen Auslassungen, im frei gelassenen Schluss kaum das zum Weiterspinnen Aufgegebene, nur eine zumindest zum Teil ins Stocken geratene, reduzierte Beobachtung empfunden: nicht aber den Ausdruck einer eindringlichen Suche nach klarer Festigkeit. Und ich ahne, nein ich weiß es, auch in Zukunft werden, nach der mutmaßlichen Publikation meiner Texte, viele Leser dieses Gebaren einer emanzipierten Bestimmtheit nicht nur schwerlich begreifen, sondern zugleich im umgekehrten Sinn rätseln, welche Beziehung sich darin ausdrücken sollte, dabei namentlich werweißend, welcher Mann, welche Frau angesprochen sein möchte. Im Bewusstsein, wie sehr die Lyrik, wie sehr meine Poetik in der Verdichtung vieles in Andeutungen verborgen, Geheimnisvolles undeklariert lässt, wie sehr Empfindungen, selbst wenn in unmissverständlichen Ausdrücken vorgelegt, in einer Echowirkung zugleich verstärkt zurückkommend wie abgeschwächt verhallend aufscheinen – muss ich lächeln: Bleibt doch mein Formuliertes offen, so offen, dass ich oft und gerne auf das Geschriebene zurückgreife, um es zu ändern.

No coward soul is Mine: Durch diese mir eigene Kraft einer ebenso vorwärts drängenden wie Ungewohntes aufwerfenden, vermeintlich hart anmutenden Verkürzung wird: War ihr, unerkannt, ein wildes, gar ein geheimes rebellisches Wesen eigen? man womöglich fragen, nimmt man sich dereinst meine Gedichte vor. Ja, bis hinüber zum Pazifik ist der Wilde Westen hinausgezogen, von dem mich eine mittlerweile veränderte Welt zu trennen scheint. War hier im Staate Massachusetts jemals ein Westen, den es lohnte zu bezwingen? Ich erlaube mir die Gegenfrage: was denn ein Säkulum sei? Hundert Jahre vor meiner Geburt entstand an diesem Ort im Indianerland die erste Siedlung in einer, wie wir heute sagen würden, romantischen Landschaft mit hohen Erhebungen, mit tiefen Farben und ausgreifender Sicht. Ein Rundumblick, stieg ich, wenngleich selten, hinauf. Dann allemal meinte ich ihn zu schmecken – den Anhauch der Weite, welcher die natürlichen Gegebenheiten ebenso wie die menschlichen Eingriffe enthält, vom Rauch der Feuer dort draußen seit alters her bis zum Rauch der Industrie aus jüngster Zeit unter mir – jene Luft, welche berichtet von den Interventionen der letzten Generationen in der Nähe, doch zugleich von dem fernen Geschehen in der Zeit und im Raum eines vermeintlich freien Lands. Der Atem der Vergangenheit ist nicht mehr direkt fassbar: Wo sind sie hin, die Indianer und die Siedler, die Späher und die Kämpfer ebenso wie die Aufbauenden und die Kultivierenden? Ja, in meinem Sehnen überwinde ich die Vergangenheit, spüre ich die Unendlichkeit, obgleich der Weg zu ihr durch die starken Umformungen erschwert, wenn nicht verbarrikadiert ist – wäre da nicht das stete kleinteilige Leben, das in seinem Tagwerk nachweist, wie Grenzen den Träumen gleich überwunden

werden können: *To make a prairie it takes a clover and one bee, / One clover, and a bee, / And revery. / The revery alone will do, / If bees are few –*
Das eine ist die Prairie, ihr Gegenpol die See; ich kann sie, so ich wollte, erreichen im Atlantik, er liegt nicht allzu entfernt von hier. Ihn mir zu vergegenwärtigen, genügt derweil meine Erinnerung und meine Phantasie – ewig bewegt in ein rauschendes Hinaus, das sich mittels der Horizontlinie wieder zu uns zurückbeugt: *Land, ho! Eternity! / Ashore at last!* Nicht nur hierbei, in einer Rückkoppelung, mir seit unendlichen Kindheitstagen vertraut, fuhr ich fort: *There is no Frigate like a Book – / To take us Lands away –*

I dwell in Possibility / A fairer Hause than Prose: Selbst, wenn ich letztlich doch nicht alles niederschrieb von den Stimmen, Tönen, Worten, denen ich in mir nachging – es soll, es wird von meinen be-, von meinen verarbeiteten Möglichkeiten gleichwohl etwas bleiben. Da ist sie, die Stimme des Ewigen von vor der Zeit bis über die Zeit hinaus, wie, um darauf zurückzukommen, unser Indian Summer in seiner Endlosigkeit über die Höhen und Täler das Wesen des Ganzen enthält, Kraft und Vergänglichkeit, Reichtum und Vergehen, Zusammenbruch der Farbfülle und Aufbruch zu erneuertem Leben. Er ist als die wichtige Alternative zum, ich sprach es an, von mir gleich stark empfundenen Frühlingserwachen seinerseits nur in seinem Erscheinen zu erkennen; da galt es dann: *The low Grass loaded with the Dew – / The Twilight stood, as*

Strangers do – / With Hat in Hand, polite and new – / To stay as if, or go – Was ist fremd, was bleibt uns fremd? Was ist gewohnt, was steigt nur aus uns hervor? Was bleibt, was vergeht? *We never know we go when we are going / We jest and shut the Door / Fate – following – behind us bolts it – / And we accost no more –* Nicht nur das Schreiben, auch das Erkennen ist, ich begriff es wohl, ein einsamer Prozess.

Gleichwohl, allein fühlte ich mich niemals: Die Religion gab mir den sicheren Standort. Es ist nicht mehr genug Platz und Zeit, Genaueres auszuführen, die Thematik ist ohnehin schlussendlich unerhört persönlich, nur dem, der Einzelnen eigen. Jedoch ich wusste immer: Gott sah mich! Indes, welcher Gott? Ich komme auf mein Wunschgedicht zurück: *O God within my breast / Almighty ever-present Deity / Life, that in me hast rest, / As I Undying Life, have power in Thee* heisst es dort in der nächsten Strophe. Ja, diese zweite, nein: diese erste Emily schrieb es mir vor einem Vierteljahrhundert bereits aus dem Herzen. So ist Er, obgleich nicht greifbar, mithin hier, findet Raum selbst in der Enge des Zimmers mit Bett und Pult, weil in meinem das Umfassende des Seins suchenden Gemüt. Ich formulierte die Erkenntnis stärker von einem scheinbaren Punkt ausserhalb meiner Person: *Prayer is the little implement / Through which men reach / Where presence is denied them.* Wobei ich betonen möchte, Er neigte sich mir persönlich zu, zu mir, wandte sich nicht zuletzt zu mir auch als bewusst weiblich empfindendem Wesen.

Ach Emily Brontë, so vieles Weiteres verbindet uns, hingesehen oder besser: hingelesen. Wir benötigen keinen Wechsel: Der unaufhaltsame Wandel ist ja, wenngleich für uns auf fester Grundlage, stets um und in uns. Die Farbe deines dortigen Moors und meiner weiten Wälder. Die Verbundenheit mit dem in allem Kreatürlichen zu erspürenden Leben – das über sich hinausweist – im immerwährenden Kreislauf – der ewige heraufziehende Nebel – ich –

zuerst veröffentlicht im Themenheft «Freiheit» des Österreichischen Schriftsteller/innenverbands 2019

Zwischen Ernst und Sarkasmus.
Anne Mary Evans/George Eliot zum 200. Geburtstag am 22. November 2019

Und hätte sie nur diesen 1871 erschienenen Roman geschrieben, wäre ihr doch ein herausgehobener Platz im englischen Literaturgeschehen des 19. Jahrhunderts sicher. Sie besaß ihre Stellung bereits zu Lebzeiten, wenn auch naturgemäß nicht unwidersprochen, und sie behielt sie bis dato: Gerade dieses Buch soll erst vor wenigen Jahren von zahlreichen Anglisten zum Besten seiner Epoche gerechnet worden sein. Der Autorin eignende gesellschaftliche Unstimmigkeiten von mehrfacher Selbstbenennung bis zu einer «wilden Ehe», die als Makel ihren Ruf im puritanischen Umfeld erheblich beeinträchtigten, wirken aus heutiger Sicht kaum mehr kompromittierend. Und doch spielten diese Ranküne durchaus eine literarische Rolle, denn zum einen benutzt sie immer wieder von neuem ein männliches Pseudonym, vornehmlich den George Eliot, zum anderen verarbeitet sie aus einem deutlichen Beobachterinnenstatus heraus das Verhalten der bürgerlichen Sozietät in ihrem Werk. Einen gedanklichen Hintergrund stellte ihre Beziehung (über Richard Owen) zu den «Freidenkern» dar, der zu ihrer Übersetzung von D.F. Strauß und L. Feuerbach ins Englische führte. Ihr geht indessen missionarischer Eifer ab: bei einzelnen beschreibenden Passagen des Buchs weiß man nicht recht, inwieweit die Bewertungen nun effektiv im direkten wörtlichen

Sinn gemeint sind oder doch nicht ganz so ernst: britischer Humor eben.

Das hier im Fokus stehende oder besser: liegende Opus hat es wahrlich in sich: Schon äußerlich beindrucken die gut 1100 Seiten (im «normalen» Buchformat). Über die ganze Länge wird eine übersichtliche Gruppe der Handelnden in kleinstädtischem Umkreis und begrenztem zeitlichen Rahmen weniger Jahre vorgestellt; Abweichungen (wie eine Romreise) erscheinen nur peripher, freilich als spezifisch figurenbezogen verifiziert. Obwohl die Vorgänge sich verweben, verwirren sie sich kaum und bleiben über die gesamte Abfolge übersichtlich. Demgemäß legt die Autorin den höchsten Wert der Ausführungen auf die Entwicklungen ihrer Gestalten, in denen, mittels eines ungeachtet der laufenden Erzählung deutlich auktorialen sich Hineinversetzens, nachdrücklich die innere Haltung das Handeln bestimmt. Konsequent stehen diese Personen abwechslungsweise im Fokus der Erzählung, einzelne – nicht zuletzt Frauen – in ihrem im doppelten hintergründigen Sinnieren und somit als eigentliche Handlungsträger herausgehoben. Wobei sich die Roman-Handlung primär auf die Beziehungswelten, zu Sachfragen ebenso wie zu den Mitmenschen, bezieht und in zahlreichen Dialogen zu Wort kommt. Hierin zeigt die Autorin, wie erheblich sie von den vorangehenden anderen spezifisch femininen Sichtweisen in der englischen Literatur beeinflusst ist, etwa von Jane Austens älteren antipodisch aufgebauten Entwicklungsromanen und namentlich

der Brontë-Schwestern jüngeren romanhaften Zu-
spitzungen. Indem sie noch zu der Schwestern-Gene-
ration gehört (!), ist es kaum ein Zufall, wenn Anne
Mary Evans beim Schreiben trotz des erheblichen
zeitlichen Abstands sich in etwa dieselbe Epoche vor-
nimmt. Dadurch erweisen sich (im heutigen Rückblick aus Mitteleuropa) viele inhaltliche Abhandlungen als in hohem Maß für die 1830er Jahre zeitgebunden, so insbesondere der Dauerschatten der Parla-
mentswahl im Gezerre von Torys und Whigs sowie
die Frage medizinischer Forschung jenseits akademischer Institutionen. Dass die Personen nicht nur in
Verhaltens-, Sprach- und, kaum vermeidbar, Klei-
dungsfragen, sondern letztlich in ständigen ständischen Beziehungs- und Zuordnungsfragen stark dem
Milieu und Jahrzehnt verquickt verbleiben, erstaunt
beim Lesen demnach weit weniger. Andererseits, und
darin liegt ein spürbarer Unterschied, beurteilt A.M.E.
resp. G.E. die damalige Gesellschaft eben aus der Distanz von vier Jahrzehnten: Wobei die Gegenwart der
streng viktorianisch geprägten Epoche von der Autorin offenbar nur graduell verstanden wird. Zumindest
auf diese Weise erklärt sich (für mich) der Untertitel
A Study in Provincial Life, «Studie» dabei als Tableau in
der (notwendig?) ausschnittsweisen Komposition
verstanden und den Sinn des Haupttitels erheblich
beeinflussend: *Middlemarch*, eine fiktive Kleinstadt
Mittelenglands, die das erwünschte Spektrum an Ak-
tivitäten ermöglicht, während zugleich das leicht erreichbare London den direkten Bezugsspiegel erlaubt.

Eigentlicher Hauptträger des Geschehens ist somit der Kern einer Mittelschicht mit «Ausfransungen» nach oben und unten, die trotz aller Aktualitäten sich auf dem Marsch in eine spätere Jetztzeit (siehe noch einmal das Datum der Publikation) befindet.

Aus diesem Blickwinkel erscheint des Volumens Umfang nicht zu groß, obwohl im Verlauf des Lesens manches zumindest für heutige Nichtengländer etwas langatmig scheint, während umgekehrt der Schluss als Ausblick auf das Werden der Hauptfiguren etwas arg abrupt wirkt. Beides hingegen ist beileibe nicht auf dieses Buch beschränkt, man nehme sich nur einmal Thomas Manns *Zauberberg* vor (für den er sich den Nobelpreis erhoffte). Es scheint also aus sozialphilosophischer Sicht durchaus eine gewisse Ausführlichkeit nötig, soll die *Study* nicht in eine akademische Abhandlung abgleiten, sondern in einen lebensvollen Bericht in der allzu menschlichen Atmosphäre weniger Jahre münden und in einer einfühlsamen, die jeweiligen Handlungsweisen in ihrer Bindung an Zeit, Raum und persönlichen Eigenheiten in literarischer – gut und gerne lesbarer – Schilderung verbleiben. Überdies liegt in der ansatzweisen Vorwegnahme (um im Angelsächsischen zu bleiben) späterer Entwicklungen wie Henry James' feingliedrig-feinsinniger Schilderungen oder Virginia Woolfs innerem Monolog ein weiterer hoher Wert von Anne Mary Evans Werk.

Rund ein Jahrzehnt zuvor, 1860, veröffentlichte sie – nach journalistischer und Rezensionstätigkeit und

dem (eher späten) literarischen Beginn mit Kurzgeschichten in Zeitschriften – einen zweiten, bereits
sehr umfangreichen und erfolgreichen Roman *Die
Mühle am Floss* (Anm.: Floss ist weder Floß noch
Schreibfehler, sondern der Fluss-Name). Er gilt
ebenso als eines d e r klassischen Bücher Englands.
Im Grunde genommen finden sich bereits die Cha-
rakteristika des Hauptwerks von A assoziative Ge-
dankengänge über F fiktionale aber konkret erlebbare
Handlungsstätten, G starke Gewichtung inneren bürgerlichen Empfindens bis Z durch eine frühere Hand-
lungsepoche zeitbedingte äußere Einwirkungen. Die
Palette der Personen bleibt enger als in *Middlemarch*,
handelt es sich doch im Grunde genommen um einen
Familienverband, wird aber zugleich eingehender herausgearbeitet. Der Ernst des in sieben Teilbüchern intensiv geschilderten Werdegangs vor allem aus der
Sicht eines Geschwisterpaars – vom Leben im Wohlstand über den Nieder- bis zum Untergang (darin cum
grano salis ein Vorläufer von Manns *Buddenbrooks*) –
erweist sich in der durchdringenden Darstellung, der
lebensphilosophischen Auslegung, in der minutiösen
Wiedergabe der Reaktionen von allerhöchster Intensität. In die weibliche Hauptfigur Maggie soll viel Au-
tobiographisches eingeflossen sein; womöglich deshalb sind der sarkastische Unterton und die spitzfin-
digen (manchmal kapriziösen, manchmal bissigen)
Randbemerkungen gar nicht zu überlesen – nicht zuletzt auch, weil hier die Autorin noch da und dort als
auktoriale Erzählerin in Ich-Form Kommentare zum

Verhältnis von gestern und heute einschiebt. Der in der und für die Entstehungszeit wohl gerade aus seiner facettenreichen Aufführung resultierende «packende» sozial aufbereitete Durchblick in einer Mischung von Darstellung der sich entwickelnden Gegebenheiten einer- und von steter eingehender Bewertung der Ereignisse andererseits erweist sich für eine nicht «irgendwie» enger mit Britannien verbundene Leserschaft allerdings als etwas überdetailreich-ausholend, und an dieser deutlichen Temporeduktion kann die, die Gesellschaft aufspießende spitze Feder nicht viel ändern.

In die Zwischenzeit (1860-1871) fallen in dichter Folge zahlreiche Romane, und es schließen sich bis 1876 (vier Jahre vor ihrem Tod) weitere an; sie erreichen die darstellerische Dichte, die zielorientierte Durchführung, die eingehende Erschließung der beiden hier vorgestellten Werke aber im Großen und Ganzen nicht ganz.

Insbesondere liegen dem Essay zugrunde: G.E., Die Mühle am Floss, übersetzt von Eva-Maria König, Stuttgart 1983/2000 Reclam UB 2711; G.E., Middlemarch, übersetzt von Irmgard Nickel, Leipzig 1979/Köln 2010.

zuerst veröffentlicht auf www.verdichtet.at/September 2019

Die Feder fühlte ich in die Hand gedrückt, Und leise klang die Mahnung: »schreib«. – Ich schrieb.[1]

Gustav Freytag zum 125. Todestag am 30. April 2020

Nur wenigen ist der Dramatiker und Romanautor noch bekannt. Die Hauptgründe für eine heutige Würdigung liegen neben seiner nicht zuletzt regulatorischen Bedeutung für das damalige Theater in der zeitgenössischen Resonanz als der wohl meistgelesene deutsche Autor nach 1850 bis in das 20. Jahrhundert.; die Gesammelten Werke, 22 Bände zu Lebzeiten 1886-88[2], erschienen in weiteren Editionen bereits 1920 und 1926.

Freytag entstammt mit Jahrgang 1816 einem renommierten Haus, der Vater Arzt und zeitweise Bürgermeister von Kreuzburg (Kluczborg), einer respektablen, seit 1742 preußischen Stadt in Oberschlesien. Naheliegend war Gustavs Übersiedlung nach Breslau zu Studium und akademischer Tätigkeit.

1. Behandelte seine Dissertation bereits die frühmittelalterliche «dramatische Poesie», widmete er sich als Privatdozent der deutschen Literatur und erweiterte den eigenen Schwerpunkt auf das Schauspiel. *Daß mir, einem Schlesier, das Versemachen nicht schwer wurde, ist fast vorauszusetzen*[3]; an jugendliche, Gelegenheits- und ernsthaftere lyrische Bestrebungen knüpfte er mit ersten Bühnenwerken. Deren breitere Beachtung und

politischer Ärger an der Universität veranlassten ihn 1846 zum Wechsel nach Sachsen. Dort erlebte er die Proben zu seiner «Die Valentine», einer Hofintrige in 5 Akten, in der nach «üblichen» Komplikationen ein nicht standesgemäßes Paar sein Glück durch die akzeptierte gesellschaftliche Ächtung erkauft. Dieses (vierte) Schauspiel festigte definitiv seine überregionale Bühnenbekanntheit. Langanhaltende Bühnenpräsenz ab 1853 erreichten «Die Journalisten», eine Romanze, deren zeitlich-aktueller attraktiver Bezug in der Konfrontation von konservativer und liberaler Partei sowie in der titelgebenden Präsenz selbstbewusster Vertreter der noch jungen Pressefreiheit bestand. *Achten Sie vor allem auf Ihren Stil, sagt er, guter Stil ist die Hauptsache. (…) man verlangt das heut zu Tage von einer Zeitung, daß sie tief ist.*[4] Beide Stücke leben von wechselnden Personen, die sich überwiegend in kurzen Sätzen erklären, sodass im heutigen Nachvollzug sich zwar das Theatralische im Handlungsverlauf eröffnet, eine eigentliche Dramatik jedoch nur bedingt entsteht. Nicht viel später (1859) gibt Freytag trotz großen Selbstbewusstseins – (…) *ich durfte mir ohne Selbstüberhebung sagen, daß es zurzeit in Deutschland niemand gab, der die technische Arbeit des Bühnenschriftstellers besser verstand als ich*[5] – das Schreiben von Theaterstücken auf, verstand sich indes 1863 zur Theorie *Die Technik des Dramas*, die die handwerkliche Methodik des *pyramidale*(n) *Aufbau*(s)[6] mit zentraler Kulminationsphase exemplifiziert, im Schematismus breite Wirkung erzielend.

2. Freytag fühlte sich stets dieser Form verbunden: *Der Aufbau der Handlung wird in jedem Roman, in welchem der Stoff künstlerisch durchgearbeitet ist, mit dem Bau des Dramas große Aehnlichkeit haben.*[7] Zugleich schließt in dieser Gattung Freytag inhaltlich an die soziale Grundlage seiner Theaterstücke an. Exemplarisch steht dafür 1855 der jahrzehntelange Bestseller «Soll und Haben». Ein junger Kaufmann verliert aufgrund *übermächtige(r) Eindrücke* aus dem Erlebnis eines Falliments, in das unflexibler Adel und kreditierendes Judentum involviert sind[8], seine hohen Ideale und gelangt erst durch eine Probezeit hindurch zur rechten bürgerlichen, (zeitgemäß) zukunftsträchtigen Praxisnähe[9]. Warum gelang dem knapp 40jährigen Autor damit ein kaum überbietbarer Erfolg? Er bedient gängige gesellschaftliche Klischees, weiß sie aber nach erstem Auftreten zu differenzieren und wenigstens im Ansatz ein Gegenmittel aufzubauen. Zudem ist der Plot bis hin zur Gegenüberstellung von Gut und Böse bzw. paralleler Lebenskreise relativ einfach gestrickt und basiert auf wenigen Hauptfiguren, zum besseren Verständnis streng in ihr jeweiliges Umfeld eingebunden, welches nur gleichsam indirekt durch das Handlungsgeschehen in Zweifel gezogen wird. Drittens bedient sich Freytag einer eingängigen Sprache, die den Lesefluss erleichtert und bühnengerechte Spannungsbögen erlaubt, deren Kumulierung allerdings etwas herbeigeredet wirkt und die eine Länge erhalten, dank der ihre Folgen eher knapp abgehandelt werden müssen[10]. Der weniger glückliche Folgeroman 1864 «Die

verlorene Handschrift» verlegt die Handlung in die Welt der Gelehrten, in der statt der Tüchtigkeit als Prinzip die Suche nach einem Tacitus-Manuskript zum Mittel wird, eine verwickelte Liebesgeschichte zwischen den verschiedenen Ständen aufzudröseln.

3. Starkes soziales Interesse bedeutete seit der Revolution 1848 fast zwingend politische Parteinahme; Freytag übernahm (1848-1861,1867-70) als Mitherausgeber «Die Grenzboten». Dank seinen tonangebenden journalistischen Beiträgen entwickelte sich das Blatt zur äußerst einflussreichen *Zeitschrift für Politik und Literatur;* die Politik als Sprachrohr der national-liberalen Bürgerschaft bzw. im Bevorzugen der «kleindeutschen Lösung» des Deutschen Bunds (ohne Österreich), die Literatur in der Auseinandersetzung mit den Fragen des Realismus. Freytag konnte dezidiert Stellung beziehen, was etwa eine steckbriefliche Fahndung durch Preußen verursachte. Er wusste sich solcher Misshelligkeiten zu entziehen, indem er durch den Kauf der «Alten Schmiede» in Siebleben (Gotha) 1851 in das Land seines ihm auch politisch nahestehenden Freunds und Gönners Herzog Ernst II. von Sachsen-Coburg-Gotha wechselte[11]. Unter dessen Einfluss wirkte Freytag 1867 als Abgeordneter im konstituierenden Reichstag des Norddeutschen Bundes und söhnte sich mit «Preußen» aus bis hin zur Begleitung des Kronprinzen im dt.-frz. Krieg 1870/71[12]. Fachlich engagierte sich Freytag in der Beobachtung zeitgenössischer Literatur, als Mitarbeiter bei der Allgemeinen Deutschen Biographie, als Herausgeber der

Werke Otto Ludwigs, als Biograph Karls Mathys oder als Briefpartner Friedrich Wilhelm Webers.

4. In Sachsen bewegte sich Freytag nicht nur in Bühnen- und Literatenkreisen, richtungweisend entwickelt sich der Kontakt zu renommierten Historikern[13]; des Autors Motto heißt nun *Unsere gesamte Bildung wird durch geschichtliches Wissen geleitet*[14]. In den zwischen den beiden Romanen 1859 in 4 Bänden erscheinenden «Bilder der deutschen Vergangenheit» verarbeitet er *Aufzeichnungen* vom Spätmittelalter bis in aktuelle Zeit, *in denen Privatleben und Seelenbewegung des Schreibenden sichtbar wird. Denn durch sie tritt oft in helles Licht, was in unseren politischen Geschichten bis jetzt nur gelegentlich Beachtung gefunden hat*[15]. Das erscheint als Vorform einer «Geschichte von unten» durchaus modern. Trotz der betonten Quellentreue werden die alten Texte zumeist in die Darstellung der jeweiligen Zeitumstände integriert und als Einzeltexte weitgehend aufgehoben[16]. Nach wie vor bemüht sich der Schriftsteller Freytag um eine allgemein verständliche Sprache, *daß sie* [die Schrift] *ein Hausbuch gebildeter Familien abgeben könnte*[17]: Sein Ziel erreichte er, denn das Opus wuchs zum maßgeblichen Geschichtswerk des Bürgertums.

Eine Mischung literarischer Gattungen folgte im ebenfalls monumentalen «Die Ahnen», deren 6 Bände nach dem Rückzug in die private Schriftstellerexistenz 1871 in dichter Folge entstanden. In ihnen breitet Freytag unverkennbar mit erzieherisch-nationalem

Blick das Schicksal einer fiktiven Familie von der Germanenzeit bis 1848 aus; zur Verlebendigung entwickelt sich das Geschehen weitgehend in Wortwechseln innerhalb knapp gehaltener Szenerien. Das Theater lässt grüßen, im heutigen Rückblick muten viele Passagen als Drehbuch zu Filmsequenzen an.

5. Der Schwerpunkt «Dialog» ergibt sich offenbar aus der Art und Weise des Arbeitens: *Die Niederschrift habe ich, wie bei allen späteren Prosaarbeiten, nicht selbst besorgt, sondern diktiert. Das war mir wegen meines kurzen Gesichts und der gebückten Haltung (…) geraten worden. (…) Ich erhielt dadurch den Vorteil, daß ich Wortlaut und Satzfügung, während ich schuf, zugleich hörte, und dies kam dem Klang und Ausdruck oft zugute.*[18] Zugleich geben derartige Aussagen einen Einblick in Privates. Ab den 1850er Jahren verlief Freytags Leben äußerlich weitgehend ruhig in den Aufenthalten in Siebleben und, mit Blick auf ein andauerndes Bronchitisleiden, seit 1879 während der Wintermonate in einer Villa in Wiesbaden, wo er 78jährig starb. Seine Produktion sicherte einen finanziell hervorragend abgesicherten Lebensstil, unterbrochen durch privates Familienunglück, das er kurz vor seinem 70sten in der Bekanntschaft und seiner 3. Ehe mit der Wienerin Anna Strakosch wenden konnte. Ob er sich seiner schwindenden kreativen Kraft bewusst wurde? Zwar renommierte publizistisch Freytag mit den «Ahnen» noch einmal, sicherlich dank seines Namens, die harsche Kritik ernstzunehmender Schriftstellerkollegen (wie Fontane) blieb

nicht aus. Vielleicht nicht von ungefähr widmete er seine letzten Jahrzehnte der Edition seines Gesamtwerks; die parallelen Lebenserinnerungen 1887 scheinen alle Mängel auszublenden, Freytag findet, indem er sich *Mannigfaltigkeit und Biegsamkeit des sprachlichen Ausdrucks*[19] zuschreibt, hinlänglich für Schwächen «andere» Begründungen. Wieder gab ihm die von seinem unzweifelhaften Ruhm genährte breite Rezeption recht.

1 «Erinnerungen aus meinem Leben» 1871 (folgend: Erinnerungen), «Vorwort»

2 ergänzt 1889 durch 2 Bände „Gesammelte Aufsätze"; posthum erschienen 1901-03 2 Bände „Vermischte Aufsätze aus den Jahren 1848-1894».

3 Erinnerungen, im Kapitel «Jahre der Vorbereitung»

4 «Die Journalisten", 4. Akt, 1. Szene

5 Erinnerungen, im Kapitel «Beim Theater»

6 *Zweites Kapitel Der Bau des Dramas, 1. Spiel und Gegenspiel* (S.91-99); *2. Fünf Theile und drei Stellen. Die Einleitung. Das erregende Moment. Die Steigerung. Das dramatische Moment. Fallende Handlung. Das Moment der letzten Spannung. Die Katastrophe.*

7 Erinnerungen, im Kapitel «Arbeiten der Mannesjahre»

8 Wegen einer negativen jüdischen Hauptfigur in «Soll und Haben»" ergab sich bis in die Mitte des 20. Jh. eine Kontroverse um Freytags Antisemitismus. Ein derartiger Vorwurf lässt sich mit Blick auf eine ausgesprochene Judenfeindlichkeit nicht halten, werden doch im gen. Roman auch positive jüdische Charaktere skizziert. Außerdem gab es im «Grenzboten» einige geschätzte jüdische Mitarbeiter, auch wendet er sich in *Der Streit über das Judentum in der Musik* 1869 dezidiert gegen Richard Wagner und in *Über den Antisemitismus. Eine Pfingstbetrachtung* 1893 ausdrücklich gegen den Antisemitismus, schließlich ist seine 3. Ehefrau 1891 eine Wiener Jüdin.

9 Freytag lehne expressis verbis ab, sein enger Brieffreund, der Kaufmann Theodor Molinari in Leipzig, sei in irgendeiner Weise vorbildlich gewesen; Erinnerungen, im Kapitel «Jahre der Vorbereitung».

10 Insbesondere betrifft dies die Belagerung einer von «Deutschen» gehaltenen Burg durch «polnische» Aufständische, bei der das (langatmige) Arrangement der Ereignisse nicht nur pathetisch erscheint, sondern mit den Versatzstücken der äußeren Umstände und der personellen Aufgliederung die Einmaligkeit des Ereignisses relativiert. Nicht von ungefähr kann die Konstruktion ohne inhaltlichen Verlust ausgewechselt werden, und es will mir nicht zufällig erscheinen, dass sich die Szene umgewandelt in Blockhaus mit Siedlern und Trappern respektive Indianern inklusive eines ehrenvollen Gegners letztlich bei Karl May wiederfindet.

11 Hz. Ernst war vor allem musikalisch interessiert, komponierte Opern und förderte Joh. Strauss Sohn sowie das Deutsche Sänger- und Turnwesen maßgeblich. Das Haus in Siebleben von 1780 ist ein respektabler Baublock (5:4 Achsen) unter hohem Krüppelwalmdach mit Giebel über einer hervorgehobenen mittigen Achse mit anschließendem Gartengelände.

12 1886 Geheimer Hofrat, 1887 Orden Pour le Mérite für Wissenschaften und Künste und, 1893 Wirklicher Geheimer Rat; schon 1854 erhielt er von Hz. Ernst II den Hofrat-Titel («Exzellenz»).

13 Insbesondere sind es: ▪ Theodor Mommsen, Jg. 1817; sein berühmter nicht zuletzt auch literarisch hochgelobter Klassiker, die «Römische Geschichte», erschien 1854-56; ▪ Otto Hahn, Jg. 1813, legte den Schwerpunkt auf die römische Epigraphik und die Musikgeschichte; ▪ Heinrich von Treitschke, Jg. 34; seine „»Deutsche Geschichte des 19. Jahrhunderts» erschien ab 1879, darin berühmt sein Satz *Männer machen Geschichte* (Bd.1), prägend wirkten dementsprechend nicht zuletzt seine zahlreichen biographischen Darstellungen.

14 Erinnerungen, im Kapitel «Arbeiten der Mannesjahre»

15 aus der Widmung an Salomon Hirzel, den Verleger fast aller seiner Bücher.

16 Es gibt Ausnahmen, so etwa führt das Kapitel 9 – als eines der ganz wenigen mit eigenem Titel, hier *Das Weib an den Geliebten* – originale Beispiele ritterlicher Liebesdichtung an.

17 Erinnerungen, im Kapitel «Arbeiten der Mannesjahre»

18 Erinnerungen, im Kapitel «Arbeiten der Mannesjahre»

19 Erinnerungen, im Kapitel «Arbeiten der Mannesjahre»

vorgesehen für die Veröffentlichung im Themenheft «Zahlen» des Österreichischen Schriftsteller/innenverbands 2020

Die Geistesarbeit bleibt mühsam …
Jacob Burckhardt zum 200. Geburtstag am 25. Mai 2018

1

Sprach und spricht man noch in Basel von einem «B.», wird bei bestimmten Personen das «ck-dt» angemerkt, denn diese Schreibweise weist (entgegen anderen Namensformen[1]) sein Herkommen aus dem obersten Teil der Gesellschaft, dem *Daig* (Teig) nach. So auch bei diesem Jacob – und das hatte seine Konsequenzen für die Persönlichkeit, ihren Habitus und ihr Werk in zahlreichen Bestandteilen.

Die Wurzeln des Schaffens liegen in der Kindheit und Jugend im evangelischen Elternhaus des Hauptpfarrers der Stadt und dem Studium in Basel (Theologie) respektive im damals zentralen Berlin (Geschichte, Kunstgeschichte, Philologie). Nicht zuletzt bleibt er lebenslang Basel treu, abgesehen von drei, sich auf über zweieinhalb Jahre summierenden Aufenthalten in Italien und einer kurzen Professur am Polytechnikum Zürich. In Basel wirkte er an der Universität von 1858 bis 1893, die letzten Jahrzehnte und darüber hinaus überdies mit Vorträgen für die interessierte (und begeisterte) städtische Allgemeinheit ausgefüllt. Das Gelehrtendasein erklärt indes nur einen Teil seines Wirkens; der Mann lässt sich letztlich nur verstehen, wenn wir ihn zudem in seiner Zeit **und** an seinem Ort sehen. Es lohnt also der Versuch, dieser spezifischen Prägung nachzugehen.

Vorab noch zum Menschen: Burckhardt, nach der Büste von Artur Volkmann im Basler KHM als strenger Kopf bekannt, schildern indessen Beschreibungen seiner Zeitgenossen als jovial und umgänglich, wenngleich mit den Schrullen eines Junggesellen und Katzenliebhabers. Zu der gewaltigen heimatlichen Prägung einige Stichworte:

▪ Der reformierte Basler: Religion wird als gesellschaftlich relevant anerkannt, jedoch weitgehend als Privatsache gelebt. *Wir sind aber nicht eingeweiht in die Zwecke der ewigen Weisheit und kennen sie nicht. Dieses kecke Antizipieren eines Weltplanes führt zu Irrtümern, weil es von irrigen Prämissen ausgeht[2].* Zur konfessionellen Ausrichtung gehört (üblich bis weit in das 20. Jahrhundert!) unbedingt ein äußeres Understatement, das für B. in einem übertragenen Sinn zugleich seine Einstellung zur Arbeit charakterisiert.

▪ Der helvetische Basler: Die geografische Lage «ennet dem Jura» (jenseits des Jura) am sich unschweizerisch nach West und Nord öffnenden Rheinknie steht symbolhaft für den scheinbar zurückhaltenden Beobachter im Bundesstaat nach 1847, sowie (namentlich mit Blick auf das Deutsche Reich 1871) für seine Ablehnung des Nationalismus, dem er die Neigung zur Aggression nach außen und zur Unterdrückung nach innen attestiert.

▪ Der politische Basler: Entscheidend ist die Gleichheit aller Bürger. *Der Kleinstaat ist vorhanden, damit ein Fleck auf der Welt sei, wo die größtmögliche Quote der Staatsangehörigen Bürger im vollen Sinne sind.* Und weiter: *Der*

Staat soll froh sein, wenn er in seiner Verfassung mit einer vernünftigen Definition der Bürgerrechte durchkömmt und alles Menschliche der Gesellschaft überlassen kann. Ein gleichwohl beim Vielgereisten durchsickerndes Gefühl der Begrenztheit weiß er intensiv brieflich konversierend oder in einem steten Bezug zum *Weltgeist* zu kalmieren.

▪ Der bürgerliche Basler: Die althergebrachte soziale Schichtung erlaubt ihm eine gewisse Distanzierung bei gleichzeitiger menschlicher Leutseligkeit, etwa nach dem Motto *Y lääb e still und ruehjig Lääben as Kultursymbol* (R. B. Christ im *Basler Credo*, 1947). Zugleich fördert sie eine gewisse finanzielle Unabhängigkeit im trotz Anstellung beibehaltenen Typus des Privatgelehrte, allgemein ausgedrückt: *Die einzig gesunde Wurzel jeder Leistung ist das eigene Interesse des Einzelnen aber freilich im höchsten Sinn.*

▪ Der gesellschaftliche Basler: Einerseits wendet er sich gegen die Industrialisierung und ihre Auswirkungen, d. h. zugleich gegen die Kapitalisten, für ihn im *ungeschichtliche*(n) *Amerikaner* besonders greifbar, und lehnt das Proletariat als bildungsfeindlich ab. Andererseits betont er eine *irgendwie freie, auf (bewußter) Gegenseitigkeit beruhende Vereinigung mit der Geltung des 'essere quam videri'*: Woraus sich die Verpflichtung ableitet, dem Gemein-Wesen etwas zurückzugeben, so im hierorts bis heute vielfach geübten Mäzenatentum, das sich bei B. im Bildungs-Bereich mit ausgedehnten Vortragsreihen buchstäblich äußert.

- Der humanistische Basler: Die Stadt ist stolz auf eine Tradition seit dem 16. Jahrhundert (Erasmus, Castellio), die eine im Streben nach innerer Unabhängigkeit begründete Einheit von Mensch und Werk in den Vordergrund stellt. Für B. bedeutet diese Haltung ausdrücklich das Primat des Geistig-Kulturellen, durchaus in der Nachfolge von Goethes Selbstbestimmung des Menschen, in der edukativen Führung des Menschen bei Schiller (s. *Gedenkrede* 1859) oder Wilhelm von Humboldt. Sein eigenes Selbstverständnis zeichnet sich wohl in seinen bewundernden Worten über Mme de Sévigné ab: *In ihr findet sich der höchste Verein von völliger Haltung und ungezwungener, aber bemessener Hingebung.*

- Der sprachliche Basler: 1853 veröffentlichte B. sogar *Ä Hämpfeli Lieder* («Eine Handvoll Lieder»), Gedichte im Baseldytsch, das er offenbar im privaten Umgang zeitlebens sprach. Durch das heimische Idiom verbleiben auf der Basis einer hohen Aufmerksamkeit in praktischen Belangen (die etwa Vorworte vermeidet) in *einem enormen Durst nach Anschauung* zahlreiche plastische und bildhafte Ausdrücke, die gerade in seinem Schriftdeutsch im Vermeiden von Abstrakta zu einer flüssigen und gleichsam entspannten Diktion führen. Schon in jungen Jahren spricht er vom *Gelübde* (...) *mein Leben lang einen lesbaren Styl schreiben zu wollen, und überhaupt mehr auf das Interessante als auf trockene faktische Vollständigkeit auszugehen.* Dabei will er durchaus *épater les bourgois* – woraus ebenso folgt, in welch erheblichem Maß bei ihm (wie im Baslerischen bis heutzutage) eine sprachlich-kulturelle Nähe zum Französischen einwirkt, in Wendungen wie *en fond de la bouteille* (Bodensatz), *Malicen, Contagien, Raisonnement* und vielen mehr nachzuweisen.

2

Es mag nicht zuletzt in der (etwa im Verzicht auf die Nachfolge des berühmten Leopold Rankes in Berlin) willentlich begrenzten Wirkungsstätte mitbegründet sein, wenn Burckhardts Werk gar nicht vorstellbar bleibt ohne enorme intellektuelle Fleißarbeit. Sie basiert auf einem gigantischen Studium von Primärquellen *als Zeugnisse einzelner bestimmter Stadien der Entwicklung des Menschengeistes*, wobei für eine bessere Sichtung unbedingt Handbücher, also Überblicke, herangezogen werden. Daraus resultiert eine gewaltige Detailfülle, *aber man muß suchen und finden wollen, man muß glauben, dass in dem Schutt Edelsteine der Erkenntniß vergraben liegen.* Der Erfolg ist eine „stupende Gelehrsamkeit" und zugleich eine „Luzidität des Ganzen" (G. Boehm 1994).

Von Beginn seines Wirkens an erscheint B. (ungeachtet eines journalistischen Zwischenspiels 1844/45) als Viel-Schreiber. Es entstehen nacheinander groß angelegte Wer-ke: *Die Zeit Constantins der Grossen* (1855), bereits viel beachtet, danach als Ergebnis der (die ungeliebten helvetischen politischen Verhältnisse hinter sich lassenden, von intensiven Archivstudien „begleiteten") Italienreisen *Der Cicerone* (1855) und *Die Cultur der Renaissance in Italien. Ein Versuch* (1860).

Die zweite Lebenshälfte wird, einer Basler Gelehrten-Tradition folgend, vollständig dem Unterricht an der Universität und der Vortragstätigkeit gewidmet. Es rühmten die zahlreichen Zuhörer beiderlei Geschlechts seinen freien Vortrag ohne Dozieren und Pathos, garniert mit lebhaften Schilderungen, zugleich rhetorisch gekonnt geschlossen im (Stunden-)Aufbau, weil nicht zuletzt im Inhaltlichen extrem dicht vorbereitet. Für den Redner ergeben sich jede Menge an Exposés, Notizen, Aufzeichnungen, die, entgegen dem letztem Willen, aufbewahrt und gemeinsam mit Hörer-Mitschriften posthum ediert wurden, darunter neue grundlegende Werke wie *Die Erinnerung an Rubens*, *Griechische Kulturgeschichte* und insbesondere der Lehrgang *Studium der Geschichte*, besser bekannt unter dem Titel *Weltgeschichtliche Betrachtungen*, den 1905 der herausgebende Neffe gab.

Das breite fachliche Spektrum Burckhardts zu bewerten, mag spezifisch ausgebildeten Autoritäten vorbehalten bleiben. Die Signifikanz von Burckhardts grundsätzlicher, sich nicht zuletzt dank einem selbst bezeugten (erneuten) Bezug zu Frankreich stark gegen den Trend der zeitgleichen deutschen Forschung stellenden Argumentation, erscheint in ihrer individuellen Ausprägung freilich äußerst spannend.

▪ Zur Wissenschaft generell

In Österreich an den zeitgleichen Anton Bruckner erinnernd, mischt sich bei Burckhardt eine starke Bescheidenheit mit hohem Selbstbewusstsein. *Wir sind ganz unwissenschaftlich und haben keine Methode – wenigstens nicht die der anderen.* Und, gleich dezidiert: *Übrigens ist jede Methode bestreitbar, und keine allgültig. Jedes betrachtende Individuum kommt auf seinen Wegen (…) auf das riesige Thema zu, und mag dann diesem Weg gemäß seine Methode bilden.* Deshalb bekennt sich B. ausdrücklich zur Tugend des Dilettantismus wegen deren antispezialisierter Übersicht, stellt sich hingegen vehement gegen den *terrible simplificateur*, den er auch bei Akademikern zu finden weiß. Und er ist – siehe sein bürgerliches Dasein – stets sich selbst kritisch auf der Spur: *Außerdem können wir uns in den Absichten unserer eigenen Zeit und Persönlichkeit nie ganz los machen, und dieß ist vielleicht der schlimmere Feind der Erkenntniß. Die deutlichste Probe: unsere wachsende Theilnahme sobald die Geschichte sich unserm Jahrhundert (d. h. unserer werthen Person) nähert. Wir finden Alles viel ‚interessanter‘, während eigentlich nur wir ‚interessierter‘ sind.*

Essentiell ist bei respektive trotz aller dezidiert herauszuarbeitender Kenntnis des Einzelfalls *das sich Wiederholende, (Constante,) Typische als ein in uns Anklingendes, und Verständliches*, dessen entscheidender Kern in der zwingend festzuschreibenden Geistes- Ebene beheimatet ist. *Denn der Geist hat Wandelbarkeit, aber nicht Vergänglichkeit.* Darin ist der Weg aus der Vergangenheit bis in die Zukunft erfasst.

▪ Zur Geschichte
Sein berühmter Satz lässt sich unmittelbar anschließen: *Unser Ausgangspunkt: vom einzig (Bleibenden und) für uns möglichen Centrum, vom duldenden (strebenden und) handelnden Menschen wie er ist und immer war und sein wird;*

daher unsere Betrachtung gewissermaßen pathologisch. Diese grundsätzliche, zutiefst humanistische Haltung bezieht alle Menschen ein. Dabei scheut er sich nicht vor sich selbst: *Geschichte ist Lehrerin (…) Wir wollen durch Erfahrung nicht sowohl klug (für ein andermal) als weise (für immer) werden.* Der Stoff allerdings ist und bleibt immens, weshalb Burckhardt nach Formungen sucht, mit denen er sein Arbeiten strukturieren kann. Da ist zum einen die Weise seines Vorgehens als eine *Nachweisung des Geschichtlichen an beispielshaft gewählten Dingen. Der Geist haftet an den Einzelthatsachen weil er an etwas haften muss damit wir seiner bewußt werden.* Überdies behandelt er, ebenso exemplarisch verstanden, einzelne Epochen, ungeachtet der breiten Darstellung stets mit dem Ansinnen eines Querschnitts: zunächst die griechische und die römische (Spät-)Antike, folgend dann der Neubeginn im Humanismus der Renaissance, demnach Zeiten der *Crisen,* mithin des Wandels und Übergangs, obendrein das eigene Jahrhundert, denn: *Nur aus der Betrachtung der Vergangenheit gewinnen wir einen Maßstab der Geschwindigkeit und Kraft der Bewegung in welcher wir selber leben.* Man wird B. also nicht gerecht, wenn man von distanzierter Warte her die Begrenzung seiner Forschungen moniert. Drittens nennt er in den verschiedenen Zeiten wirkende *drei Potenzen Staat, Religion und Cultur,* untersucht auch theoretisch ihre Abhängigkeit und ihr gegenseitiges Durchwirken – und relativiert auf seine Art wieder *Willkür der Trennung (…), bloß um eine Anschauung zu ermöglichen.* Gleichwohl legt er ein besonderes Gewicht auf die *Cultur, d. h. die ganze Summe derjenigen Entwicklungen des Geistes, welche spontan geschehen und keine universale Zwangsgebung in Anspruch nehmen. Sie wirkt unaufhörlich modifizierend und zersetzend.* Eine besondere, letztlich integrierte Untersuchungsebene behandelt *Die Individuen und das Allgemeine (Die historische Größe)*, wiederum in den verschiedenen Auswirkungen mit dem Fazit: *Das Allerseltenste aber ist (…) die Seelengröße."* Geschichte steht somit nicht einzelnen Zeitgenossen schlichtweg gegenüber. Nein, sie wird *diejenige Vergangenheit, welche deutlich mit Gegenwart und Zukunft zusammenhängt, indem sie eine innere Verbindung zu unserem Geiste durch Affinität oder durch Kontrast* herstellt. Sie vermag daher niemals vollständig verstanden zu werden: *Die Geschichte ist und bleibt mir Poesie im grössten Massstabe.*

3

Burckhardts unmittelbare Nachwirkung kann kaum unterschätzt werden. Sie beginnt bei seinen «Schülern», darunter Heinrich Wölfflin, der die Ansätze weiterentwickelt und in der Analyse der Formgebung zu einem der Begründer einer eigenständigen Kunstgeschichte wird, der Literaturnobelpreisträger Carl Spitteler (1919 für *Imago*) oder Nietzsche (neben B. zeitweise Professor in Basel), der ihn gar als «unseren großen, größten Lehrer» bezeichnet. Abgesehen von einer enormen Werkedition (W. Kaegi 1947–82) blieb sein Werk indirekt oder direkt lange dienlich: Man griff auf «ihn» zurück, wie etwa

Johan Huizinga, der große niederländische in den 1930ern, oder Arnold Hauser, der große marxistische Kulturhistoriker in den 1950/60ern. Eher in jüngerer Zeit wächst ein Hinterfragen von Burckhardts Ergebnissen und nicht zuletzt seiner Haltung: Zum einen schreitet die Wissenschaft voran und erschließt weiteres dokumentarisches Material, das durchaus «Richtigstellungen» erlaubt. Vor allem die deutschsprachige Forschung stört sich an den Übersichten mit den zwangsweise nötigen Einordnungen einzelner, spezifischer Themenbereiche, doch bleibt, von anderer Warte aus, gleichwohl seine Leistung einer höchst lebendigen Darstellung – gerade in der Geschichtsschreibung „müssen die Begriffe so flüssig und offen als möglich gefasst werden" – nach wie vor ein Desiderat, das im Übrigen im angelsächsischen Diskurs nie aufgegeben wurde. Drittens machten jüngere Generationen andere Erfahrungen, die zu einer mehr als kritischen Neubewertung führen können. Als Beispiel mag Aram Mattioli (Jahrgang 1961) dienen, der in einem Essay (1999/2001) mittels pointierter Zitat-Auswahl B. Rassismus und nicht zuletzt Antisemitismus vorwirft, in der Zuspitzung jedoch das Zeitgebundene jeder Person erstaunlich geringachtet.

Letztlich bleibt, zusammenfassend, die Frage: Kann man heute noch Burckhardt lesen? Sind seine Ergebnisse nicht überholt?
Dies ist richtig und falsch zugleich. Immerhin sind etwa seine Thesen zur Renaissance in ihren

Grundzügen nach wie vor aufrecht und damit weiterhin ein Bezugspunkt. B. besaß von den von ihm ausgewählten Epochen eine ungeheure Kenntnis originaler Schriftstücke und eine geradezu enzyklopädische Kenntnis konkret handfester Dokumente, die heute in einer auch in dieser Hinsicht schnelllebigen Zeit nur selten noch anzutreffen sein wird. Aus dieser nicht allein mittels Nachschlagen erarbeiteten Fülle schöpft er den Blick auf das „weite" Geschehen, und dieses Ganze ist ihm, wie er häufig mitteilt, das wichtigste Anliegen. Deshalb – nicht nur aus einer nach außen gerichteten Bescheidenheit – steht er, ebenfalls oft von ihm erwähnt, zu der möglichen Mangelhaftigkeit seiner Überlegungen: Weil er eben nicht auf eine gesteigerte wissenschaftliche Fundierung Wert legt. Dies drückt er, vielleicht ja etwas kokettierend, deutlich aus, wenn er gegenüber den Spezialisten im Dilettanten die Haltung desjenigen herausstreicht, der die Dinge liebt und sich deswegen in sie vertieft. Von dieser Warte aus gelingen ihm Darstellungen, die ebenso sachlich wie lebendig sind. Er zeigt uns in meisterlich sprachlichen Darstellungen in der Mitte von Sachaussage und Bewertung ein Tableau, ein Gesamtgemälde, dem man heute als Leser noch gerne folgen mag, und das – seinem ebenso umfangreichen wie «frei» einsetzbaren Wissen geschuldet – zugleich nie ganz falsch sein kann. Gönnen wir ihm das Schlusswort, gleichsam in eigener Sache, gegen *allgemeine Garantie der Mediocrität, Assecuranz gewisser mittlerer Talente und falscher Renomeen. Das Übrige thut die*

151

polizeiliche Unmöglichkeit alles großartig Spontanen. Denn die großen Männer sind zu unserm Leben notwendig (für das) *Offenhalten des Geistes – eine der wenigen sichern Bedingungen des höhern geistigen Glückes.*

1 Bis hin zu Katalogen verwechselt man B. immer wieder mit dem Historiker und Diplomaten Carl Jacob Burckhardt (1891–1974), bekannt durch die «Danziger Mission» 1937–1939 als Völkerbundkommissar, die IKRK-Präsidentschaft und das dreibändige Werk über Richelieu.

2 Die Zitate stammen aus Jacob Burckhardts Werk. Insbesondere wurden für den Essay hinzugezogen *Der Cicerone, Die Kultur der Renaissance in Italien,* eine Sammlung kulturgeschichtlicher Vorträge und die Vorlesung *Das Studium der Geschichte,* von Peter Ganz 1982 nach den Handschriften herausgegeben. Weitere Quellen waren: Hans R. Guggisberg (Hrsg.), *Umgang mit Jacob Burckhardt, Zwölf Studien* 1994; Aram Mattioli, *Jacob Burckhardt und die Grenzen des Humanismus* 2001.

zuerst veröffentlicht in «Der Literarische Zaunkönig» 2/2018

Nur der Schweizer?
Gottfried Keller zum 125. Todestag am 15. Juli 2015

Man mag etwas erstaunt fragen, was denn „der Schweizer Nationaldichter" auf der Website des Österreichischen Schriftsteller/innenverbands zu suchen habe? Nun, derartige lobend gemeinte Epitheta stellen zumeist einen jüngeren, eben national-interpretativen «Erfolg» eines Autors dar, ohnehin durch Dritte ausgelöst. Wobei allerdings festgehalten werden muss, dass Keller immerhin erster Kantonalzürcher Staatsschreiber war und dadurch fast eineinhalb Jahrzehnte lang ein spezifisch in der Öffentlichkeit wirksames Amt bekleidete. Welches er dann mit 56 Jahren 1876 aufgab, um sich umfassend dem literarischen Schreiben zu widmen. Hinter diesem Entschluss stand sicherlich nicht eine Zeitfrage allein, sondern wesentlich der Aspekt des nicht mehr eingebunden Seins in vielfach überprüfte Pflichtäußerungen.

Weit weniger entsprach dem «Nationaldichter» biografisch, dass er erst nach acht Jahren recht begabter Leistungen, davon zwei in Bayern (München), im Alter von 23 das Berufsbild des (stilistisch romantisch geprägten) Kunstmalers aufgab. Fortan nahm er sich die Situation in der heimatlichen Schweiz zu Herzen, zunächst durchaus als Revoluzzer – dem das Kleinwüchsige, die Nickelbrille, der mächtige Vollbart zu entsprechen schienen –, dann mehr und mehr mit spitzer journalistischer und zunehmend teils sarkastischer teils subtiler schriftstellerischer Feder. Und war doch ein Augenzeuge, der sich, wiederum unangemessen ausgerechnet im gerade neu entstehenden modernen Schweizer Bundesstaat, im Herbst 1848 nach Norden absetzte, in einem Jahr Baden (Heidelberg) und in fünf Jahren Preußen (Berlin) in sich aufnahm – und übrigens nach der Rückkehr zahlreiche der gewonnenen «auswärtigen» Beziehungen aufrechterhielt.

Ausgerechnet im Ausland begann er, in unterschiedlichen literarischen Formen seine Vergangenheit aufzuarbeiten – und seine Miteidgenossen prüfend zu charakterisieren. Auch wenn die daraus entstandenen Werke einige spätere Überfassungen und Erweiterungen erlebten, begründet(e) dieser doppelte gesellschaftliche Schreib-Impuls ganz entschieden seinen eigentlichen und dauerhaften Bekanntheitsgrad. *Der Grüne Heinrich* gilt germanistisch als eine der wichtigen Leistungen eines höchst nachdenklichen literarischen Rückblicks auf die persönliche Entwicklung überhaupt. Die *Leute von Seldwyla* sind nicht nur auf der Schweizer Ebene geradezu sprichwörtlich geworden; das Drama *Romeo und Julia auf dem Dorfe* und die Humoreske *Kleider machen Leute* liegen im Bekanntheitsgrad an erster Stelle. Die mit einer gehörigen Portion Skepsis beobachtende Haltung bleibt Keller über die gesamte Schaffenszeit erhalten bis zum *Martin Salander*, dem trotz Publikation in Fortsetzung nicht mehr ganz abgeschlossenen Spätwerk, eine keineswegs altersweise Kritik (wie etwa von Fontanes *Stechlin*), sondern die romanhafte Auseinandersetzung mit dem mehr und mehr das Leben beherrschenden Kapitalismus. Die die eigene Erkundung reflektierende Beobachtungsgabe durchdringt, über das öffentliche «mediale» Wirken und die nie ganz aufgegebene journalistische Tätigkeit hinaus, Kellers ganze Arbeit einschließlich des späten *Sinngedichts*. In dessen Besprechung formulierte die zeitgenössische NZZ: *Keller, der mit seinem reichen Talente so lange als ein kluger Haushalter zu Rath gegangen, genießt nun vollauf die Früchte jener Zurückhaltung, denn jede seiner Kundgebungen ist zu einem Ereigniß in der Literatur geworden. (…) Aber noch Wenigere tragen den unergründlichen Quell ächter Poesie so tief in sich, daß sie ihn nach und nach immer reiner zu Tage fördern. Unter diesen Wenigen aber ist Gottfried Keller heute der erste.* Hinzuzufügen wäre eigentlich «in unserem Lande der erste».

Was macht aber denn dann das Deutschschweizerische aus? Es ist zunächst die Orientierung am ganz Konkreten, das durch die «fremde» deutsche Schriftsprache (eine Bezeichnung, welche erst heutzutage rasch zunehmend dem Begriff des Hochdeutschen weicht!) ihren schriftstellerischen Anfangspunkt erhält. Diese Basis des greifbar-anschaulichen Formulieren-Müssens – nicht zuletzt wirksam in Kellers häufigen Überarbeitungen – bleibt auch bestehen, wenn der inhaltliche Stoff mit reichlicher Fantasie des

Geistes bis hin zu einer gewissen Fantastik geformt wird. (Insofern mag Keller m. E. durchaus als eine Art Vorgänger Dürrenmatts gelten.)

Eine Werkübersicht erweist Kellers Pflege des Prosaschaffens in vielfältigen Ausprägungen, wobei niemals das poetisch Dichterische vernachlässigt wird – auch und gerade nicht in der Novelle, als deren Meister er gelten darf.

Dennoch oder deshalb sollte man darüber keineswegs den Dichter Keller, den Poet im engeren Sinn übersehen. In seinen, im Verhältnis zum Gesamtwerk allerdings nicht allzu zahlreichen Gedichten findet er einen feinen, einen nicht gerade volkstümlichen aber sicherlich in Rhythmus und Wortwahl (inkl. Reim) einen volksnahen Ton. Die 1. Strophe seines *Abendlieds*, für mich eines der schönsten Zeugnisse Kellerscher Lyrik, mag nicht nur die ihm eigene Qualität nachweisen, sondern sinngemäß zu seinem heurigen Gedenktag einen wahrhaft würdigen Schluss finden: *Augen, meine lieben Fensterlein, / Gebt mir schon so lange holden Schein, / Lasset freundlich Bild um Bild herein: / Einmal werdet ihr verdunkelt sein!*

Nein, nicht ganz, zum eigentlichen guten Endpunkt dieser OeSV-Seite gehört doch noch der direkte Bezug zu Österreich: In dessen Zürcher Professoren-Jahren (1868-72) befreundete sich Keller mit dem bedeutenden, Prag-stämmigen Juristen Adolf Exner, und nach dessen Wegzug an die Universität Wien ebenfalls und gleich eng mit dessen Schwester Marie von Frisch. Nicht nur veranlassten beide Keller zu zwei Urlauben im Salzkammergut (am Mondsee malte er sogar seit langem wieder), sondern darüber hinaus zu einem Besuch in der Josefstädter Straße (17), wobei diesen Aufenthalt Keller als die glücklichsten Tage seines Lebens bezeichnete!

zuerst veröffentlicht in «Literarisches Österreich» 2015/2

An einem kalten Februarabend.
(Eine Hommage zum 200sten Geburtstag 2019.)

An einem kalten Februarabend saß Garstenauer unter dem weichen Lampenlicht am Tisch und las. Das Buch war reichlich dick, mit dem festen Einband sogar schwer; man sah ihm schon von außen an, dass es bereits reichlich betagt war. Deshalb ließ er es immer wieder auf die Tischplatte sinken. Die Seiten wirkten im Schein wie vergilbt, auf den ersten Blick schien auch der in Frakturschrift gedruckte Inhalt ganz dem Gestern zuzugehören. Mochten es die erzählten Stories sein oder das Zurückliegende, immer wieder wanderte des Lesers Blick von den Blättern hinweg in das Zwielicht des Zimmers.

Dort hockte mit einem Mal auf der andern Tischseite, nicht allzu viel über die Tischplatte ragend, ein etwas knorriger Herr, von dem im Dämmerlicht vor allem der große Kopf mit markanten Gesichtszügen bei hoher Stirn und gepflegtem Vollbart auffiel. Kaum sah Garstenauer ein erstes Mal etwas genauer in diese Richtung, tönte es schon mit sonorer Stimme: „Mein Lieber, was liest du da von mir?" Garstenauer fragte, etwas durcheinander: „Von Ihnen?" „Erkennst mich nicht?" Während Garstenauer sich, eine Entschuldigung murmelnd, in seiner Verwirrung erlaubte, den grünen Lampenschirm leicht auf den Neuankömmling zu drehen, berührte der Schein das bis auf das Titelblatt zugeklappte Buch. Deshalb dann: „Guten

Abend Herr Keller, Sie sind es sicherlich. Natürlich, ja, mit dem Zürcher Spracheinschlag."

Das Licht störte den alten Mann überhaupt nicht. Er verzog sogar den Mund zu einem tiefgründigen Lächeln, er sagte aber nichts als „Nun, also?" Garstenauer antwortete rasch: „Bitte, Sie haben es wohl bemerkt: Ihre Leute von Seldwyla." „Meine Leute, das ist wirklich gut. Mag beileibe nicht festlegen, ob es das Beste meiner Werke ist, lassen wir's dahin gestellt sein. Sage mir, Freund: Warum gerade das?" Garstenauer holte tief Atem: „Ich sitze an einem Vorhaben, ich möchte mehr oder minder exemplarische Situationen aus dem Leben in eine literarische Form bringen. Wahrscheinlich werden es Novellen werden; ich mag deren Kick mit dem Wendepunkt im Geschehen, der Durchwirkung mit Motiven und ganz generell der überblickbaren Länge. Darin waren Sie schließlich und endlich Meister!" „Sagt das die Literaturgeschichte? Ja, ich weiß, der große Fontane mochte das Zeug sehr. Ist selbst schon einiges über hundert Jahre her. Während er den Volkston meiner Gedichte ablehnte. Die willst du dir wohl nicht zum Vorbild nehmen, oder? Demnach: bekenne, was ist los?" „Ich komme, mit Ihrer gütigen Erlaubnis das zu sagen, nicht weiter, mir scheint, ich bringe den Inhalt nicht zusammen. Ich wollte mir dichterische Impulse holen, das wird leider reichlich schwer. Trotz Ihrer Vorlage, verehrter Herr. Die Schwierigkeit beginnt nur beim Stoff. Denn heutzutage aktualisiert man Geschichten in einem anderen Sinn: Zwar ist das Paar

Romeo und Julia nach wie vor ein starker point de résistance, allerdings kaum in Ihrer ländlichen Version. Vielmehr romantisch verbrämt in direkter Shakespeare-Nachfolge und natürlich musikalisch beweihräuchert in Oper respektive Musical, das zeitgemäß das Ihnen geläufige Singspiel ersetzte. Und in die heutige Zeit übertragen lässt sich's nicht: Die jungen Leute lassen sich in der Regel kaum von den Eltern dreinreden. Aber nach Verona fahren sie halt doch." Keller machte eine wischende Handbewegung, die Sehnen traten leicht hervor: „Mein Guter, beginnen wir wie gewohnt beim Beginn. Das Warten, bis der Groschen fällt, das kannte ich gleichfalls zur Genüge. Ich rätselte, ich spintisierte herum, ich nahm immer wieder Blätter mit Aufskizziertem vor, von ganz Unterschiedlichem notabene. Und dann konnte es geschehen … Hab also erst einmal Geduld. Bist ja, wie's wirkt, noch reichlich jung. Vierzig, was?" Garstenauer seufzte: „Was tut schon das Alter. Wenn Sie nur wüssten …" „Hast nicht recht zugehört?", kam prompt die Replik, „Diversifikation ist das Gebot der Stunde"; Keller wirkte etwas ungehalten. „Schon, schon", beeilte sich Garstenauer zu antworten, „indes funktioniert die derzeitige Welt eben nicht mehr wie bei Ihren Seldwyler Leuten. Heute regiert namhaft die Sorge um jenes Geld, welches man für ein nahezu uneingeschränktes Gesundheitssystem benötigt, heute befasst man sich in aller Ausführlichkeit mit hunderten Fragen, wie man im Alter möglichst gut zu leben vermag, sowie nicht zuletzt, wohin und vor allem wie weit weg auf unserem Globus die jährliche sommerliche Reise gehen kann oder mit ähnlichem Luxus. Dabei verlangt man in einem Anti-Seldwyla sozusagen von uns als dem steten homo consumens die ebenso stete Selbstoptimierung." „Halt, Herr Autor", unterbrach Keller, „für das letzte Wort bist mir noch eine genauere Erklärung schuldig. Was soll da außer der merkwürdigen, wenn nicht gar etwas wirren Begriffsbildung neu sein: Wir wollten zu meiner Zeit schließlich wie bereits alle unsere Vorgänger ebenfalls gut herauskommen, so oder so. Nun, wie auch immer, dass handkehrum militante Besserwisserei oder schlauer Leichtsinn verschwunden wären, willst doch nicht wirklich behaupten?" Weil Garstenauer etwas betroffen den Faden verloren hatte und schwieg, ging es gleich weiter, tönte sowohl bestimmt wie resigniert: „Na, dann lies die Einleitung zu Band zwei, schon das Seldwyla vor bald hundertundfünfzig Jahren passte sich an. Also, junger Mann, frisch auf!" Keller wirkte noch ein wenig resoluter, hatte gar den Zeigefinger der rechten Hand ausgestreckt.

Die Bewegung, gering wie sie gemeint sein mochte, fiel auf, weil das Lampenlicht direkt auf den Nagel der altersgemäß gekrümmten Fingerkuppe fiel, leicht reflektierend, damit doppelt auf Garstenauer verweisend. Dieser tat sich nach wie vor schwer: „Herr Keller, ein Lieblingswort von uns heute ist die Ambivalenz. Nein, Sie müssen nicht sich in den Schultern zu wiegen anfangen, es heißt wirklich so. Dabei gehen wir nicht, sondern wir kippen von der einen auf die andere Seite. Einerseits darf man mäkeln, sich mokieren, sarkastisch werden wieviel man will, das gilt als persönliche Freiheit. Andererseits verlangt man möglichst perfekt geklärte Zustände, viel wird demnach reglementiert, am liebsten noch versichert – und der kurzfristig modische Geschmack triumphiert trotzdem. Item, es wird keine Nachlese, wie es Ihnen zu Verfügung stand, geben: Mir fehlt der Mut, wie den meisten Mitmenschen. Kein Mut, keine Vision, keine Zufriedenheit." „Na, begreife Euch Jungmänner mal einer: Ist das nicht Material genug, aus dem sich öppis Guets entwickeln lässt? Wenn nicht Mut, dann ist wie bei mir Phantasie das Wort der Stunde, ein wenig zusätzliche Phantastik darf ruhig sein. Hat mir glatt der Dürrenmatt nach einem halben Jahrhundert nachgemacht. Na ja, nicht gerade kopiert, wenngleich sich bei mir seine Anregungen genommen. Wie du offensichtlich gleichfalls willst."

Keller rückte sich zurecht, fischte seine Nickelbrille aus der Pochette seines Kittels und räusperte sich mehrmals, wodurch, was er sagte, etwas stoßweise herauskam: „Kannst denn wirklich nichts brauchen? Wenigstens das Dummdreiste? Oder grade gegenteilig das zu Herzen Gehende?" „Einige Themen möchten sich vielleicht umtexten lassen, es fehlt freilich heute der Humor. Die missbrauchten Liebesbriefe: inzwischen kommt heraus, wie viele Größen sich ihre Abschlussarbeiten schreiben ließen, manchmal werden ihnen ihre Titel wieder aberkannt. Ebenfalls wäre die Rolle von Einwanderern, heute von uns

Migranten genannt und in den letzten Jahren vermehrt in größerer Zahl bei uns anwesend, zu beschreiben. Doch leider kaum in einem Miteinander
wie selbst im Seldwyla, sondern eher in einer Weise,
wo sich die beidseitigen Wir-sind-wir-Gruppen ge-
genseitig ihre Rechte vorwerfen bis hin zu den immer
beliebteren Gängen zum Gericht. Auf der wirtschaftlichen oder gar politischen Bühne ihrerseits, da gibt
es, wenn überhaupt auffindbar, nur das böse Lachen.
Und, sollten Sie mit dem noch kommen: Ihre Idee, im
Fundus des jahrhundertealten Schrifttums nachzufor-
schen, um dabei Vorlagen, welcher Art immer, als
verwendungsfähig zu finden, ist schwer herüberzu-
bringen. Das Bildungsgut ist dahingeschwunden!"
„Dann schreib doch darüber", unterbrach Keller mit
Verve. Garstenauer schwieg erschöpft. Keller seinerseits wirkte geradezu erfrischt und extemporierte:
„Sage mein Lieber, den betrogenen Betrüger, den ge-
prellten Hahnrei, die sinnige alleinerziehende Mutter:
Das wird's selbst bei deinen Leuten allemal geben.
Überdies sprachst du vorhin von Mode, es werden die
Kleider wohl nach wie vor die Leute machen: na,
bitte!" „Nein, nichts bitte, für ein supponiertes An-
derssein taugen derartige Textilien nur noch in ganz
bestimmten Kreisen. Vielleicht ließen sich die Dinge
umstellen, je ne le sais pas. Kann man aus Roben Ve-
hikel machen? Kleider transportieren immerhin …"
„Bravo, genau das war ja meine Vorstellung!" „Nun
gut, aber Automobile, die Sie noch nicht kannten,
selbstfahrende Wagen für jedermann, das ginge

möglicherweise: immer protziger ergo prahlerischer ... könnte funktionieren. Warten Sie, vielleicht vermag ich aus der Manie eine altüberlieferte Geschichte zu stricken, indessen eher à la Fischer und seine Fru ...", hier lachte Keller auf, verhalten zugleich deutlich, „... und der Pisspott ist halt am Schluss ein Kleinauto. Meister, ich nehme mit Verlaub vielleicht gleichwohl Ihre Erzählungen und übertrag sie in meine heutige Zeit. Sehen Sie:" Garstenauer nahm Blatt und Stift, warf rasch eine kleine alphabetische Liste von „Aufenthalt im Spital" bis „Volkstümlich als oberschlicht" aufs Papier. Danach drehte er das Blatt um, damit Keller es überfliege. Der holte eine Feder aus seinem Kittel nebst einem kleinen Tintenfass, kritzelte da und dort durchaus vergnüglich, wie es schien, noch einiges herum. „Voilà, mein Bester, hier die uns offenbare, von dir auf ihre Substanzeigenschaften hin zu prüfende Oberfläche. Deren jeweilige seichte oder bodenlose, lockere oder sinnreiche Tiefe du ausloten magst. Denk an meine Zeilen: *Fürs erste, sagte er zu sich selbst, ist der Versuch nicht gelungen; die notwendigen Elemente waren nicht beisammen. Aber schon das Problem ist schön und lieblich, wie lohnend müsste erst das Gelingen sein!* Frisch auf denn, lass die Tinte nicht im Fass vertrocknen. Oder wie das heutzutage gehen mag, es kommt ja doch aufs Gleiche heraus: aufs Schreiben eben. Sprachliche Schönheit, zugleich charakterisierende Genauigkeit: das ist nicht zuletzt unsere Deutschschweizer Kunst! Somit Gott befohlen!"

Außer einem kleinen Luftzug spürte Garstenauer keine Veränderung, lediglich eine kleine Leere … es sei denn …. Halb zweifelnd halb ermutigt schaltete er den Laptop ein, das helle Licht auf dem weißen Schirm wirkte ebenso eindringlich wie anfeuernd: dort stand nun das von Keller angesprochene Sinngedicht mit der Logauschen Poesie *Wie willst Du weisse Lilien zu roten Rosen machen? / Küss' eine weisse Galatee: sie wird errötend lachen.* Voller Begeisterung begann Garstenauer zu schreiben.

vorgesehen für die Veröffentlichung in der Anthologie «Begegnungen», hrsg. vom Verband Kath. Schriftsteller Österreichs, Wien 2020

Und doch ist Maß nicht nur das Schöne, sondern auch das Wahre.[1]
Theodor Fontane zum 200. Geburtstag am 30. Dezember 2019

Geschätzter Herr Fontane (gestatten Sie mir diese persönliche Anrede statt des Ew. Hochwohlgeboren),

nun, ich habe es Ihnen zu gestehen: Zum einen gestaltete sich schon die ausschnittsweise Lektüre hunderter Ihrer Briefe als unerwartet umfangreiches Unterfangen. Zumal in den zahlreichen Sammlungen Dokumente vorgelegt werden, die sich nur bedingt entsprechen, die Fülle stets zunimmt, ein Überblick ohne thematische Register höchst schwierig wird. Zum anderen aber vermochte ich, fasziniert und buchstäblich über Stunden, kaum aufhören weiterzulesen, namentlich in den Zeugnissen der letzten drei Jahrzehnte; ich komme darauf zurück. Und ja, ich stimme der Meinung, nur als *der Mann der langen Briefe*[2] seien Sie bereits ein bedeutender Schriftsteller, vollkommen zu, so wie Sie selber Ihre Briefe gar als *Manuskripte* bezeichnen[3]. Herausgeber und Feuilletonisten wollen Ihre Korrespondenz gerne als Briefkunst sehen. Der Grund mag in erhaltenen Entwürfen liegen; vielleicht steht dahinter Ihr Satz, Sie sähen sich *als ein Schriftsteller, d.h. ein Mann, der sein Metier als Kunst betreibt (…), deren Anforderungen er kennt. Das letztere ist das Entscheidende als das Maß seiner Erkenntnis.*[4] Ich verstehe Ihre Korrespondenz als eigene, gern das

Essayistische durchwandernde literarische Form[5], die im Geist des besten Romans mündet: Man mag «unbedingt» erfahren, was wie geschehen mag, wobei weniger das Weshalb das Vorankommen entscheidet, sondern sich der Wunsch aus der geradezu ausgeklügelten Darstellung voll Esprit selbst ergibt. Dies nachträglich mit dem hugenottischen Erbe der Causerie zu benennen, greift für mich viel zu kurz: Ein reich differenzierter Wortschatz – Sie wenden sich ausdrücklich gegen die *Prinzipschablone*[6] – verbindet sich mit analytischer Präzision, beschreibende Einsicht mit unmissverständlicher Wortwahl: *voll richtigem Künstler- und Menschenblick, der sich darin zu erkennen gibt, daß man das Echte und Ewige des Daseins von dem Plunder des lackirt-conventionellen zu unterscheiden weiß*[7]. Somit vermag ich das geflügelte Wort Ihres Nachfolgers Thomas Mann von Ihrem «bezaubernden talent épistolaire» nicht ganz nachzuvollziehen. Denn erstens kommt dieser Ausdruck bei Ihnen selbst mehrfach, ausdrücklich auf die Kernfamilie gemünzt vor[8], zum anderen erscheint mir das hinzugefügte Adjektiv zwar Plauderton und Humor, nicht aber das Geschliffene, Nachdenkliche, Abwägende im *Aufmerken*[9] zu umfassen[10].

Dabei wollten Sie keineswegs, wie so mancher Ihrer späteren Kolleg*innen, bereits für die Nachwelt schreiben. Sie notieren präzis an einem bestimmten Tag auf, oft an bestimmtem Ort, vor allem wenden Sie sich betont an eine bestimmte Person. Damit besteht Ihre Korrespondenz unabhängig allgemeiner Inhalte, prinzipieller Aussagen oder konkreter

Anliegen aus Momentaufnahmen mit thematischen Schlaglichtern: Sie sind der Beobachter, der sehr bewusst – *Ich will nur, solange ich atme, einfach sagen, wie ich die Dinge ansehe*[11] – das Gesehene und Erlebte durch den persönlichen Filter webt. In der mangelnden Neutralität liegt nun die Zeitlosigkeit, ein sich wenigstens in zeitlicher Distanz auflösendes Paradoxon: Im Unterschied zur Belletristik (auch darin sind Sie ja hoher Könner!) ist die entscheidende Basis der Schilderungen nicht, der Sozietät auf ihren Grund gehen, sondern Ihre Briefe reflektieren Ihre stets gleich bleibende *Independenz über alles. Alles andere ist zuletzt nur Larifari*[12]. Das heißt zugleich: *ich gucke mir sie* (die Dinge des Lebens) *an und prüfe sie auf ihre Echtheit*[13]. Sie schreiben keine Memoiren, legen keine interpretierenden Erinnerungen vor; Sie kommentieren für die Adressaten ganz direkt, unmittelbar, stets auf der Höhe – «comme il faut», hätten Sie wohl dazu gesagt oder Ähnliches, jedenfalls als französischen Ausdruck. Dem mag ein generelles Berliner Bildungsgut zugrunde liegen, gleichwohl findet sich in Ihren Zeilen das *Gallische*[14] gerne und gut platziert, partout als die Stimmung anheizendes Momentum[15].

Angesichts der Fülle musste ich mir überlegen, wie ein Überblick zu gewinnen sei. Ich wählte zwei Strukturen als Katalysator. Naheliegend blieb der Hintergrund Ihrer Biografie, die sich vielfach und vielfältig äußert. Sind die ersten Jahrzehnte erfüllt von Aussagen über Ihre konkreten persönlichen

Lebensumstände, gipfelnd in den das Praktisch-Anschauliche in den Vordergrund stellenden, ausführlichen Schilderungen Londons oder der Umstände der Märkischen Wanderungen, so wechselt (für mich) namentlich seit Mitte der 1870er Jahre Ton und Anspruch: Sie befassen sich tiefgreifend mit Ihrer beruflichen Situation. Als ein wesentlicher Auslöser dürfte der, in der von Ihnen intensiv geschilderten Einsicht in Ihre menschlichen Eigenschaften gleichsam erzwungene (zweite) Verzicht auf eine bezahlte Stelle zum Entscheid beigetragen haben, sich im Bewusstsein aller Notwendigkeiten ganz auf das Schreiben zu fokussieren: *Ich bin erst seit dem Unglücksjahre 76 ein wirklicher Schriftsteller geworden; vorher war ich ein beanlagter Mensch, der was schrieb. Das aber ist nicht genug.*[16] Nunmehr sehen Sie sich als *ein*(en) *Mann, der sein Metier als Kunst betreibt, als eine Kunst, deren Anforderungen er kennt. Das letztere ist das Entscheidende als das Maß seiner Erkenntnis.*[17] Es folgt, sich steigernd – *In Anschauungen bin ich sehr tolerant, aber Kunst ist Kunst*[18] –, eine differenziert-reiche Auseinandersetzung nicht zuletzt mit handwerklichen Stilfragen; ich könnte seitenlang zitieren. Ihr literarisches Vermögen äußert sich im nachdrücklichen Finden einer passend-aussagekräftigen Ausdrucksweise für das Alltägliche wie für grundsätzliche Lebensaspekte. Reich differenzierter Begriffsschatz verbindet sich mit analytischer Präzision, beschreibende Erkenntnis mit unmissverständlicher Wortwahl.

Ein ganz eigenes Unterfangen wäre die Aufzählung all Ihrer Bemerkungen zur Gesellschaft. Es verblüfft, wie aktuell nach 150 Jahren viele Ihrer, seit den späten 1880er Jahren an kritischer Intensität zunehmenden Feststellungen anmuten – häufig zu der auf dem Geld-«Adel» beruhenden Diskrepanz zwischen Eliten und Volk in den Auswirkungen politisch-kultureller Oberflächlichkeit dort und den prägend-realen Lebensnotwendigkeiten hier – mit Rückschlüssen, die heutzutage alle medialen, digitalen Umwälzungen der letzten Zeit nachhaltig zu relativieren scheinen.

Mindestens ebenso spannend – weil nunmehr *mit einer bestimmten Lebensaufgabe verheirathet*[19] – erscheint es, Ihre Hinweise auf die Schriftstellerei zusammenzustellen. Sie mögen – *Ich betrachte das Leben, und ganz besonders das Gesellschaftliche darin, wie ein Theaterstück*[20] – von Ihren jahrzehntelangen Schauspiel-Kritiken genährt sein, in Ihren Briefen äußern Sie sich ohne Rücksichtnahme. *Ich habe nicht die Frechheit, drauflos zu schreiben, ohne Sorge darum, ob es stimmt oder nicht*[21]. Sie geben Aufschlüsse über Ihr Vorhaben wie *Die Darstellung des kleinen Lebens war mir immer besonders sympathisch; auch jetzt zeigt sich dabei das eigentliche künstlerische Können*[22] oder *In meinen ganzen Schreibereien suche ich mich mit den sogenannten Hauptsachen immer schnell abzufinden, um bei den Nebensachen liebevoll, vielleicht zu liebevoll verweilen zu können*[23] oder, andererseits, *Die Weitschweifigkeit aber, die ich übe, hängt doch durchaus auch mit meinen literarischen Vorzügen zusammen.*[24] Häufig stöhnen Sie übers Korrekturlesen, denn *Ich gehöre zu den Schriftstellern, die es* *genau nehmen, sehe alles dreimal durch.*[25] Verschiedene gleichzeitig kontaktierte Publikationsorgane (Zeitschriften, Zeitungen, Verlage) gaben ein Übriges dazu. Neuerlich lassen sich bei aller Anständigkeit sezierende Bemerkungen zum Literaturbetrieb in manchem eins zu eins auf die derzeitige Lage übertragen. *Das, was als alltägliches Lesepublikumsfutter dient, steht auf so niedriger Stufe, daß überhaupt gar nicht darüber zu sprechen ist. Die Trivialität in Stoff, Stil, Behandlung ist kolossal.*[26] Dezidiert: *Es gibt freilich eine «rohe Kunst», in dem Sinne von Anfängerkunst ... Zum künstlerischen Fleiß aber gehört etwas andres als Massenproduktion.*[27] Lyriker*innen aus der Seele gesprochen tönt, als pars pro toto: *die Reimerei, auch die gute, ist immer Aschenbrödel.*[28] Ebenfalls höchst modern klingt *Solche Briefe schreiben sich die Leute heute nicht mehr, alles wird im Telegrammstil besorgt. Und dabei bildet man sich noch ein, das sei ein Fortschritt.*[29]

Als andere Ordnungskategorie stellt sich jene nach Ihren Briefpartnern. Namentlich in den ersten Jahrzehnten stehen die Freunde (wie Witte und Lepel) und die Partner im Literaturklub des «Tunnels unter der Spree» (wie Karl Zöllner) in vorderster Linie. Mit der Zeit reihen sich intensiver Kollegen (wie Storm) und vor allem Publizisten und Verleger (wie Jacobi und Hertz) ein, neben ihnen in allen Belangen die verehrte Stiftsdame Mathilde von Rohr. Zum späten Brieffreund erwuchs Ihnen 1886 der Jurist Georg Friedlaender, Jurist aus verzweigter («mosaischer» Berliner) Familie, mit dem Sie, ihn als ebenbürtig anerkennend, nur umso intensiver, animierend, replizierend, sich über alle zeitlichen und persönlichen Umstände austauschen. Trotz gelegentlich bei Ihnen auftauchender das negative Ondit wiedergebender «Sprüche» (die Sie sogar zum Antisemiten stempeln sollen), pflegten Sie generell ein von Respekt gekennzeichnetes Einvernehmen mit den jüdischen Mitbürgern: *daß uns alle Freiheit und feinere Kultur, wenigstens hier in Berlin, vorwiegend durch die (…) Judenschaft vermittelt wird.*[30] Ebenso mehrschichtig ist übrigens Ihr Verhältnis zum Christentum[31].

Entscheidend allerdings blieb Ihnen in fünfzig Ehejahren Ihre Gattin in den langen Phasen monatelanger Trennung eine nie verlorene Gesprächs- und Diskussionspartnerin voll auf Augenhöhe. Sie wussten, Sie besaßen die richtige Frau an Ihrer Seite; besaßen schrieb ich, denn Sie verlangten, stets das Heft in der Hand zu behalten – ungeachtet ihrer, durch Ihr hochsensibel-diskontinuierliches Verhalten hervorgerufenen Existenz-Nöte. Wohl nicht von ungefähr betonten Sie, meist Ihren Kindern gegenüber, umgekehrt den sehr guten Charakter und Willen. Wie auch immer: Sie zeichnen ein hochkomplexes Verhältnis, in dem Emilie zum Spiegel wird, der wahrhaftig Ihr Bild auf Sie zurückwirft. Das gegenseitige Mitteilungsbedürfnis erlischt nie und bleibt, aus Sicht heute üblicher knapper Angaben, im Umfang geradezu ungeheuerlich. Über alles Gesehene, Erlebte, Gelesene wird berichtet, der eigene oft schwächelnde, oft an Depression mahnende Gesundheitszustand nicht ausgespart, über Literatur als Kunst nachgedacht und die Gesellschaft abgehandelt. In und durch Ihrer Gattin Anteil gewannen Sie immer neu die Einschätzung Ihrer selbst, kommen, aus dem ihr gegenüber formulierten Nachdenken gewonnen, sich und nicht zuletzt Ihrem eigentlichen Können – das Ihre Frau mit *Secretair-Diensten*[32] namhaft unterstützte – nahe. In ähnlich offener und umfassender Weise äußerten Sie sich grundsätzlich (nur) zur Tochter Martha gen. Mete, sei es über Leben, Literatur – oder eben Mama.

Ein eigenes kaum zu überblickendes Kapitel wären herzustellende Verbindungen, sei es zu den Erfahrungen aus Reisen, Gesprächen, auch der Gefangenschaft 1871, sei es zu den beruflichen Erzeugnissen ungezählter Rezensionen, Kritiken, nicht zuletzt zu Ihren in den Sommermonaten entstehenden Gedichten – aber abgesehen von den verstreuten Hinweisen Ihrerseits ist das dann doch die Aufgabe der Studiosi. Nun, bereits die Editionen Ihrer Briefe füllen als Bibliografie Seiten, auf Tablaren die Bücher halbe Borde, neue, auf bestimmte Partner spezialisierte kommen laufend hinzu. Auch wenn es nicht jedem wie mir als ein kaum vollständig zu hebender Schatz erscheinen mag, eine reiche Fundgrube mit, gäbe es ihn, unübersehbarem Schlagwortkatalog bleibt es allemal. Oft in Seufzern über Missachtung, skeptisch gegenüber einem im Mittelpunkt-Stehen oder gar Ehrungen, hoffe ich, dass Sie dennoch meinen ebenso respektvollen wie herzlichen Dank für Ihre Korrespondenz entgegennehmen.

1 so an Georg Friedlaender 12.10.1887
2 so an Karl Zöllner 13.7.1881
3 seiner Frau Emilie gegenüber am 15.8.1876
4 an Emilie 17.8.1882
5 1872 schreiben Sie am 2.1., obwohl schon ganz in der Arbeit am Erstroman, an Paul Lindau noch: *Die Form des Essays sagt mir besonders zu.*
6 so an den Sohn Theodor 20.6.1882; s. auch an die Tochter Martha (Mete) 25.6.1889: *Es ist damit wie mit allem: eine Norm gibt es nicht.*
7 an Karl Zöllner Ende Januar 1876
8 sowie, ausdrücklich, ebenfalls an Georg Friedlaender am 7.12.1887 auf diesen selbst bezogen
9 an Theodor 11.7.1878: Mete habe die *Gabe des Aufmerkens vom Vater*
10 an Georg Friedlaender 5.7.1886: *Von Spott und Überhebung ist keine Rede, nur Betrachtung, Prüfung, Abwägung.*
11 an Friedrich Stephany 20.11.1889
12 an Emilie 28.5.1870
13 an Emilie 31.7.1876
14 etwa an Emilie 30.9.1888.
15 Nicht nur gehörten die Fontanes der Franz. Kolonie resp. Ref. Gemeinde in Berlin an; Fontane bewies seine guten Sprachkenntnisse spätestens, als er sich in der Gefangenschaft 1870 auf Französisch in den Briefen an seine Frau wendete – die ihrerseits verstand.
16 an Emilie am 28.4.1882
17 an Emilie 17.8.1882
18 an Emilie 12.6.1883
19 an Mathilde von Rohr 14.11.1874
20 an Georg Friedlaender 5.7.1886
21 an Emilie 3.6.1885
22 an Ludovica Hezekiel 19.2.1878, ähnlich an Theodor Wolff 14.5.1890
23 ebenfalls im Schreiben an Theodor Wolff 14.5.1890
24 an Emilie 8.8.1883
25 an Hermann von Kletke 16.9.1870
¹26 an Emilie 24.7.1883
27 an Mathilde von Rohr 25.8.1881
28 an den Sohn Friedrich 29.6. 1890
29 an Hermann Wichmann 7.7.1894

30 An Familie Guttmann 25.1.1890

31 Beispielhaft etwa an Georg Friedlaender 28.2.1892: *Das Bedenkliche am Christentum ist, daß es beständig Dinge fordert, die keiner leisten kann; und wenn es mal einer leistet, dann wird einem erst recht angst und bange, und man kriegt ein Grauen vor einem Sieg, der besser nie erfochten wäre.* Oder an diesen am 13.3. 1896 *Persönlich bin ich ganz unchristlich, aber doch ist dies herrnhutische Christentum … das einzige, was mich noch interessiert … Das andre ist alles Blödsinn, ganz besonders aber der Mammonismus, der die niedrigste Form menschlichen Daseins repräsentiert.*

32 so an Mathilde von Rohr 26.4,1874

zuerst veröffentlicht in «Literarisches Österreich» 2020/1

Das ist ein weites Feld.[1]
Theodor Fontane zum 200. Geburtstag am 30. Dezember 2019

Auf den Feuilletonseiten großer Zeitungen, als gedruckte Publikationen, in den Fernseh-Angeboten mehren sich zwischenzeitlich Übersichten, Zeugnisse und Interpretationen Fontanescher Werke. Zumindest frühere Schulzeiten (wie die des Schreibenden) prägte die Pflichtlektüre einzelner Gedichte und ausgewählter Romane, etwa «Die Brück' am Tay» einerseits oder «Effi Briest» andererseits.

Für Fontane jedoch gilt mehr noch als für viele andere: Ein Ausschnitt, so groß er sein mag, wird diesem Mann nicht gerecht. Sein immenses Werk stellt dafür nur einen Teilgrund. Sein Werk ist unlösbar verbunden mit seinem Leben, mit seiner persönlichen Entwicklung ebenso wie mit seinem Umfeld. Dies beschrieb er nicht nur in Erinnerungen in Mitteilungen zu seinen Kinderjahren und namentlich in dem im Alter entstandenen «Von Zwanzig bis Dreißig» sogar selbst; nahezu unüberblickbar erscheint seine inhaltlich und sprachlich reiche Korrespondenz.

Auch wenn den meisten unbekannt, es sei denn in aus ihr (wie aus Romanen) als Aphorismen gebotenen Einzelsätzen (wie *Die Dinge beobachten gilt mir beinah mehr, als sie zu besitzen*[2]), ist sie doch integraler Teil des großen, großartigen Opus – und allein durch sie wäre Fontane bereits ein bedeutender Schriftsteller. Sein

Ganzes zu begreifen dürfte immer ein Versuch bleiben, der sich aber unbedingt lohnt.

Die Anfänge sehen bescheiden aus: In dritter Generation einer in das reformierte Preußen ausgewanderten Hugenottenfamilie ist ihm der Beruf seines Vaters vorgegeben: Er wird ebenfalls Apotheker, wenngleich seine finanziellen Verhältnisse niemals ausreichen, ein eigenes Geschäft zu erwerben. Phasen der Akzeptanz wechseln mit Strecken beruflichen Zweifels, für den Außenstehenden sichtbar in seinen bereits früh verfassten Gedichten. Auf Umwegen erreicht er, nach Aufenthalten an verschiedenen Orten, bereits mit 24 Jahren in Berlin die Mitgliedschaft im «Tunnel über der Spree» genannten Literaturklub gebildeter Autodidakten ganz unterschiedlicher sozialer Niveaus. Eine eigene Stellung schafft er sich mit Balladen von einer von ihm immer mehr vervollkommneten (kunstvollen) Schlichtheit des Ausdrucks, die speziell zu packen vermag. Vorbild ist England, dessen Kultur, die für ihn nicht vom Alltag zu trennen ist, er sich bei zweimaligen vielmonatigen Aufenthalten in London als eine Art preußischer Korrespondent intensiv widmet.

Auf einer Schottland-Reise wird er sich bewusst, wie stark Landschaftliches von Geschichte geprägt ist, eine Erkenntnis, die zum Auslöser wird, nun auch die Mark Brandenburg um Berlin zu erfassen: Die «Wanderungen» werden zu einer vielverzweigten, meist in seiner Freizeit unternommenen Erforschung und Notationsarbeit, die ihn über Jahrzehnte beschäftigen und in vielen Bänden ihren Ertrag finden wird; sie entwickeln sich naturgemäß in ihrer Schreibweise, bleiben jedoch allesamt geprägt von einer Mischung aus möglichst genauer Feldforschung, einer klaren thematischen Struktur und einer angenehmen Lesbarkeit. ... *nur grüne Fläche (...); mal auch ein Kahn, der über diesen oder jenen Arm der Oder hingleitet, dann und wann ein mit Heu beladenes Fuhrwerk oder ein Ziegeldach, dessen helles Rot wie ein Lichtpunkt auf dem Bilde steht.*[3] Genau diese Methodik aus sachlicher Präzision und guter sprachlicher Nachvollziehbarkeit legt er einer Art Parallele im Reporterdasein zugrunde: Sie erwächst ihm aus der gleichfalls langwierigen Berichterstattung über die Kriege 1864, 1866 und 1870/71, die er jedoch nicht während der Kampfhandlungen, sondern durch die Sammlung von Zeugnissen und nachträglichen Besichtigungen vor Ort – *Das Büchermachen aus Büchern ist nicht meine Sache*[4] – nachvollzieht. Nunmehr hält er als Neuerung fest: (Meine) *Kriegsbücher sind etwas anderes: Gruppierung des Stoffs im Ganzen wie im Einzelnen; Übersicht und Klarheit;* und, maßgeblich prägend für das folgende belletristische Werk, *lebensvolle Darstellung und Fülle der Details*[5].

Selbst daraus erwächst zwar neuerlich kein finanzieller Erfolg, aber er wird – nicht zuletzt auch durch die Kunde seiner Wochen als französischer Gefangener – bekannter bis hin zum Antritt einer zweiten beamteten Stellung. Wie in den besten (seiner) Novellen folgt der bühnengerechte Wendepunkt: Er kündigt als immerhin Mittfünfziger nach wenigen Monaten, weil er einsieht, wie sehr seine menschlichen Qualitäten und seine beruflichen Fähigkeiten unter den letztlich eingebildet-borniertem Umständen leiden müssen. Zumal seit einiger Zeit schon gilt, *uns vor Erniedrigung und Unwürdigkeit zu bewahren. Und nur darauf kommt es schließlich an. Independenz über alles. Alles andere ist zuletzt nur Larifari.*[6]

Die Dramatik gilt nicht nur innerlich, sie hat, trotz, wie er vorrechnet, bleibender Ersparnisse für ein Jahr, erhebliche existentielle Auswirkungen auf die sechsköpfige Familie. Nur langsam fängt sich etwa seine Frau und lässt nach und nach die schweren Sorgen hinter sich. Dahinter dürfte kaum der vielfach von Fontane bekundete Entschluss gestanden sein, in Zukunft nur noch als Schriftsteller tätig zu sein, sondern vielmehr die von ihm akzeptierte praktische Konsequenz: *Courage ist gut, aber Ausdauer ist besser*[7], konkret: hoher Fleiß, *um des lieben Brotes halber am Trapez weiterzuturnen*[8], was hieß im Beendigen der begonnenen «Serienwerke» inklusive verdichtetem Schriftverkehr mit Verlegern, Publizisten, Redaktionen von Zeitschriften und Wochenblättern, dazu unermüdliche Theaterkritiken für die «Vossische Zeitung» (die über 19 Jahre anhalten), manchmal sogar umfangreichere Gelegenheits- oder Auftragsarbeiten wie Rezensionen und Essays. Und es folgen ab seinem sechzigsten Altersjahr die vielen Romane und Novellen in dichtester Folge.

Die Familie darbt nicht, verbleibt in der eher bescheidenen Wohnung mit Hausmädchen, die Kinder
schließen jedes eine respektable Ausbildung ab, das
Ehepaar verbringt Teile des Sommers auf dem Land
(im Harz, Erzgebirge, in Schlesien oder Mecklen-
burg), später in Bad Kissingen. Man lebt aber ebenso
wenig auf großem Fuß, muss sich finanziell stets nach
der Decke strecken, was auch heißt, sich stärker aus
dem gesellschaftlichen Leben zurückzuziehen. Die
äußere Schlichtheit verinnerlicht Fontane und
schreibt in dieser Anfangszeit: ... *daß ich an meinem
Schreibtisch auf die Dauer am besten und am glücklichsten
sitze. Einfache Lebensverhältnisse sind allem andern vorzuzie-
hen; der Geist ist dabei am freiesten.*[9]
Die Umstände bringen überdies mit sich, dass die Familie ein Rückzugsort wird, in oder vielleicht besser
aus dem heraus sich differenziert das gesamte sich
Blick und Denken darbietende Geschehen kommentieren lässt.

«Bevorzugt» wird dabei eindeutig die Gattin in einem
oft spannungsreichen aber immer ebenbürtigen Austausch, schriftlich fixiert in den oft durchaus längeren
Trennungsphasen der Gatten. Emilie, aus vergleich-
baren Verhältnissen stammend, akzeptiert zum einen
das Patriarchalische mit den daraus folgenden umfassenden Diensten von Kinderaufzucht bis Haushalts-
vorstandschaft, ist aber andererseits bis hin zu den *Secretair-Diensten* (...) *täglich*[10] – sprich den Abschriften
aller komplexen Manuskripte und namentlich dem
Reinschreiben kaum endender Korrekturarbeiten des

Perfektion anstrebenden Autors – oder gelegentlicher gesellschaftlicher Besuche eng eingebunden in die literarische Entwicklung der Zeit und namentlich in das schriftstellerische Vorankommen ihres Mannes. Zumindest indirekt vermag man sich den Briefen Fontanes entnehmen, wie sehr Emilie in ihre Kommentierungen eingehend Bücher Dritter einschloss und in den Bewertungen der Werke des Gatten wie wohl auch in privaten Dingen oft kein Blatt vor den Mund nahm – wobei der so Beanstandete wusste, wie sehr er dies als Quell vieler Anregungen brauchte. Eine ähnliche «fachlich» vertraute Stellung dürfte nur noch die Tochter Martha, genannt Mete, gewonnen haben. Mit ihr erörtert er ebenfalls Detailfragen (wie etwa, wie die Menschen in den Texten sprechen sollten[11]) und Fragen der Literatur als Kunstsparte. Wesentliches des in den Briefen zur Arbeit Erwähnten – Basis bleibt *Das Menschlichste, was wir haben, ist doch die Sprache*[12] — findet sein kreatives Echo in den publizierten Werken, während die politische und nicht zuletzt die «Welt der Texte» einen reichen Widerhall im Dialog nicht zuletzt mit den «außenstehenden» Briefpartnern erhält.

Selbst als die letzten Jahre des 80-Jährigen eine Art Durchbruch auf nationalem, ja internationalem Niveau bedeuten, bleibt er der höchst skeptische, das zutiefst Humane im Geschehen freilegende Geist und wird je älter je offener für neue Entwicklungen. Bei aller sezierenden pointierten Treffsicherheit, nicht zuletzt in seiner nach wie vor faszinierend reichen Ausdrucksweise, fehlen unbeugsam harte Urteile weitgehend, sondern sein Beobachterstatus erlaubt nur eine letztlich großzügige Haltung dem Leben gegenüber. Dies gebot womöglich seine gesundheitliche Labilität, die sich aus steter nervlicher Anspannung mit depressiven Anwandlungen speiste – und somit ein weiteres, auch aus vielen anderen Biografien bekanntes Schlaglicht auf das «Künstlerleben» eines wachen, sensiblen, schöpferischen Menschen wirft: der hier stark unter der jahrzehntelangen *Nichtachtung* litt und doch zugleich im grundehrlichen Wissen um seine schriftstellerische Qualität ein gleichsam nicht endendes bedeutendes Werk schuf, das erst mit Fontanes Tod im Alter von 88 Jahren sein natürliches Ende fand.

Kurz zuvor beendete er in erstaunlicher, bewundernswerter Geistesfrische (dokumentiert von Gesprächspartnern) *voller Entwürfe, mit regstem Interesse für alles und jedes*[13] einen nunmehr letzten umfangreichen Roman, «Der Stechlin». In ihm geschieht fast nichts an Aktion, es wechseln differenzierte Beobachtungen der räumlichen Umgebung und Dialoge einiger als Exponenten gewählter Personen. Und doch wird's beim Lesen niemals langweilig, denn mit geistvollem Gespür, mit feiner Nuancierung und verständnisvoller Milde malt Fontane ein vielfältiges, sublim angelegtes Tableau seiner Jetztzeit der späten 1890er Jahre in der preußischen Gesellschaft … und zieht zugleich eine noch heute höchst beeindruckende, ja wunderbare Summe seiner eigenen Lebenserfahrungen.

1 vor allem bekannt aus Effi Briest 1895, Kapitel 22 und 36
2 an die Tochter Martha (Mete) 4.8.1883
3 aus «Das Oderland» 1863, Blick von Freienwalde
4 an die Gattin Emilie 12.4.1871
5 an Otto Baumann 3.9.1872
6 an Emilie 28.5.1875
7 aus «Der Stechlin» 1898, 4. Kapitel
8 an den Sohn Theodor 18.10.1886
9 an Martha 21.9.1878
10 so in einem Brief an Mathilde von Rohr 26.4.1874
11 Brief vom 24.8.1882
12 aus «Unwiederbringlich» 1891, 13. Kapitel
13 so Paul Schlenther Mitte Sept. 1898 anlässlich der Verlobung Marthas (nach O. Drude, Fontane. Ein Leben in Briefen, insel tb 540 Frankfurt/Main 1981, S. 480)

zuerst veröffentlicht auf www.verdichtet.at/Februar 2020

Das Wesentliche, was ich erlebt, steht übrigens in meinen Büchern ...[1]
Theodor Fontane in Selbstzeugnissen

Theodor Fontanes Existenz (30. Dez. 1819-20. Sept. 1898) erfuhr Mitte der 1870er Jahre – auch die Mitte seiner Fünfziger – eine tiefgreifende Wende. Er sah sich aufgrund seines inneren Zustands nicht mehr in der Lage, eine bezahlte Dauerstelle anzunehmen, und fällte den definitiven Entscheid, sich ganz dem Schreiben zu widmen. Neben der Fertigstellung seines Erst-Romans, dem zahlreiche Novellen und Romane und eine ganze Reihe neuer Gedichte folgen sollten, bedeutete dies neben vielen, z.T. durchaus umfangreicheren Gelegenheitsarbeiten zahlreiche Rezensionen und vor allem jede Menge an Theaterkritiken. Daneben blieb er der nie nachlassende Briefschreiber in einem, wie es scheint, noch intensivierten Verkehr mit Familie, insbesondere Frau Emilie und Tochter Martha, mit Freunden, zunehmend mit Publizisten und Verlegern – ungeachtet der Fülle stets in einem sorgsamen Ausformulieren, das er selbst auch schon einmal als *literarische Tat* kennzeichnet[2]. Neben dem sensiblen Eingehen auf familiäre Belange, neben der lebensvollen Kommentierung des Zeitgeschehens ist die Korrespondenz voll der Hinweise zum eigenen Verständnis als Schriftsteller und von diesem festen Punkt aus voll der geistvollen, kritikfreudigen und bei aller Anständigkeit sezierenden Bemerkungen im Blick auf die Literaturszene.

Der 200ste Geburtstag gibt Anlass, genauer zuzuhören, ganz in seinem Sinn: *Ich lese hier viel* (von Ihnen), *die beste Form persönlichen Verkehrs*, wie er für Wilhelm Raabe notiert[3].

1. Über das **Schreiben**

Es ist ein sonderbares Metier, die Schriftstellerei (…) Nur die, die durchaus weiter nichts können und deutlich fühlen, daß sie wohl oder übel nun mal an diese Stelle gehören und nur an diese, nur die dürfen es wagen. Einfach, weil sie müssen und weil ein andres Leben sie erst recht nicht befriedigen würde.[4] Dazu gehört ein äußeres Sich-Beschränken: *Ich bin absolut einsam durchs Leben gegangen (…) Ich hab den Schaden davon gehabt, aber auch den Vorteil (…) Vieles büßt man ein, aber was man gewinnt, ist mehr.*[5] Beschränkung gilt auch inhaltlich: *Wer auf Plots und große Geschehnisse wartet ist* (bei mir) *verloren, für solche Leute schreib ich nicht. (…) ich kann, um dem großen Haufen zu genügen, nicht Räubergeschichten und Aventürenblech schreiben.*[6] Das bleibt so bis zum späten Fazit: *Mein stolzes Beginnen lief nun darauf hinaus: Allerkleinstes – auch Prosaisches nicht ausgeschlossen – exakt und minutiös zu schildern und durch scheinbar einfachste, aber gerade deshalb schwierigste Mittel: durch Simplizität, Durchsichtigkeit im einzelnen und Übersichtlichkeit im ganzen, auf eine gewisse künstlerische Höhe zu heben, ja es dadurch sogar interessant oder wenigstens lesenswert zu machen.*[7] Denn dahinter steht: *Mein Interesse für Menschendarstellung ist von der Wahrheit oder doch von dem, was mir als Wahrheit erscheint, ganz unzertrennlich.*[8] Wirklichkeit *als das, als was ich es gegeben habe: ein Stück Leben, ohne jede*

Neben-Absicht oder Tendenz[9], schließt selbstverständlich Spannung nicht aus: *Dies bildet* (in Romanen) *immer das Hauptinteresse: Räthsel lösen. Alles andere ist Nebensache*[10]; ja es gilt sogar: *Dichtung und Courtoisie leben von Übertreibungen*[11]. Dennoch bleibt dabei die Stilfrage nie ausgeklammert: *Zahlloses in meinen Sachen habe ich um einer gewissen Forscheté des Ausdrucks willen schließlich wieder fallengelassen und beklage es nicht.*[12] Entscheidend bleibt, modern ausgedrückt, die Empathie: *Wie mir nichts schwer wird, wenn es einer in mir lebenden starken Empfindung entspricht*[13], mit deutlicher Zurückhaltung *als meine Schreibweise von zwei Dingen völlig frei ist: von Übertreibungen überhaupt und vor allem von Übertreibungen nach dem Häßlichen hin. Ich (...) befleißige mich vielmehr, alles in jenen Verhältnissen und Prozentsätzen zu belassen, die das Leben selbst seinen Erscheinungen gibt.*[14]

2. Bei aller Fülle von Gedanken, Ideen, Projekten – oft nur in *Croquis* und *Brouillons* – geben gerade die Briefe zahlreiche **Einblicke in die (Autoren-)Werkstatt**:

Trotz starken Abbatuseins hab ich auch heute meine Kapitel geschrieben (...) Daß es gleich gut wird, ist schließlich auch nicht nötig und eigentlich von dem, der sein Pensum arbeitet, auch nicht zu verlangen.[15] Zumal ich *nicht die Frechheit* (habe), *drauflos zu schreiben, ohne Sorge darum, ob es stimmt oder nicht.*[16] Somit darf er sagen: *Ich bilde mir nämlich ein, ein Stilist zu sein, nicht einer von den unerträglichen Glattschreibern, die für alles nur einen Ton und eine Form haben, sondern ein wirklicher. Das heißt also ein Schriftsteller (...), der immer wechselnd seinen Stil aus der Sache nimmt, die er behandelt.*[17] Als wichtiges Schlaglicht gilt: *«Wie soll man die Menschen sprechen lassen?» Ich bilde mir ein, daß nach dieser Seite hin eine meiner Forcen liegt und daß ich auch die Besten (unter den Lebenden die Besten) auf diesem Gebiet übertreffe. Meine ganze Aufmerksamkeit ist darauf gerichtet, die Menschen sprechen zu lassen, wie sie wirklich sprechen. (…) Ohne ein bestimmtes Maß von «Voraussetzungen» läßt sich überhaupt nicht schreiben.*[18] Deshalb bedarf es genauer Recherchen: *Dies lokale Sicheinleben bedeutet furchtbar viel, das andre findet sich allmählich – selbstverständlich, wenn man einen Stoff als Keim des Ganzen hat.*[19] Der letzte Halbsatz lautet dann ebenso: *Der eigentliche Kern zu einer Novelle kann in vier Zeilen stecken.*[20] Denn: *Der Anfang ist immer das entscheidende, hat man darin gut getroffen, so muß der Rest mit einer Art von innerer Notwendigkeit gelingen.*[21] Namentlich aus dieser «gebundenen Freiheit» ergibt sich das Lebensnahe, das Lebensvolle all seiner Schriften, die jedes Penibel-Langweilige vermissen lassen; weil: *Sowie das Räsonnement anfängt, wird es furchtbar. (…) Der gedankliche Inhalt kann unter Umständen die Hauptsache sein, in der Regel ist er es nicht.*[22] Es gilt vielmehr: *Die Schönheit ist da, man muß nur ein Auge dafür haben oder es wenigstens nicht absichtlich verschließen. Der echte Realismus wird auch immer schönheitsvoll sein.*[23] Dieses gründliche Ansehen – *Die Dinge beobachten gilt mir beinah mehr, als sie zu besitzen*[24] – führt zu dem für das einzelne wie für das gesamte Werk geltenden Work in Progress: *Ich schreibe alles wie mit einem Psychographen (die grenzenlose Tüftelei kommt erst nachher) und folge, nachdem*

Plan und Ziel mir feststehen, dem bekannten «dunklen Drange». Es klingt ein bißchen arrogant, aber ich darf ehrlich und aufrichtig sagen: es ist ein natürliches, unbewußtes Wachsen.[25] Somit schließt Fontane nichts aus, auf einen Vorwurf seiner Frau erwidert er: *Die Weitschweifigkeit aber, die ich übe, hängt doch durchaus auch mit meinen literarischen Vorzügen zusammen. Ich behandle das Kleine mit derselben Liebe wie das Große, weil ich den Unterschied zwischen Klein und Groß nicht recht gelten lasse; treff ich aber wirklich mal auf Großes, so bin ich ganz kurz. Das Große spricht für sich selbst; es bedarf keiner künstlerischen Behandlung, um zu wirken. Gegenteils, je weniger Apparat und Inszenierung, um so besser.*[26] Der hohe Könner formuliert es für sein Spätwerk folgendermaßen um: *In meinen ganzen Schreibereien suche ich mich mit den sogenannten Hauptsachen immer schnell abzufinden, um bei den Nebensachen liebevoll, vielleicht zu liebevoll verweilen zu können.*[27] Und doch ist Maß nicht nur das Schöne, sondern auch das Wahre.[28] In dieser (!) Hinsicht einer unbedingten Genauigkeit wird Fontane zum Perfektionisten – *Ich gehöre zu den Schriftstellern, die es genau nehmen, sehe alles dreimal durch*[29]; fast unzählbar oft jammert er regelrecht über die Mühen der stets mehrfachen Korrekturen.

3. Der **Literaturmarkt** unterschied sich in Fontanes Fall in vielem kaum von dem für viele heute Schreibende; was tröstlich wirken mag.

Das gilt für seine persönliche Situation: *daß ich gegen Tadel (…) nicht sehr empfindlich bin, nur Nicht(be)achtung kränkt mich tief.*[30] Konkret: *Die wenigsten wissen, daß ich diese_Sachen* (das sind in diesem Fall seine teilweise recht bekannten Gedichte) *geschrieben habe. Dies Schicksal begleitet mich nun durch dreißig Jahre (…); um mich kümmert sich keine Katze. Es ist so stark, daß es zuletzt wieder ins Lächerliche umschlägt. Und das rettet mich, sonst würd ich leberkrank.*[31] Bzw.: *Gleichgültigkeit, Besserwissen und Neid sind die drei Grazien, die, wie das Leben jedes Strebenden, so auch das meine begleiten. 4 von 10 Freunden lesen nicht, der 10. schweigt sich aus.*[32] Bzw., nach den ersten größeren Erfolgen: *Die gesamte deutsche Presse verfolgt mir wie andern gegenüber beständig den Zweck, einen bestimmten Schriftsteller an eine bestimmte Stelle festnageln zu wollen. Es ist das der bequemste.*[33]

Dabei sieht er das literarische Geschehen geradezu pessimistisch: *Die Wahrheit des Lebens wird nur selten getroffen; es fehlt* (im Roman zu oft) *der Inhalt, noch häufiger die Form (…) Aber wie wenige sind da, die vorgeschritten genug wären, sich auch nur die Aufgabe zu stellen.*[34] Das lässt sich noch klarer ausdeutschen: *Es gibt freilich eine «rohe Kunst», in dem Sinne von Anfängerkunst. (…) Wer heutzutage eine Kunst wirklich betreibt und in ihr was leisten will, muß natürlich vor allem auch Talent, gleich hinterher aber Bildung, Einsicht, Geschmack und eisernen Fleiß haben. Zum künstlerischen Fließ aber gehört etwas andres als Massenproduktion. (…) Der gewöhnliche Mensch schreibt massenhaft hin, was ihm gerad in den Sinn kommt. Der Künstler, der echte Dichter sucht oft vierzehn Tage lang nach einem Wort.*[35] Die Folge davon: *Das, was als alltägliches Lesepublikumsfutter dient, steht auf so niedriger Stufe, daß überhaupt gar nicht darüber zu sprechen ist. Die Trivialität in Stoff, Stil, Behandlung ist kolossal. Geist, Witz, Wissen, Humor sind Dinge, die gar nicht vorkommen. Alles siebenmal abgebrühter Tee.*[36] Drastisch tönt es bis ins hohe Alter: *Seit Keller und Storm tot sind*[37]*, welche Dürftigkeit! Und so wenig Aussicht auf Besserwerden.* (...) *Dazu – als Schuld auf unserer Seite – das à-tout-prix-Geld-verdienen-Wollen, möglichst rasch und möglichst viel.*[38] Das hat seine Auswirkungen: *und das Publikum – schon in einer unglaublichen Geschmacks-Decadence begriffen – wird die Fähigkeit gut von schlecht zu unterscheiden immer mehr einbüßen.*[39] Mit der Konsequenz: *Das einzig bewährte Mittel zum Absatz meiner Bücher – ich muß sie selber kaufen*[40]. Sehr späten Ehrungen blieb er höchst misstrauisch gegenüber; von seiner heutigen Größe – genauer: von der noch heute geltenden hohen Resonanz hätte er wohl kaum zu träumen gewagt ...

1 an Paul Lindenberg 31.12.1873
2 so etwa in einem Brief an Anna Witte Ende Mai 1882: *Meine letzte literarische Tat hier sollen diese Zeilen an Sie ... sein.*
3 im Brief vom 13.7.1881
4 an Theodor F 17.2.1888
5 an Emilie Fontane (seine Frau) 14.6. 1883
6 an Emilie 30.8. 1883
7 an Hans Jacobi 5.1.1895
8 an Julius Rosenberg 1.3.1896
9 an Martha Fontane gen. Mete (seine Tochter) 5.5. 1883: sein Kommentar zu «L'Adultera».
10 an Wilhelm Hertz 9.10.1878
11 an Emilie Fontane 13.8. 1878
12 an Detlev von Liliencron 11.5.1889
13 an Ludwig Pietzsch 10.11.1878
14 an Mete F 5.5. 1883
15 an Emilie 14.5.1884
16 an Emilie 3.6.1885
17 an Gustav Karpeles 3.3.1881

18 an Mete 24.8.1882

19 an Emilie 10.8.1880: Gedanken zum Entstehen der Novelle «Graf Petöfy» und die Überlegungen zum Schauplatz Wien.

20 an Mathilde von Rohr 15.5.1878

21 an Math von Rohr 3.6. 1879

22 an Emilie 25.3.1880

23 an Emilie 14.6.1883

24 an Mete 4.8.1883

25 an Theodor Fontane (der mittlere Sohn) 17.2.1888

26 an Emilie 8.8.1883

27 an Theodor Wolff 14.5.1893

28 an Georg Friedlaender 12.10.1887

29 an Hermann von Kletke 16.9.1870

30 an Wilhelm Hertz 6.12. 1878

31 an Emilie 15.6.1879

32 an Ludovica Hesekiel 19.2.1878

33 an Wilhelm Friedrich 19.1.1882

34 an Storm 14.1.1877

35 an Mathilde von Rohr 25.8.1881

36 an Emilie 24.7. 1883

37 1888 resp. 1890

38 an Ernst Heilborn 17.11.1896

39 an Hermann Kletke 3.12.1879

40 an Friedrich Fontane (der jüngste Sohn) 23.12.1884

zuerst veröffentlicht in «Der Literarische Zaunkönig» 1/2020

Ach ja, kein Krimi, gleichwohl spannend.
(Ein Echo auf Theodor Fontanes 200. Geburtstag)

Ich habe nicht gedacht, dass es geschehen würde. Dieses wirkliche Eintauchen in das, was gestern, was vorgestern geschah. Hier, an einem Ort, den wir meinten, zu kennen. Das ging so: Als ich dieses zweite Mal Julia zuhause besuchte, wollte ich sofort den Garten sehen. Denn in dem Buch, welches wir in der Schule lasen, fanden die Leute unter einem Birnbaum hinter der Wirtschaft ein Grab, ein altes, mit der Frage, wie alt. Woraus sich allerhand Kriminalistisches ergibt. Dabei fand das vor 140 Jahren statt, das Verfassen des Textes meine ich, und der Autor schrieb spannend. Das Ganze spielte sich im Norden von Deutschland ab, irgendwo da, wo das Land mit seiner Straße auf einen großen Fluss trifft. Aber bei uns in den Alpen mit dem Rhein? Nun, es zogen auch bei uns viele durch, Händler und Vagabunden, Kirchenleute und Soldaten. Letztere teilweise recht häufig, mal französische oder gar welche aus dem Osten, mal wir selber. Vielleicht sprang einer ab, blieb da ... und dank einem Fund ließ sich von uns hoffentlich die Geschichte nachzeichnen.

Julias Haus erschien mir für Storys, die daraus entstehen können, besonders geeignet. Sein Alter soll 250 Jahre betragen, mindestens. Es besitzt die Zimmer mit den kleinen Fenstern über Eck in dicken Mauern und den breiten Mittelflur mit Ausgang in den Hof. Ihn rahmen seitlich niedrige Scheunen, im Zentrum gibt es eine freie Fläche bis zum Zaun ganz hinten. Dazu erscheint der Platz für eine alte Sache gleich welcher Art super günstig. Nämlich an einem erhöhten Platz oberhalb der Flussauen, sogar am Steilufer, ich glaube so sagt man dem, immerhin mehr wie zwei Meter hoch. Überdies führte, seinerzeit, auf der anderen Haus-seite die Handelsstraße vorbei, schräg gegenüber lag die Poststation, heute ein Hotel. Ich stelle mir gerne vor, wie das Leben damals, früher, dort ablief, mit Kutschen, mit Rössern und Maultieren wegen dem Pass, mit allen Arten von Reisenden, mit den Postleuten und überhaupt ziemlich viel Volk. Da hätte schließlich wirklich einmal einer … Julia sollte sich unbedingt an die Hoteliertstochter heranmachen, die geht nur eine Klasse über uns in dieselbe Schule. Sie als Nachbarskinder: Julia vermochte doch problemlos nach einem Safe im Haus und nach alten Papieren fragen oder gar fahnden.

Ich durfte das ganze Wochenende bleiben. Der Vater, den das gestört hätte, weilte auf einem Kongress oder etwas Ähnlichem, deshalb. Die Mutter half wie häufig in der Rezeption gegenüber aus. Am Samstag-Morgen regnete es heftig, es schüttete aus allen Kübeln. Am Mittag beruhigte sich das Wetter, sogar die Sonne kam heraus. Ich schaffte es, Julia, die endlos bei der Pizza aus dem Backofen sitzen blieb, zu überzeugen, wir müssen jetzt endlich in den Garten. Er war allerdings, dachte ich an ein Abenteuer, gleich eine große Enttäuschung: überordentlich mit rahmenden

194

Kieswegen. Julias Vater ist Gartenarchitekt, da muss wohl perfekt organisiert werden: Der Rasen kurz geschnitten, englisch sagt dem Julia, keine Beete, wenn wirklich einmal Farbe dann das Zeug, was tief bleibt und in die Breite wächst, Bodendecker sagt dem Julia. Außerdem dann und wann ein Stück Buchshecke und, sicher plangenau platziert, ein Bäumchen: immerhin Obst! Julias Eltern richteten einen Garten ein, der das ganze Jahr über so ziemlich gleich aussieht und natürlich keine Arbeit macht, steril sage ich dem. Bei uns wird nicht viel umgegraben, lachte Julia, alles geschieht nur im obersten Segment. Segment heißt für mich in einer schmalen Schicht, die nennt Julias Vater halt anders.

Und jetzt: Pfützen massenweise, der Kies wie schwimmend, der Boden elend weich und das Gras quietschte, wenn man trotz des Verbots einmal drauftrat. Wir bewegten uns wie auf Eiern. Julia blieb motzend ein Stück zurück, ich wollte wenigstens bis zum hölzernen Hag auf der Kante zum Fluss, hinunterschauen in die Au und einen Blick auf den garantiert angeschwollenen Fluss riskieren. Ich lehnte mich für einen sicheren Stand an einen Pfosten, um mich hinüberzubeugen. Und dann schrie ich, denn der Pfahl gab nach und rutschte den Hang ein Stück hinunter, dabei zog er die seitlichen Latten mit sich. Ich ruderte mit den Armen, ich versuchte nach dem ersten Schrecken, mit den Füssen Tritt zu fassen. Ich trampelte ziemlich herum, bevor ich am Ende rücklings auf dem

Boden landete. Julia rannte voll Schreck herbei, ihre Turnschuhe komplett durchweicht. Der Rasen ist kaputt, was wird jetzt Papa sagen. Dass der Hag an dieser Stelle mehr oder weniger kaputt war, war ihr gleich, ebenso, dass ich mich hätte schwer verletzen können. Der blöde englische Rasen! Aber nach dem Hochkrabbeln sah ich: der war hier ebenfalls wirklich hin, die ganze Schicht. Das Spektrum von Julias Papa völlig abgeschoben, selbst den Hang hinunter. Sogar noch einiges mehr vom Boden hinuntergerutscht: ein richtiges Loch.

Jetzt zitterte ich und Julia gleich mit, wir umarmten uns fest. Während wir uns voneinander lösten, knickte ich ein wenig ein, da sah ich etwas blinken. Weil das bisschen Licht auf dem kleinen rechteckigen Stück funkelte. Ich kniete mich hin, es kam nicht mehr darauf an, klatschnass wie alles an mir war. Ich bewegte die Finger auf dem Ding: Es dünkte mich wenigstens an der Oberfläche halbwegs glatt. Als mein hin und her streifender Daumen an die verbliebene Erdkante geriet, gab diese nach. Deshalb schob ich meine ganze Hand mehr nach hinten. Schließlich lag ein Kreuz unter uns. Ich hob es auf, Julia zog mich hoch. Mensch, was für ein Ding, rief sie, Papa schien vergessen. Das flache schwarze, eisenschwere Kreuz sah wirklich komisch aus: Es hatte drei Balken, oben einen kürzeren plus einen längeren und zusätzlich unten einen kurzen quergestellten. Noch während wir darauf starrten, blitzte es, donnerte es kurz darauf, der Regen setzte wieder gewaltig ein. Blitze gehen auf

Metall, das wussten wir vom Radfahren, ich hielt das Kreuz trotzdem erst recht fest. Wir rannten so schnell es ging durch das stehende Wasser und durch den Gewitterschauer ins Haus.

In der Küche wärmte noch immer der Herd, wir zogen uns rasch um. Das Kreuz legten wir in das Abwaschbecken, wir reinigten es vorsichtig mit ein paar Tropfen Spülmittel auf der weichen Geschirrbürste. Mit einem Lineal maßen wir das Stück ab: 35 cm lang, an seiner größten Stelle 15 cm breit. Die Oberfläche doch nicht ganz glatt, weil etwas wellig oder eigentlich krümelig, das kam wohl vom langen Liegen in der feuchten Erde. Jetzt ging es erst einmal darum herauszukriegen, was das Stück überhaupt darstellte. Unsere Recherche im Laptop Julias brachte als Ergebnis: ein Russenkreuz. Wir suchten weiter: Vor über 200 Jahren zog in den Kriegen eine russische Armee durch unser Tal, ja sie lagerte über den Winter sogar zeitweise irgendwo hier! Der General hieß Suworow, der Name klang uns irgendwie vielversprechend. Draußen in der Zwischenzeit dunkel, konnten wir nicht mehr hinaus. Und am Sonntag-Morgen mussten wir erst einmal mit der Mutter in den Gottesdienst. Zuvor, das erschien uns vorteilhaft, gestanden wir ihr beim Zmorge, was gestern im Garten passierte. Die Situation war offenbar wirklich günstig. Mama jammerte nicht, sie fragte kaum, was geschah, sondern nur: Lässt sich was retten? Zurück aus der Kirche, ging sie gleich zur Rezeption, sie musste bereits die ersten Abreisenden abfertigen.

Es begann schon wieder zu regnen, ziemlich dick, fast wie Schnee. Das gibt es bei uns selbst in einem Sommer gar nicht selten. Siehe da: Julia freute es! Wenn es noch recht kalt wird – das kam auch, wir brauchten Julias dicke Pullover und Hosen –, kann unsere Fundstelle anfrieren, lautete ihr Argument, sie wird dadurch stabiler. Und so ungefähr fanden wir es ein paar Stunden später vor. Zuerst probierten wir, ob wir am Lattenhag etwas reparieren könnten. Wir ließen schnell die Finger davon: Weil, was wir auch gemacht hätten, wir hätten ja unsere Fundstelle wieder zu getrampelt, mit der Erde zu barrikadiert. Wir gingen lieber richtig ans Werk, Julia dachte sogar an Werkzeuge. Zuerst schnitten wir Rasenpolster aus, in einigermaßen rechteckiger Form, damit wir sie wieder gut einsetzen könnten. Danach begannen wir zu graben, ich mit einer kleinen Schaufel, Julia hackte mit einem Stechbeitel in den Boden, um ihn weiter zu lockern. Wir mussten nicht lange warten und wir stießen auf etwas Hartes, unsere Geräte rutschten dauernd ab. Erst meinten wir, es ist festes Holz: ein Sargdeckel, schauerten wir zusammen. Wir ergraben ein Grab, nein, zu Sprachwitzen waren wir wirklich nicht aufgelegt. Bald merkten wir, wir konnten keinen Schnitt oder gar einen kleinen Keil anbringen: Es musste wieder Metall oder Ähnliches sein. Deshalb gingen wir sozusagen indirekt vor, wir machten unser Loch breiter und breiter. Da entdeckten wir ein mittelgroßes schlichtes Kästchen, rechteckig mit überstehendem Deckel. Obwohl wir darauf brannten, es zu untersuchten, dichteten wir erst einmal unsere Arbeitsstelle durch Stopfen mit Klumpen ab. Es begann schon wieder zu tröpfeln.

Im Keller reinigten wir unser Ding im Ausgussbecken vom Dreck. Es war reichlich schwer. Der Inhalt rappelte, wenngleich nur ganz leicht. Hoffentlich sind da keine Knochen drin! Puh, der Gedanke löste bei uns Schrecken und zugleich freudige Erwartung aus! In Julias Zimmer studierten wir unseren Fund gründlich. Es gab nichts Besonderes zu sehen, leider keine Vorrichtung zum Aufmachen, nicht einmal ein Schlüsselloch. Der Deckel klemmte furchtbar. Wir versuchten, den leichten Überstand von unten auszuhebeln, das funktionierte nicht. Und klappte doch, weil wir bei unserem Herumprobieren mit Julias Stechbeitel auf eine verborgene Stelle drückten, wie auf eine Taste: Die Lade öffnete sich!

Was fanden wir? Einen Haufen Münzen! Damit sie nicht schepperten, hatten die Leute die Geldstücke in einen Stoff gebettet, einen ganz weichen. Wir nahmen eine Handvoll heraus und legten sie auf Julias Schreibtisch. Das ganze Zeug war uns völlig unbekannt. Das blieb, selbst als wir die Menge mit einem weichen Lappen mühselig abgerieben hatten. Wobei auf vielen Exemplaren helle Punkte blieben, genau umgekehrt wie Stockflecken. Wir fanden die Münzen unregelmäßig rund, teilweise wie ausgefranst. Die Oberfläche zeigte verschiedene Motive, das ist eine Prägung, sagte Julia. Ich nannte es, stolz, das Wort zu kennen, ein flaches Relief. Wir erkannten geometrische

Formen und vor allem Köpfe, männlich und weiblich, vor allem der Frisur wegen zu bestimmen: Weil sich sonst die Gesichter gleich markant geschnitten zeigten. Vielleicht konnte das bei der Bearbeitung des Materials nicht anders sein. Anschließend bemerkten wir auf den Rückseiten Buchstaben. Zum Teil konnten wir sie lesen, nicht jedoch verstehen. Das ist Lateinisch, sagte Julia. Andere Buchstaben machten einen eigenartigen Eindruck, eckig mit vielen verschiedenen Akzenten. Später erklärte uns jemand, diese gehörten zu einem Alphabet, das sich kyrillisch nennt. Und, jubelten wir, zu Russland passte!

Dieser Jemand war eine Frau und gehörte zu einem Amt, in dem Archäologen arbeiten. Das sind Leute, die sich mit dem Ausgraben auskennen. Wie kamen die hierher? Verheimlichen konnten wir unseren Fund ja nun nicht mehr, somit lösten wir eine Lawine aus. Ich mache es kurz: Die Archäologen untersuchten die Stelle am Hag ganz exakt. Das ist, glaube ich, mehr noch wie genau. Julias Vater achtete darauf, dass über sein kostbares Rasenspektrum ein Brettersteg gelegt, Julias Mutter, dass mit den dreckigen Schuhen der Hausflur nicht betreten wurde. Die Leute hielten sich daran und waren im Übrigen schon recht bald fertig. Leider ausgerechnet genau in einer Schulwoche, wir also nicht dabei. Großartig, kam jene Dame extra an einem Samstag heraus, um uns beiden die Ausgrabung zu erläutern. Deshalb kann ich jetzt die erste Schlussfolgerung mitteilen: Ein eigentliches

Grab gab es nicht, obwohl man ein paar menschliche Knochen fand, darunter Teile von einem Bein. Kein eigentliches Skelett: sollten wir jetzt «wie schade» sagen? Die Knochen werden noch genau untersucht, eines stand bereits fest: Sie mussten ziemlich alt sein. Wenigstens wir sind überzeugt: 200 Jahre, das wird garantiert passen.

Also kein Kriminalfall? Ich setze da ein Fragezeichen hin. Julia und ich, wir sind eifrig dabei, eine Story auszudenken. Wir nehmen uns das Buch aus der Schule zum Vorbild. Wir müssen natürlich die Landschaft anpassen, keine Hügel sondern echte Berge, ebenfalls die Leute, keine Erwachsenen sondern wissbegierige Mädchen, und unseren Text in die Geschichte unserer Gegend einordnen. Die nette Dame sagt dem übrigens Historie. Wir gehen von einem Soldaten der Russenarmee in einem hohen Rang aus, der in einem Gefecht schwer verwundet wurde oder sich auf dem langen mühsamen Marsch schwer verletzt hatte, weshalb man ihm ein Glied amputieren musste. Warum er die gesammelten Münzen hier, in der Nähe der Poststation, verbarg, warum er trotzdem und auf welche Weise oder überhaupt weiterzog? An der Lösung knobeln wir noch, weil sie wirklich plausibel sein muss.

Die Münzen durften wir natürlich nicht behalten. Sie werden nach einer die alten Stücke schützenden Bearbeitung zusammen mit dem Kreuz und dem Kästchen im Dorfmuseum ausgestellt. Mit einem kleinen

Schild, auf dem steht: Wir beide haben sie gefunden!
Ja, und dann bekamen wir noch einen stattlichen Finderlohn.

zuerst veröffentlicht in «Literarisches Österreich» 2020

Eingedenk der allgemein menschlichen, der poetischen Wahrheit.
Peter Rosegger zum 100. Todestag am 26. Juni 2018

Es ist für jemanden aus dem alemannisch geprägten Westen nicht leicht, diesem ausgeprägt Steirer Autor nahezukommen. Das immense Werk bleibt ihm höchst ungewohnt, wurde und wird indes als außergewöhnlich gar bedeutend verstanden. Schon zu Lebzeiten las die halbe Welt Rosegger, explizit seine Erinnerungsschriften, trotz aller von ihm eigens betonter und gelebter Bodenständigkeit vielfach übersetzt bis in Hindi und Japanisch: kaum ein Wunder galt Rosegger als Kandidat für den Nobelpreis (1913/1918). Es muss also etwas «dran» sein an ihm. «Heimatdichtung» nennt er seine Arbeiten, sie führen in «jene große kleine Welt», die er dem «Weltgift», der Verflachung und Gier, entgegenstellt: liegt in dieser Haltung das Beeindruckende? «Erzähle es einfach, frei und treu»: liegt in dieser Ursprünglichkeit das Bezaubernde? Seine stete Frage galt des Menschen Würde: liegt in dieser Innerlichkeit das Lockende? Diesem, somit keineswegs einfachen Faszinosum gilt es demnach versuchsweise nachzuspüren.

Es erklärte sich zu einem Gutteil, als ich auf «Erdsegen» stieß: Eine fremd anmutende Romanwelt, aber die Übersetzung des Ausgefallenen, Sonderbaren, Merkwürdigen wird — anders als in Roseggers berühmten, Bericht erstattenden Kindheitsbüchern – vom Autor gleich mitgeliefert. Im Überdenken dieses Gestern «wie den letzten Gruß einer versinkenden Welt» als gleichwohl im mehrfach angegebenen 1897 gegenwärtig dargestelltes Zeugnis erscheint, an einigen Stellen im Buch gar expressis verbis, die Zeit gleichsam aufgehoben. Der Plot bietet dabei die exzellente Chance eines persönlichen tour d`horizon im Rückblick auf die eigenen Lebensstufen und im Bewerten der eigenen Lage – als Situierung, als Aufzeigen des Standpunkts, als Selbstreflexion, notabene echter literarischen Natur – und, dank des späten Entstehens 1900, auch als eine Art Verarbeitung bereits zuvor ausgebreiteter Stoffe: Ein steirischer Journalist mit sozialer Schlagseite wettet an einem feucht-fröhlichen Herrenabend in Graz, er werde sich eine bäuerliche Arbeitsstelle suchen und es dort ein ganzes Jahr aushalten.

□ *Rosegger als ausgeprägten (Ober-)Steirer mit stets engem Bezug zu «seinem» Land vorzustellen, erübrigt sich wohl. Wie zwingend diese Basis bleibt, erweist sich in seinen Frühwerken, sämtlich in oder intensiv geprägt von der Mundart, die bis ins hohe Alter in (dann spezifischen) Publikationen nicht «ausgeht», so wie auch zahlreiche Romane in den direkten Reden mit ihr durchsetzt sind.*

□ *Rosegger besaß (nach gekürzter Buchhandelslehre in Laibach) eine enge Beziehung zur Zeitungswelt, nicht zuletzt durch seine ersten Gedichte in der Grazer Tagespost und den nachfolgenden Gönnern aus dem schreibenden Milieu. Namentlich gab er als maßgeblicher Schriftleiter ab 1876 für 34 Jahre die*

Monatsschrift Der Heimgarten *heraus (bis 1935 fortgeführt von einem Sohn). Darin wendet sich Rosegger in seinen Beiträgen künstlerischen, erzieherischen und sozialen Themen zu; sie können durchaus als eigentliche Reportagen gelten, ungeachtet des Hangs zu grundsätzlichen Feststellungen: «Arm ist nicht, wer wenig hat, sondern wer viel braucht.» (Anm.: Im 60sten Heft finden sich sogar Texte von Marie von Ebner-Eschenbach und Gerhart Hauptmann [!].) Allerdings durchziehen diese Themen, wenngleich abgewandelt, ohnehin das Gros seiner Gesamtwerke.*

□ *Trotz eines in mittleren Jahren selbst erbauten Hauses in Krieglach blieb dennoch Graz der entscheidende Lebensmittelpunkt.*

Auf der Hand liegend, gelangt der jetzige Fremdling nach ernstlichen Schwierigkeiten und ersten Einblicken in eine ihm seltsame Szenerie (erkennbar der Obersteiermark) letztlich auf einen Bergbauernhof in der Waldeinsamkeit, wo er mangels personeller Alternativen als Hilfsknecht «genommen» und angelernt wird.

□ *Das obere Mürztal fingiert, direkt oder indirekt, häufig als Gegenüber zu den meist «in der Höhe» spielenden Erzählungen. Rosegger wurde trotz aller persönlicher Reminiszenzen nicht nur Städter, sondern mit seinem Krieglacher Haus ebenso Talbewohner.*

□ *Im Ort des Romans bildet das Vorbild der* Vordere Kluppeneggerhof, *in dem Rosegger aufwuchs. Das Elternhaus bildet in unnachahmlicher Weise die Basis für die Memoiren der* Waldheimat *1877 und 1913-16 oder der Geschichten* Als ich noch der Waldbauernbub war *1899-1903.*

◻ *Das Bäuerliche bleibt kontinuierlich der Grundtenor aller Arbeiten, vielfach in dramatischer Auseinandersetzung mit der Moderne.*

An Themen wird gleichsam «alles» geboten, was da sein muss – und sich, umgeändert oder spezifisch herausgearbeitet, ebenfalls zahlreich bei Rosegger wiederfindet: Bestimmend wirkt die Einschicht (der Einödhof) in rauer Umgebung mit der harten Arbeit im Jahresverlauf, der Bezugspunkt Hochtal mit Dorf, das Hochgebirge.

◻ *Bereits den Jungen prägten neben der Bibel die Volkskalender mit ihrer Kommentierung des lokalen wie des Weltgeschehens und praktischen Hinweisen wie Vorhersagen über Wetter oder zu erwartende Ereignisse.*

◻ *Das Dorfleben und das Wohn- resp. Erlebnis-Haus in der Einsamkeit konfrontiert Rosegger oft gefühlsbetont, zu denen die grimmige Bergwelt einen emotional wirkenden dritten Part abgibt.*

Andererseits finden sich neben der mehrköpfigen Bauernfamilie Weiler auf dem Adamshof in einem, aufgrund des Arbeitsanfalls, mild-patriarchalisch strukturierten, intensiven Zusammenleben, der Dorflehrer, der Kurat, der Neo-Abgeordnete zum Landtag, die Buben, die Handwerker auf der Stör, der Frevler, der linke Möchtegern-Agitator, die armen zeitweilig verköstigten «Einlegerleute».

◻ *Eine spannende, zugleich erhellende Untersuchung läge in Roseggers Namensgebungen. Im hiesigen Fall: Weiler bezieht sich bereits auf den Platz im Almgai, Adam wird umgesetzt in die ursprüngliche Form des Menschseins, die selbständig, ja isoliert lebende Tochter heißt* Barbel, *den Hauptheld nennt man* Hansel *usw.*

▫ *Rosegger betitelt den ersten Roman 1875* Die Schriften des Waldschulmeisters; *prägend bleibt das Bildungsthema bis ins Spätwerk* Heidepeters Gabriel *1895/1913.*

▫ *Die Geistlichkeit als Vermittler der Katholizität erhält, und sei es im Hintergrund, immer eine kaum zu unterschätzende Rolle, expressis verbis tragend im späten (den* Schriften des Waldschulmeisters *gegenüberzustellenden)* Das Ewiges Licht. Erzählung aus den Schriften eines Waldpfarrer*s 1897.*

▫ *Kinder und Jugend bilden wichtige Säulen allen Geschehens, namentlich in den kürzeren Geschichten und Novellen.*

▫ *Rosegger beginnt seine Ausbildung in der Schneiderlehre inklusive Stör mit tiefen Einblicken in das Milieu.*

Das Spektrum reicht sogar bis hin zu den Bauerndramen von Wilderei, vorehelicher Schwangerschaft, Missernte mit Verdienstausfall, Bauerntod und Begräbnis – ebenso als sozusagen erwartete Klischees wie die jeden Wochentag nachhaltig bestimmende Frömmigkeit. Diese Themen erscheinen jedoch innerhalb der voranschreitenden Erzählung nicht als kinoreifes einmaliges Ereignis und damit als Versatzstück, sondern im vollkommenen Erlebnis mit nachsinnendem Bewerten («Der Segen des Himmels ist stärker als der Fluch des Himmels») transponiert in eine echte Lebenswirksamkeit. Und die, für einmal und im Gegensatz zu den meisten Werken, zu einem positiven Ende führt.

▫ *Rosegger bezeichnete man heute wohl als katholisch wertkonservativ. Mit seiner Religiosität – trotz der spürbaren Transponierung des Kinderglaubens keineswegs eine simple fromme Ergebenheit! – setzte er sich in* Mein Himmelreich *1901 auseinander. Sein Gottesbezug zielt stets auf die Erweckung innerer Werte, die sich im Habitus des Menschen ausdrücken sollen. Die darin bestehende Distanz zur gängigen ultramontanen Kirchlichkeit des 19. Jh. nährte sicherlich das Evangelische seiner 2. Frau. In* Erdsegen *wird die traditionelle Bauernkatholizität in höchster Intensität miterlebt durch jemanden, der gerade durch seinen Abstand – etwa angedeutet im Erinnern eines «Kirchenlied von Paul Gerhardt» – eine grundlegende Bewertung ermöglicht mit ernsten Erkenntnissen: «Die Religion ist Natur, gehört zur Menschennatur, wie das Lieben und Hassen», denn «sie [seine Bauern] setzen zu den bekannten Naturkräften nur noch die Allmacht der ewigen Liebe und sind im reinen.»*

▫ *Nicht zuletzt aufgrund der gesellschaftlichen Dramatik besonders bekannt wurde* Jakob der Letzte *1888 als individuelles im Tod endendes Schicksal.*

Erdsegen nun ist ganz wörtlich verstanden: einerseits «Erde» als in der Scholle begründet, explizit (different zu den historisch als entscheidend bewerteten Befreiungskriegen) sogar als Grund für die Nationenbildung in Anspruch genommen; andererseits «Segen» als das, was im natürlichen damit existentiellen Werden entsteht, in einer keineswegs implementierten sondern innerlichen Religiosität als vorgegeben und in dieser «Hochschule des Lebens» in all ihren

Facetten dankbar angenommen wird bis hin zur rhetorischen Frage, «ob starke Herzen nicht den Erdfluch in Erdsegen wandeln können».

Der Reiz des Buchs liegt in den sonntäglichen Briefberichten des Haupthelds an den fernen Studienfreund-Professor: die 52fache Folge verdeutlicht zwei verschiedene Seinsweisen. Dabei gewinnt in den Erklärungsbemühungen des Schreibers die Akzeptanz, ja Teilnahme erweckende Schilderung des Widerfahrenen in der bescheidenen aber in der Gestaltung des mühsamen Alltags Autonomie vermittelnden Stätte rasch die moralische Überhand zu der steter Reflexion anheimgegebenen urbanen Sphäre:– mit einigen bemerkenswerten Resultaten, so den Ansichten von Wirtschaft: «Ein rechtes Bauernhaus ist wahrlich die Wiege aller Urpoduktion und Industrie» bzw. von Ästhetik: «Was ist alle gemachte Poesie in einer großen Stadt gegen die Schönheit eines Kornfelds». Durch diese Sicht kommt, konträr zu anderweitigen etwas langatmigen Schilderungen des Dorf- und Bauernlebens (wie ausgeprägt im späteren «Die Försterbuben» 1908), trotz eingehend-intensiven und detaillierten Schilderungen sogar Wiederholungen keinerlei Langeweile auf, sondern der Leser bleibt stets fasziniert und will wissen, wie es weitergeht.

▫ *Der Gegensatz, hier «nur» zur urbanen Sphäre erscheint durch die sensible Nachdenklichkeit des Schreibenden geglättet.*

▫ *Dies erfolgt in starkem Kontrast zu Roseggers im Lauf seines Schaffens stets zunehmender, unmissverständlicher Kritik der Zivilisation mit ihren zweifelhaften, Dorf und Bauernstand überwältigenden Pseudo-Segnungen sowie an der dem eigenen Gusto durch großflächige Umwidmungen eine Verkleinerung der landwirtschaftlichen Flächen erzwingenden Adelsstand. Nach* Jakob der Letzte *überwältigt etwa im* Ewigen Licht *die Moderne das Dorf, während umgekehrt in* Weltgift 1901 *der Industriellensohn sich in einer Antistellung als Sozialromantiker versucht, im Tenor bereits in* Erdsegen *angedeutet: «… das wahre Freilicht, das Licht der freien Natur».*

Zumal sich der Vielschreiber handwerklich hier auf einer «absoluten» Höhe zeigt, die, nach meinem Dafürhalten, selbst im Spätwerk kaum wieder erreicht wurde. Das früh nach dem intensiven Studium von Stifter (zu dem er, 24jährig, zu Fuß nach Linz pilgert) Erworbene ist in einem eigenen Schreibstil und nicht nur in der Diktion assimiliert und eigenständig umgesetzt: Der vielfältige Spannungsaufbau mit Tempo- und Sprachwechsel entspricht dem inhaltlichen Fortgang und ebenso der Konfrontation differenter Lebensformen vollauf. Mit diesen Mitteln gelingt es Rosegger, im bewertenden Beschreiben das große Ganze und die Details (sich) zu verdeutlichen und durch die schreibende Distanzierung (sich) Gewissheit zu verschaffen, dass, als Fazit, das Vergangene als Teil der steirischen Geschichte letztlich unvergänglich ist.

Wie Rosegger schreibt, ist hingegen weit mehr bekannt durch seine Kindheitsgeschichten, einfach gestrickte Berichte im Tenor «als ich», «wie ich», selbst in den späten Redaktionen 1909-1916 weiterhin in Episoden gereiht. Scheinbar ohne spezielle

Anordnung, findet gleichwohl eine Vernetzung statt, so wie eine Überarbeitung den Sprachstil – «erzähle es einfach, frei und treu»– vervollkommnet, sodass gerade dabei gelten mag: «Kinder sind Poeten und umgekehrt».

Mindestens gleich wichtig und erhellend sind seine Novellen. Das formale Modell hält der Autor durchaus recht streng ein: dialogisches Prinzip, Reduktion der Aktivpersonen, ein oder mehrere echte Wendepunkte. Es besticht erneut die scheinbar einfache, dem Milieu angepasste Sprache – «Fremdwörter. Nirgends so störend wie im Volkstum» –, die aber innerhalb dieser Kanalisierung zu differenzieren weiß, etwa im verschiedenen Duktus weiblicher und männlicher Artikulation oder in der Rede armer und bessergestellter Menschen. Auch wenn inhaltlich beim heutigen Leser, gesamthaft, die dortige Lebenswelt (mit oft moralischem Zeigefinder bei Schuld und Sühne) weniger Anteilnahme zu wecken vermag, verbleibt ein im Wechsel lebendig-frisches Leseerlebnis. Das betont personalisierte Schreiben erhält sich im Übrigen formal in den zahlreichen Briefromanen (mit Rahmengeschichte), gestreut über das ganze Schaffen.
Nicht zuletzt auf Basis des zu ausgedehnten Lesereisen, zum Besuch des 71jährigen Franz Stelzhamer in Graz und zur Mitgliedschaft in der «Heimatkunstbewegung» führenden, zeitlebens beibehaltenen Mundart-Schaffens, abgesehen von spezifischer Werken seine Erzählweise prägend mittels in den «normalen»

Text eingebundener Dialekt- und altbackener Ausdrücke (wie: *seitlings, Inwohner, kamodt, gefrettig*), verstand Rosegger seine Schreibe als «deutsch». Wenngleich im Sinn des Deutschösterreichers, als der er sich 1909 für die Förderung dementsprechender Schulen in den sprachlichen Diasporen des Reichs einsetzt – seinerzeit im Vielvölkerstaat stark angefeindet, heute mit Blick auf die Förderung der Minoritäten eine durchaus aktuelle Sicht.

Sein immenses schriftstellerisches Werk fängt Rosegger allerdings gleichsam in seinem Leben auf; hierher gehört sein Engagement für eine evangelische Kirche in Mürzzuschlag 1900, für den Wiederaufbau einer katholischen 1904 mir *süße(r) Himmelsstimmung*, eine «Waldschule» in der Heimat 1902 und, in gewisser Weise, die vielen Ehrungen im Alter mit einigen Ehrendoktorwürden, beginnend mit Heidelberg (!). Und entzieht sich ohnehin im konkreten Handeln jeglicher, posthum gerne geübter Mystifikation zum endemischen Naturgewächs.

▫ Dazu ein Nachtrag: Bei Durchsicht zahlreicher Sekundärschrift- und Internetbeiträge fällt auf, dass niemals Jeremias Gotthelf erwähnt wird. Es ist unbedingt davon auszugehen, dass Rosegger einiges von dessen Werken (1836 bis 1854) gekannt hat, zumindest über seine Beziehungen zu Deutschland, wo Gotthelfs Bücher ebenfalls verlegt wurden. Überdies ließen Roseggers enge Relation zur protestantischen

Welt sicher keine Berührungsängste aufkommen. Gemeinsam ist beiden die sehr positive Sicht des Bauernstands in Heimatliebe und Religiosität, in Fleiß, Ordnungsliebe als tendenzielle Alternative zu kapitalistischer Wirtschaft, Fabrikwesen und Sozialismus, ein Glauben an eine Frömmigkeit ohne Orthodoxie – und nicht zuletzt eine Sprache, die das Mundartliche als tragenden Mit-Tenor integriert.

Das Titelzitat aus Roseggers Peter Mayr der Wirt an der Mahr, Erster Teil, Herr bleib bei uns!

zuerst veröffentlicht in «Der Literarische Zaunkönig» 3/2018

Die vielen können nichts, der einzige kann alles.[1]
Carl Friedrich Georg **Spitteler zum 175. Geburtstag am 24. April 2020**

In gewisser Hinsicht ist dieser Beitrag eine Nachlese. Spitteler erhielt vor 100 Jahren im Dezember 2020 als bisher einziger (gebürtiger) Schweizer den Literaturnobelpreis rückwirkend für 1919. Im vergangenen Jahr setzte man sich mit dieser Würde in der Schweiz intensiv auseinander; mit ad-hoc-Verein, diversen Anlässen und (auch im Internet abrufbaren) Publikationen deckte man das facettenreiche Leben und Werk und dabei in erstaunlichem Maß Unbekanntes auf, neben dem Dichter und Essayist steht heute der Feuilletonist, Literaturkritiker, Musiker und Zeichner. Noch weiter führen Überlegungen, Spittelers umfangreiche Texte mit aktuell diskutierten Themen bis hin zur *Rezeption der Populärkultur* oder *Race, Class, Gender*-Fragen zu verbinden und archivierte Schriften wie Stenogramme oder Briefe (digitalisiert) zu edieren[2]. So gesehen, hat für einmal ein Jubiläum – anders als von Spitteler selbst benannt: *Hernach [...] kräht kein Hahn mehr nach dem geräuschvoll Gefeierten. [...] Man zieht zunächst eilends 100 Prozent von dem Gesagten wieder ab, läßt die Erde sich ruhig weiter drehen, begräbt das geduldige Opfer wieder in die stille Truhe der Vergessenheit und wartet geduldig ab.*[3] – Früchte getragen, die sich erst in Zukunft nachvollziehen werden lassen.

In unserem Essay kann es nicht um ein Nachbeten gehen, sondern, in einem Versuch Grundlinien heraus zu arbeiten, primär der literarischen Persönlichkeit nachzugehen. Die im Übrigen einen zeitgenössischen «österreichischen» Niederschlag fand in der im deutschsprachigen Raum vielfach aufgenommenen Bewunderung des Stardirigenten und Komponisten Felix Weingartner 1904[4], der damals, vor seinen Wiener Ämtern ab 1908, in München wirkte.

Selbst wenn Spitteler sich acht Jahre als Hauslehrer bei einem finnischen General in Petersburg aufhält und mit Mitte 30 in die Schweiz zurückkehrt, erweisen sich seine Schweizer Stationen als vielfältig und weisen auf mannigfach sich auswirkende Anregungen hin. Dabei fällt auf, dass seiner zweifellos mehrsprachigen, mehrfach kulturellen Formung bislang eher geringes Augenmerk geschenkt wird. Gemäß Kindheit und Jugend im Raum Basel ist Spittelers Aus- und Weiterbildung vielfältig, weniger vom Elternhaus, an dem er sich (bis hin zu einer vielmonatigen *Dyonisyswanderung* als 19jähriger[5]) rieb, angelegt als von ihm früh selbst in den Lebensschritten maßgebend beeinflusst, damit stark ins Individuelle umgeformt. Dem klassisch-humanistischen Gymnasium folgt das Studium von Jura (abgebrochen) und prot. Theologie (mit Abschluss), die Weigerung der Annahme einer Pfarrstelle führt zum Ausweg ins Baltikum mit einigen Besuchen in der Schweiz, zu der also der Kontakt bestehen bleibt. Der Rückkehr folgen, im Erzieherischen weitgehend selbsterarbeitet, relativ kurze Lehrerstellen in Bern, Zürich, La Neuveville/Bielersee aufeinander, sowie zwischen 1885 und 92 eine mehr oder minder freie Journalistentätigkeit mit Redaktionsarbeit und nicht zuletzt als Feuilletonist für die NZZ – um mit 47 definitiv nach Luzern zu übersiedeln, wo er am 29. Dez. 1924 mit im Achtzigsten stirbt.

Nach bereits jugendlichen dichterischen Frühversuchen und nach 1879 in den «neuen» Schweizer Jahren bewerkstelligten Gedichtbänden, (eher aussichtslosen) Theaterstücken und (Kurz-)Geschichten, erfolgt schließlich – nach dem glaubhaften Entschluss mit 17, Dichter zu werden – 1892 die definitive Umsetzung, ganz seinem Werk zu leben. Die materielle Basis bildet eine Erbschaft des Vaters seiner 1883 geehelichten Frau, seiner 14 Jahre jüngeren Schülerin Maria Op den Hooff, mit der zwei Töchter hat, die geistige Basis bieten die bisherigen intensiv gelebten pädagogisch-kulturellen Lebenserfahrungen.
Die biographischen Grundlagen zeitigen nach meinem Dafürhalten einige spezifische Auswirkungen:

1. Beharrlichkeit. *Erleichtert von den halben Freunden fährt sich's freier.*[6]
Auffallend bleibt die geradezu außerordentlich anmutende Konsequenz
- des eigenen literarischen Wegs ohne Kompromisse zu literarischen Moden;
- des Dabeibleibens an einzelnen Stoffen über die ganze Lebensspanne zum Thema Prometheus (1181-1924) oder epischer Inhalte (1893-1909).

- der Konsequenz im Längenmaßstab einiger, namentlich der epischen Werke, namentlich im *Olympischer Frühling*;
- der Auseinandersetzung mit zeitgenössischen Gegebenheiten, nicht zuletzt im Transponieren älterer Stoffe in die Gegenwart, ebenso in der Formulierung bissiger Aphorismen;
- des wachsamen pessimistischen Bezugs zur Gegenwart (*Das Buch des Verrates beginnt mit den Worten: Unsere Zeit*[7]), was ihn nicht daran hindert, aktuelle Bezüge aufzunehmen bis hin zur berühmten «Schweizer Rede» 1914. Die bürgerliche Welt des 19. Jahrhunderts wird für ihn bestimmt aus der Spannung zwischen humanistischem Bildungsgut und bürgerlicher Realität, welche er pessimistisch erlebt bis hin zur *Hölle der Gemütlichkeit*[8].

2. pädagogische Eignung; *Prägnanz, auf deutsch: das Bedürfnis nach bündigem Ausdruck.*[9]
Spitteler verbrachte gesamthaft fast zwei Jahrzehnte als Lehrer und die daraus gewonnene spezifische Befähigung prägte das Wirken als freier Autor. Sie blieb ihm in der Spannweite des Horizonts vom höfischgroßbürgerlichen Petersburg über die sich gern ziemlich patrizisch gebenden bürgerlichen Schweizer Städte bis zur Heirat. Sie blieb ihm im niemals selbstgefälligen Ausbreiten eines erworbenen Wissens, im niemals erhobenen Zeigefinger, sondern gegenteilig in der für ihn unumgänglichen Maßgabe, «überall» den Stoff höchst lebendig zu behandeln.

3. innere Werkgeschlossenheit; *Wir erkennen alle Kräfte der Erde, also auch die Menschenseele, nur an ihren Wirkungen.*[10]

Die Werke, ob Dichtung, Drama (mit wenig Erfolg[11]), ob Essay, Roman, ob autobiographische Miniatur versuchen trotz oder gerade wegen einer ausführlichen angelegten Schilderung der «äußeren» Umstände die Figuren zu nachvollziehbaren, erlebbaren Personen zu gestalten. Kaum einmal wird dramatischen Entwicklungen im Stoff ausgewichen, gerne in einer Zuspitzung geboten. Allen Texten ist das Bemühen um eine hohe Anschaulichkeit – nicht zuletzt ein Deutschschweizer Kennzeichen – eigen, viele beschreibende Zusatzverben und -adjektive vermitteln einen spezifischen Bilderreichtum, ebenso gehört dazu das Abtasten einer Thematik auf Nähebereiche und Weiterungen, um sie glaubhaft zu erhalten. *Es gibt ja nichts Selteneres als das einfach Richtige.*[12]

3.1 Der Essayist und Theoretiker; hier zeigt sich Spitteler als wacher Zeitgenosse.

- In Literaturkritiken (zu Zeitgenossen wie Zola, Paul Heyse) und Abhandlungen nahm er teil an den Debatten über die Strömungen um 1900 (etwa den deutschen Goethe-Kult oder die aus seiner Sicht ermangelnde Bevorzugung Schillers).

- Eine besondere, etwas contre cœur mit mehr wie 30 Reisen vorgenommene Arbeit war *Gotthard* als Auftragswerk 1897 für die Bahngesellschaft mit breit gestreuter direkter Auflage in Hotels, eine Art

Reiseführer in der Form von Beschreibungen in buchstäblich belletristischem Ton, vermischt mit historischen Hinweisen[13].

- *Lachende Wahrheiten*, letzte Edition 1917, eine Sammlung verschiedener Beiträge rund um das literarische Leben. Spittelers betont plauderhafter Ton täuscht, er bemüht sich um zwingende Klarstellungen von z.T. theoretischem Anspruch und zeigt sich als unangepasster, gerne gegen den Strich bürstender Zeitgenosse.

- Die Rede *Unser Schweizer Standpunkt* am 14. Dez. 1914. Hintergrund ist der «fossé», der tiefe Gesinnungsgraben zwischen Deutschschweiz und Romandie im Verhältnis zu den kriegsführenden Mächten, dem Spitteler zurückhaltend im höflichen Ton aber konsequent eisern in der Haltung[14] den Aufruf zur konsequenten Neutralität eines föderalistischen Staates entgegenhält. Der folgenden vielstimmigen Gegnerschaft im Dt. Reich[15] steht das positive Echo aus den Entente- und den neutralen Staaten entgegen: Spitteler festigt indirekt die internationale Kenntnisnahme seiner Person.

3.2. Der Lyriker, in mancher Hinsicht noch der unbekannte Teil des Schaffens.
3.2.1. Gedichte, darunter Zyklen wie *Extramundana* 1882 oder *Glockenlieder* 1906 vor allem *Balladen*, die gleichnamige (nicht abschließende) Edition 1896 enthält 58 Stück.

Der Fokus liegt auf traumähnlichen Sequenzen und anderer Art der Visionen, die von realen Fakten ausgehen bei gar nicht selten tristen, manchmal bitter stimmenden Ausgängen (das *Postmaidlein* bringt wenig Glück viel Schmerz auf die Alp). Teils streng gereimt, teils freier in der Gliederung, wird jedenfalls immer ein Versmaß und ein Klangrhythmus, in das sich Lautmalerisches einbindet, durchgehalten; Vergleichbares gilt bezüglich der Strenge der Strophen. Als Beispiel der Anfang von *Die zwei Züge. Horch, welch ein Jubel, welch ein Glockenhall! / Die Straße braust von Menschenwogenschwall. / Das ist ein Drängen, Wimmeln und Gewühl, / Begeistrungshungrig und erwartungsschwül …*[16]

3.2.2. Der Epiker, als solcher seinerzeit besonders bekannt.

- *Prometheus und Epimetheus. Ein Gleichnis*, der Erstling unter dem Pseudonym Carl Felix Tandem 1881, neu versifiziert bearbeitet als *Prometheus der Dulder* (1910) 1924, mit spezifischer Wirkung auf die Psychoanalyse.

- ***Olympischer Frühling***[17] 1909, der den eigentlichen Anlass für den Nobelpreis 1919 gibt *im besonderen Hinblick auf sein mächtiges Epos […], ein vollständig neues mythologisches System geschaffen.*[18] Wird in den rund 20000 Versen mit der Gegenüberstellung eines kurzen intensiven Lenzes in der griechischen Antike gegenüber den alltäglichen Schwierigkeiten «jene für die Jahrhundertwende so typische Verachtung für das Alltägliche zelebriert»? Der Rezensent von 2014[19] dürfte wie viele nicht intensiv gelesen haben; eine Gegenprobe:

Wenn einer käm und würde alle Lustbarkeiten, / Die der Olymp vermag, zu meinen Füssen breiten, / Samt allen Schätzen, und es mir zum Tausche böte: / Ich nähm es nicht für dieses [Erden-]*Tages Angst und Nöte! / Und nicht ein letztes Mal ists heut gewesen, nein: / Ein junger Anfang nur, ein schüchtern Vorderbein. / Fortsätzlein hab ich etliche mir aufgespart, / Davor die Welt erstaunen wird, wenn sies gewahrt.* Im Zeitalter von Science-Fiction (hier gleichsam in umgekehrter Zeitrichtung), von Fernsehserien fantastisch-historischer Natur, von jeder Menge an Popularisierungsbestrebungen, von Story-Telling sollte die Mammutarbeit heutzutage wenigstens in ihrer Absicht kaum noch befremden: Drehbuchartig strebt Spitteler ein intensives Sich-hinein-Versetzen in die Vorgänge an und leistet bis hin zu lautmalerischen Wortschöpfungen eine Anschaulichkeit gleichsam aus dem Inneren der Schilderungen heraus, dem die Fülle an ausgebreiteten Details weiteren Dienst leistet und die den Autor so nebenbei als umfassenden Genussmenschen kennzeichnet; eine Kostprobe (der müde sich lagernden Aphrodite): *Wofür im Kerker, bitte, muss mein Busen büssen? / Gesagt, und die Gewänder rauschten ihr zu Füssen, / Im Kreise sie umringend, ein Bewundrungskranz / Vor ihrer Schenkel Schimmer, ihrer Schultern Glanz. / «Wohl mir, jetzt bin ich!» Liess erlöst die Hüllen liegen, / Erhob das Knie, ein kühner Schritt, und überstiegen.*[20] Kurzum, sieht man von der heute zunächst befremdlichen Sprache ab, lässt sich gerade rückblickend recht gut der enorme Erfolg dieses Werks verstehen, bei dem, aus anderer Perspektive, zeitgerecht per (Epos-

)Definition die Projektion umfassender, menschlich-gesellschaftlicher Zustände in einer Wechselwirkung von Götter und Menschen geleistet wird[21].

3.3. Der Erzähler.

- Auch in den (Kurz-)Geschichten – *Das Ziel heißt: denkbar innigstes Miterleben der Handlung.*[22] – bewährt sich der Epiker, indem die Handlung auf die «nacherzählte» Begebenheit fokussiert wird, und dadurch die mitbestimmenden Umstände wesentlichen Anteil erhalten. Zunächst verarbeitet er, naheliegend, russisch-finnische Vorlagen, etwa in dem bekannteren *Das Bombardement von Åbo*, in der eine Frauenfigur in der Männerwelt eine wesentliche Rolle einnimmt, später-hin in einer Art kolonialer Spiegelung in *Mariquita*. Alles andere als selten sind *dunkle («tragische») Stoffe*, dann wird *der Faden kurz vor der Entscheidung angefaßt und nach dem Willen der Wahrheit gesponnen*[23], ergo, vergleichbar zu vielen zeitgenössischen Opern, ein trauriges wenn nicht schauriges Ende nicht ausgespart. Zum Teil beruhen die Stücke auf geschichtlichen Hintergründen, die als aufgefundenes Dokument (sogar als fiktive Übersetzung) belegt werden, in der Abfassung dann allerdings „modern" erfolgen. Die große Bandbreite der Textlänge ändert nichts an des Autors stetem Willen zu einer Konzentration auf bestimmte Züge, etwa als Vorwegnahme der Migrationsproblematik inwieweit in *Xaver Z'Gilgen* eine Tessiner Heimgeführte eine „ennetbirgische" Fremde bleibt.

- *Imago* 1906, heute sicher als das Hauptwerk geltend. Der Plot verarbeitet jenes autobiografische Ereignis, als Spitteler 1876 bei einem Heimaturlaub *um der Kunst willen*[24] auf die Werbung um eine Cousine verzichtet; Anreger sind inzwischen Rousseau und Stendhal, in denen er Vorgänger einer Bekenntnisliteratur erblickt[25]. Im Buch nun verzichtet der aus der Ferne zurückgekehrte Ich-Erzähler nach reichlichen *Konvulsionen und Irritationen*[26] definitiv auf die fremd gewordene früher Verehrte, nunmehr als *Pseuda* oder *Verräterin* erlebt, um deren mitgebrachtes Bild sich rein zu erhalten. Die Turbulenzen führen zum einen in eine sprachlich-artifiziell ausgebreitete Psychologie des bereits im Namen Viktor ironisierten «Helden», zum anderen in eine beißende Charakterisierung des anachronistisch wirkenden bürgerlichen Umfelds. Personifikationen (insbesondere die Poesie als *Strenge Herrin*) und traumartige Visionen als zusätzliche Bezugsfelder ermöglichen jedoch den Verzicht auf eine Zergliederung des «Selbst» und erlauben letztlich das Abrücken vom erlebten Alltag, sodass Spitteler das Buch als *Tasso unter den Demokraten* charakterisieren will[27]. Überdies stützt Spitteler einen zunehmend analytischen Charakter durch die damals höchst ungewohnte Gleichzeitigkeit stilistischer Muster, unterschiedliche Tempi im Schreibstil bringen – zukunftsweisend! – den Wechsel von Prosa und Epik mit sich, von Satire und Pathos, von Darlegung und Untersuchung.

Aufnahme / Rezeption

- Neben Felix Weingartner 1904, der ein Schlaglicht auf die musikalische Tendenz bei Spitteler wirft,
- ist es ab 1905 Jonas Fränkel, Privatdozent für Deutsche Literaturgeschichte in Bern, der, eingebunden in die Überarbeitung vom *Olympischer Frühling*, den Vorschlag 'Spitteler' für den Literaturnobelpreis 1912 bei der Schwedischen Akademie einreicht und von diesem späterhin als Nachlassverwalter eingesetzt wird[28].
- Seit 1911 entwickelt C. G. Jung seine Untersuchung der Verhaltensmotive bis hin zur Terminologie in Verarbeitung von Texten Spittelers («Imago» 1911[29]); die Bewusstseinsbildung ist für ihn prometheisch mit unmittelbaren Auswirkungen auf die Typenbildung (1921[30]).
- 1912 gründen Freud und seine Schüler *Imago Zeitschrift für Anwendung der Psychoanalyse auf die Geisteswissenschaften*, unter ausdrücklichem Bezug auf Spitteler, der als Dichter *Einblick in das Innere* und das *in unbewußter Phantasie bewahrte Erinnerungsbild* (Hanns Sachs[31]) und damit in den Einfluss von Übertragungen erlaubt.
- siehe auch die Imago-Therapie, bis heute (auch in Österreich) aktuell, bei der – dem inhaltlichen Werdegang in Spittelers Buch verwandt – eine Begegnung als dialogische Spiegelung aufgebaut wird, die nunmehr allerdings eine vertrauensvolle Verbindung jenseits von Verhaltensmustern und Erwartungshaltungen aufbauen soll.

- Ehrungen des mit hoher Stirn, nachdenklichem Blick, mit markanter Nase und weichem Vollbart Gekennzeichneten: 1905 Dr. h.c. der Universität Zürich; 1919/1920 Nobelpreis mit weit über das Deutschsprachige hinausgehender Kenntnisnahme; 1920 der erstverliehene Große Schillerpreis der Schweizer Schillerstiftung für sein Lebenswerk, eine bedeutende Anerkennung aus dem heimatlichen Umfeld[32].

(Eigenes) Fazit

Als Zusammenfassung vermag der Dichter durchaus noch einmal und nunmehr das letzte Wort zu erhalten: *Niemals verzweifelt, ja niemals zweifelt ein Großer an der Kunst. An sich selbst, ich meine an seinem Verhältnis zur Kunst mag er zweifeln oder verzweifeln, die Kunst selber hingegen stellt er nie in Frage. [...] künstlerische Stärke und Größe zeugt Glück, wehmütiges ernstes Glück, zugegeben, immerhin das höchste Glück, das auf dieser Erde zu finden ist.*[33] Vor diesem Hintergrund dürfte Spitteler alles in allem mit sich zufrieden gewesen sein.

1 aus *Olympischer Frühling, II, Fünfter Gesang: Der dritte Wettkampf: Wagenrennen.*
2 *Zur Aktualität von Spittelers Texten. Komparatistische Perspektiven Jahrestagung der Schweizerischen Gesellschaft für Allgemeine und Vergleichende Literaturwissenschaft. Das Nobelpreisjubiläum 2019 bietet den Anlass, Carl Spittelers Texte vor dem Hintergrund aktueller Debatten und Theorieansätze neu zu lesen.* Mögliche Zugänge sind z.B. auf folgenden Gebieten denkbar: 1. Debatten über die Literatur der Moderne (...); 2. Rezeption der Populärkultur (...); 3. Literatur und Psychoanalyse (...); 4. Race, Class, Gender (...); 5. Jugendbewegung und Reformpädagogik (...); 6. „Denkraum Basel" (...); 7. Zur Debatte um eine ,Schweizer Nationalliteratur' (...); 8. Politische Stellungnahmen (...); 9. Unbekannte Texte (...).
3 aus *Lachende Wahrheiten / Datumsjubiläen.*

4 mit seiner Publikation *Carl Spitteler, ein künstlerisches Erlebnis.*

5 gemäß dem Lebenslauf auf der Website des Dichter- und Stadtmuseums Liestal.

6 aus *Olympischer Frühling, III, Fünfter Gesang: Apoll der Entdecker.*

7 aus *Lachende Wahrheiten / Ein Büschel Aphorismen*, die Nr. 1.

8 in *Imago*, Kapitelüberschrift *In der Hölle der Gemütlichkeit.*

9 aus *Lachende Wahrheiten / Ein Kriterium der Größe.*

10 aus *Lachende Wahrheiten / Von der Glaubwürdigkeit.*

11 allerdings Festspiel zur Eröffnung des Zürcher Schauspielhauses 1891, in der Folge wird diese Gattung nicht mehr «aktiv» weiterverfolgt.

12 aus *Lachende Wahrheiten / Von der Originalität.*

13 zwei Teile: *Mit der Eisenbahn, Zu Fuß*, 2 Beispiele: *… dringt der Blick in das freundliche, lichtdurchspülte Schächenthal, aus dessen Innern einige ferne verschleierte Berge hervorgrüßen. Schwarzgrüne Wälder halten zu beiden Seiten der weitgeöffneten Thalpforte Wacht* (38). *In Wirklichkeit gehörten die Burgen, von welchen diese Ruinen die Überreste darstellen, friedlichen, zum Teil höchst patriotischen Privatpersonen* (44).

14 *Alle, die jenseits der Landesgrenze wohnen, sind unsere Nachbarn, und bis auf weiteres liebe Nachbarn; alle, die diesseits wohnen, sind mehr als Nachbarn, nämlich unsere Brüder.* Und: *Es gilt, näher als bisher um die eidgenössische Fahne zusammenzurücken.*

15 mit negativen Auswirkungen auf das laufende Nobelpreisverfahren!

16 Ein Kuriosum ist *Die Ballade vom lyrischen Wolf,* obwohl dieser hier von Orpheus in die Schranken verwiesen wird, denkt man zugleich an den etwas jüngeren, sprachlich interessierten Artgenossen, den „Werwolf" in Morgensterns „Galgenlieder"…

17 erste Ausgabe in 4 Teilen 1901, 1901, 1903, 1904, Schlussfassung 1905-1909.

18 mit dem sich Spitteler im Komitee etwa gegen Hugo von Hoffmannsthal durchsetzt.

19 NZZ Christoph Büchi 15.12.2014.

20 beide Zitate für einen einfacheren Nachvollzug aus demselben *Kap. 30 Aphroditens Erdenfahrt.* Als weiteres Beispiel etwa die Beschreibung Spittelers in Kap. 21 *Apoll der Entdecker: Doch welche Wandlung jetzt begibt sich mit Apoll? / Sein Haar fliegt auf. Sein ruhig Auge hoheitsvoll / Strebt aus den Höhlen. Auf die Bank des Wagens steigt / Im Sprung sein Fuß. Zum fernsten Horizonte zeigt / Sein Finger, herrisch fordernd wie zu Streit und Fehde.*

21 gemäß Victor Lange (1965).

22 aus *Conrad der Leutnant, Vorbemerkung des Verfassers.*

23 ebenda.

24 Zitat nach Werner Stauffacher 1990, Nachwort zu Imago, Frank-furt/Main (Suhrkamp). (Von W.S. eine erste Biographie Spittelers, Zürich/München 1973).

25 *Das ist nicht nur so ein Kunstwerk, sondern es ist Herzblut. Für meine Lebensgeschichte also, für meinen Biographen, wird es das allerwichtigste Dokument sein. Ich erscheine in allen meinen andern Werken verhüllt und maskiert, hier zeige ich meiner Seele kleinste Fasern.* aus dem Brief 21.10.1905 Spittelers an Grete Klinckerfuß.

26 Kapitelüberschrift in *Imago*.

27 wie Anm. 24.

28 Diese Funktion wird allerdings hintertrieben, indem man (auch in der Schweiz!) dem – längst eingebürgerten – „Ostjuden" die Berechtigung abspricht.

29 C. G. Jung *Wandlungen und Symbole der Libido*, 1911 mit Aufnahme des Begriffs «Imago».

30 dabei mit namentlichem Rekurs auf Spittelers Prometheus-Arbeiten; zu CG Jung z.B. *Psychologische Typen. 1921 / V. Das Typenproblem in der Dichtkunst*; u.a. auch in den Zofingia Vorträgen.

31 so gemäß Hanns Sachs (zitiert nach Stauffacher 1990), der im Exil 1939 die ZS *American Imago* herausgibt.

32 Hermann Hesse erhielt in demselben Jahr eine „Ehrengabe". Seit 2013 „Schweizer Literaturpreis".

33 aus *Lachende Wahrheiten / Die Stimmung der Grossen*.

zuerst veröffentlicht in «Der Literarische Zaunkönig» 3/2020

Ordnung im Chaos.
Luigi Pirandello (1867-1936) zum 150. Geburtstag am 28. Juni 2017

Ein durchgeistigter Kopf mit hoher Stirn, großen, dunklen, wachen, zugleich gedankenvollen Augen, gerader Nase im schmalen Gesicht, verlängert durch Kinn- und Spitzbart, so präsentiert er sich auf dem am häufigsten reproduzierten Porträtbild aus der Alterszeit. Ein Mann mit Durchblick und doch ein Mann der Nachdenklichkeit, sehr aufmerksam und doch sinnend, vornehm und doch «allem» zugetan. Nein, diese Eigenschaften legt nicht nur das Foto nahe, sie vermitteln ebenfalls seine Biographie und ziehen sich zutiefst durch sein ganzes Werk.

Bekannt ist der Mann, wenn noch überhaupt in unseren Breiten, vor allem als Dramatiker. Sein Ruf kommt nicht von ungefähr; nicht zuletzt entwickelte er sich mehr und mehr zum Praktiker, der sogar 1924 eine eigene Theatertruppe gründete, mit der er für mehrere Jahre auf Welttourneen ging. Und der bereits früh, 1892, in seiner Bonner (!) Dissertation *Laute und Lautentwicklung der* heimischen *Mundart* untersuchte. Das Stück «Sechs Personen suchen einen Autor» (1921) steht allerdings als fast einziges pars pro toto für ein umfangreiches, bereits zehn Jahre zuvor beginnendes dramatisches Schaffen. Das sogar bald Max Reinhardt als Regisseur nördlich der Alpen fand. Drama, das nimmt Pirandello sehr wörtlich: *Jedes*

Scheinbild, jedes Geschöpf der Kunst muss sein Drama haben, um zu existieren, schreibt er in einer langen Vorrede, *das heißt ein Drama, dessen handelnde Person es ist und durch das es zur handelnden Person wird.* Wenn jetzt nur in der Phantasie entstandene Figuren auf die Bühne kommen, entwickeln sie ein Eigenleben, *eine «unmögliche» Situation.* Deshalb kann es *keine logische Entwicklung,* [...] *keinen Zusammenhang der Geschehnisse* geben. Die Folge ist ein *organische(s) und natürliche(s) Chaos,* das aber *alles andere als konfus* dargestellt wird, *sondern im Gegenteil sehr verständlich, einfach und geordnet.* (Dazu sei eine Anmerkung erlaubt: Ein Augenzwinkern des Schicksals ließ Pirandello in einem Ortsteil des sizilianischen Agrigent namens Càvuso, Chaos, das Licht der Welt erblicken.) Eine andere Version legte Pirandello zeitgleich mit Heinrich IV. (1922) vor, *im Erkennen vergangener Wirklichkeiten, die wie ein* [...] *Traum zurückgeblieben sind,* ein buchstäbliches Spiel mit gleichzeitiger heutiger Identität und mittelalterlicher Konkordanz – auf derselben Bühnenebene, fast zwangsweise eine Tragikomödie[1].

Der Ruhm allein als Dramatiker ist schade, denn sein erzählerisches Werk ist nicht nur sehr umfangreich, sondern ebenso bedeutend. Pirandello wollte eigentlich für jeden Tag im Jahr (also 365 Mal) eine Novelle vorlegen; ganz hat es nicht gereicht …

Es gibt (auch im Taschenbuchformat) einige gute Zusammenstellungen in deutscher Übersetzung, die die Breite seines Schaffens und damit seiner spezifischen

Annäherungsweise an komplexe humane Stoffe darlegen.

Schon sein erstes Werk (1904), ein Fortsetzungsroman, lässt im Titel aufhorchen: *Il fù* bzw. *Der gewesene Mattia Pascal*. Ein auf einer, heute würde man sagen: virtuellen, Ebene, Gestorbener berichtet über sein aktuelles Dasein: Sein und Schein verwirren sich (auch ohne Bühne).

Bis zum Schluss seines Schaffens gelingt es Pirandello meisterlich, das jeweilige Geschehen der Erzählungen ganz konkret «auf der Kippe» zu lassen. Es kann sozusagen alles anders kommen, ohne dass sich wirklich etwas (äußerlich) ändert. Oder umgekehrt, es ändert sich (äußerlich) nichts und zugleich hat sich die Grundlage des Lebens verschoben. Solche Entwicklungsgänge erscheinen kaum einmal als schwer oder gar als schrecklich, denn es sind die «nur» kleinen Verschiebungen, die eine hohe Wirkung entfalten. Niemand ist gefeit vor derartigem Schicksal. Nein, zuerst: Ein eigentliches Schicksal ist es nicht, denn niemand greift da ein, gar autoritär oder mit Macht. Ausgerechnet in dem zunächst als unverrückbar Gekennzeichneten ist die folgende abweichende Wende bereits angelegt. Eben darum kann es jeden treffen, den armen Schlucker wie den bedächtigen Anwalt, die ehrbare Witwe wie den braven Angestellten, den würdigen Professor wie den glücklichen Besitzenden. Wenn die kleinen, die einfachen Leute dasselbe Recht auf die ihnen eigene Existenz haben wie die Studierten und die Betuchten, gewinnt die vom Verfasser stets sorgsam erarbeitete Haltung (der Habitus) der Personen als ihr Erscheinungsbild zeichenhaft die Kenntnis innerer Zustände. Auf, in dieser, allen gleichen Ebene wird viel sicher Geglaubtes fragwürdig, vom täglichen Kleinkram über das Heldentum bis zu «der» Wahrheit.

Gerade in dieser, eben nicht nur atmosphärischen, sondern wegweisenden vielschichtig lebensphilosophischen (Schreib-)Weise überwindet Pirandello – der, nach Journalistentätigkeit seit 1892, als Professor für italienische Literaturgeschichte in Rom 1897-1922 die Szene bestens kannte – auch im Erzählerischen den in Italien nach wie vor tonangebenden und betont bodenständig argumentierenden «Verismo» (den Realismus, am bekanntesten wohl jener von Giovanni Verga). Jetzt erhalten wir Lesenden von ihm subtile psychologisch-inhaltliche Charakterisierungen, doch gerade so knapp, um noch folgen zu können, gerade so sprunghaft, um gebannt die Lücken selbst zu füllen, gerade so kurz angebunden, um mehr erfahren zu wollen, gerade so facettiert, um effektiv betroffen zu sein. Namen sind da kein Zufall, sie führen weiter in die Tiefe, ebenso – und nicht selten – die Titel, etwa und insbesondere «Angst vor dem Glück», «Wenn man das Spiel verstanden hat» oder «Die Pein dieses Lebens».

Wer wie eine Art Kernaussage eine außerordentlich konzentrierte und doch zutiefst literarische (!) Version kennenlernen möchte, der/dem sei die relativ

späte Kurzgeschichte «Antwort» empfohlen (*Risposta,* aus *Sciale Nero,* 1922³). Hier wird das für Pirandello entscheidende Tableau der menschlichen Fragestellungen – Was bin ich wirklich? Was ist demnach richtig? – fast tabellarisch (*Die Fakten*) geordnet und zugleich höchst kunstvoll in der Verschränkung des Verhältnisses von vier Personen abgehandelt in der Argumentationskette eines Ich-Erzählers, in dem unschwer der Autor als Interpret erkennbar wird. *Glaub mir, mein Freund, dein Fall* (das Versetztwerden durch die vermeintliche Geliebte mit zwei anderen Männern) *ist uralt. Neu und originell ist daran nichts als meine Methode und die Erklärung, die ich dir liefern werde.* Der vertrackte Ausgangspunkt: *Eine andere ist Signorina Anita gewiss. Nicht nur das; sie ist noch viele und viele andere* [...]; *obwohl ein jeder von uns die Illusion hat, die wahre Signorina Anita sei lediglich diejenige, die er kennt; und obwohl auch sie selbst, ja, vor allem sie selbst, die Illusion hat, nur eine und immer dieselbe für alle zu sein.* Und was ist, in der Zusammenfassung, das überraschend wichtigste Indiz: *Siehst du, mein Freund, es hat schon einen Grund, dass du mir nie von dem Stupsnäschen der Signorina Anita erzählt hast! Dieses Näschen gehört nicht dir. Dieses Näschen gehörte nicht deiner Anita. Dir gehörten die Nachtaugen, ihr leidenschaftliches Herz, ihre ausgesuchte Intelligenz. Aber nicht das verwegene Näschen mit den fleischigen Flügeln* [...]. *Dies Näschen wollte sich rächen* [...]³.
Pirandello hätte durchaus von eigenen vielschichtig verflochtenen Lebenssituationen berichten können, namentlich dabei über sein (widersprüchliches)

Verhältnis zur italienischen Politik, nicht zuletzt zum regierenden Faschismus, oder über die psychische Krankheit seiner Frau, die 1919 eine Hospitalisierung notwendig machte, oder über die Auswirkungen seines Literatur-Nobelpreises 1934. Das heißt: voraussichtlich galt bei ihm, nein, für ihn dieselbe achtbare Basis wie für seine Erzählungen: Kein persönliches Geschick ist sehr schwer zu ertragen oder gar bejammernswert, sondern in allen chaotischen Zuständen regiert letztlich immer eine ihnen immanente Ordnung. Welche ihrerseits in dem eleganten, eingängigen und feinen Schreibstil des Autors ihre sozusagen definitive Fassung erhält. Und so prägt – *Ach, niemand von uns kann das, was er aus innerem Antrieb tut, richtig übersehen*[4] – gerade eine grundlegende Ambivalenz in unnachahmlicher Weise ein großes, bedeutendes literarisches Schaffen.

1 beide Zitate aus L.P., Sechs Personen suchen einen Autor / Heinrich IV, Fischer TB 592, Frankfurt/Main 1964.
2 auf «spiegel-projekt gutenberg» im Internet zu lesen.
3 zitiert nach L.P., Novellen für ein Jahr, Fischer TB 1336, Frankfurt/Main 1973, S. 7-16; etwa gleichzeitig wird von L.P. dieselbe Meinung im Stück «6 Personen», in «Heinrich IV.» und auch in zahlreichen Geschichten ausgedrückt.
4 Heinrich IV. im 1. Akt.

zuerst veröffentlicht auf www.verdichtet/at September 2017

Postkarten zu Robert Musil
aus Anlass seines 75. Todestages am 15. April 2017
– gemeinsam mit Christian Teissl –

Salü Christian, mir unklar, ob Musil sich auf eine Post-karten-Korrespondenz wie die unsere eingelassen hätte. Kurzfassung zeichnet seinen Stil ja nun nicht aus. Dabei sagt er: »Das Denken steht im Mittelpunkt des schöpferischen Prozesses», so in etwa. Das müsste (muss?) ja die eigentliche Würze geben für die von ihm angestrebte «Präzision». Ohnehin sucht er immer einen «angemessenen» Ausdruck. Was das-selbe sein kann, aber nicht muss. Umseitig das Stift St. Florian: ziemlich geschlossene Sache, aber doch über 120 Jahre entstanden und nie ganz fertig. Scheint mir zum Thema zu passen. LG Martin

Lieber Martin, beim Namen Musil, es stimmt, hat je-der sogleich einen vieltausendseitigen Wälzer vor Au-gen; daneben wird der Meister der kurzen Strecke nur allzu leicht übersehen. Musils Präzision aber, von der Du sprichst, lässt sich nirgendwo so klar erkennen und so genau studieren wie in seinen Prosaminiatu-ren. Denk nur an sein „Fliegenpapier", „seine „Hell-hörigkeit", seine „Fischer an der Ostsee", seine „Mäd-chen und Helden»": Das sind weder Kurzgeschichten noch Anekdoten, weder Glossen noch Prosagedichte noch Feuilletons im zeit- und zeitungstypischen Sinne, sondern schlicht „Bilder", wie er selber sie

nennt, Bilder, handlich genug, sie jederzeit als An-
sichtskarten zu versenden, in diese oder jene Him-
melsrichtung. Herzlich, Christian

Salü Christian, diese Karte antiquarisch gekauft: Bou-
quinistes in Paris. Auch eine Möglichkeit, Literatur zu
vermarkten, man könnte seine Sachen dazulegen.
Schön, diese offene Form, aber in unseren Breiten ist
der Buchmarkt ja mehr wie in sich geschlossen, trotz
all dem fortwährenden «Aktion» & «Rabatt». Wäre es
da angebracht (besser?), wie Musil die Szene einerseits
direkt zu beackern (Rowohlt!), andererseits sich dem
ganzen Getue weitgehend zu verschließen? Abgesehen vom Empfang der einen oder anderen Ehrung
oder des gelegentlichen Haltens eines Vortrags, natürlich. Seine Einsamkeit vor dem Exil erscheint mir
demnach durchaus als ein Jammern auf hohem Niveau …, na, wir kennen so etwas ja auch. LG Martin

Lieber Martin, vielen Dank für die Bouquinisten; sie
haben mich, einmal mehr, zum Stöbern angeregt …
Dabei bin ich auf Karl Otten gestoßen, einen Dichter
der „Menschheitsdämmerung", Du kennst ihn gewiss. Er gehörte zu jener erlesenen Schar von Autoren, die Musil, der Distanzierte, in seinen Freundes-
kreis aufnahm. Zeugnis dieser Freundschaft ist der
Essay „Eindrücke von R. M." aus 1960. Otten beschreibt darin Musil als einen entwurzelten Bürger,
„der sich dieser Tatsache des Entwurzeltseins, des mit
Wurzeln und Krone Herumgewirbelten, bewußt

war." Mit anderen Worten: Die Erfahrung des Verlusts seiner geistigen Heimat Kakanien teilte Musil mit vielen seiner Landsleute und Zeitgenossen, seine unerbittliche Analyse dieses Verlusts aber machte ihn zum Solitär. Enttäuscht zu werden war fortan sein Los, vor der Resignation bewahrte ihn allein die Forderung, die sein Werk weiterhin an ihn stellte, ohne Unterlass bis zuletzt, bis zum bitteren Ende im Schweizer Exil ... Mit lieben Grüßen, Christian

Salü Christian, wieder einmal Trump im TV mit der fast automatischen Bewertungsebene von Fake News. Gleichwohl sehr linear, ja eindimensional die Analyse des Postfaktischen. Da sollte man lernend Musils große Gedanken beachten. Im «Mann o. E.» und anderswo: Den Wirklichkeitssinn ersetzt als Alternative der Möglichkeitssinn, ergibt in Konsequenz mehrere valable Handhabungen (wodurch der Roman wohl nie fertig werden konnte ...). Nun, vergleiche umseitig dazu, die Farbkombinationen Joseph Albers (Bauhaus) mit mehreren Lese-/Betrachtungsmöglichkeiten: Und ergibt doch immer einen Sinn! Gleichzeitig zu Musil! LG Martin

Lieber Martin, die von Dir erwähnte Unterscheidung von Wirklichkeits- und Möglichkeitssinn erinnert mich an einen Zeitgenossen Musils, den Grazer Philosophen Alexius Meinong. Er vertrat eine Ontologie „jenseits von Sein und Nichtsein". Alles, worauf man sich gedanklich beziehen kann, ist nach Meinong ein

Gegenstand, ob er nun in der Welt existiert oder nicht. Das sei allen Ausrufern eines „postfaktischen Zeitalters" ins Stammbuch geschrieben ... Apropos Graz: Musils Vater stammte von hier, und noch lange nach dem Zweiten Weltkrieg lehrte ein Namensvetter des Dichters an der Grazer Technischen Hochschule. Wann dieser andere Robert Musil gestorben ist, kann ich Dir leider nicht sagen. Herzlich, Christian
p.s.: Umseitig, als Dank für Joseph Albers, ein Foto der Musil-Büste von Fritz Wotruba.

Salü Christian, umseitig ausgedruckt das Szenenbild einer Komödie im St. Galler Theater. Ich erspare Dir die höchst differenten Kritiken; nur so viel: Mehrere Beziehungsebenen beleben die sparsame Handlung ... Da dachte ich an unseren Musil mit seinen beiden gerade diesbezüglich hochinteressanten Dramen. Und der Mann kannte sogar beide Seiten: als Autor und als Rezipient (Rezensent)! Wäre die Frage, wie das eine das andere befeuerte. Aber das Thema scheint bei Musil-Forschern nicht gerade im Vordergrund zu stehen, so wie sein Abenteuer «Der Roman» seine anderen literarischen Erzeugnisse zudeckt. Abgesehen vom «Törleß», auch dank Schlöndorffs Film. Durchaus «verwirrend» (!), zumindest schade. LG Martin

Lieber Martin, Musils Theater- und Literaturkritiken sind eine Fundgrube sondergleichen. Immer wieder verblüffend, wie sehr er es vermochte, literarische

Ansätze und Positionen, die ihm wesensfremd waren, gelten zu lassen und in ihrem Eigenwert zu erkennen! Seine „Schwärmer" habe ich als Schüler, mit 15 oder 16 Jahren, einmal gesehen: ein Stück mit sieben Siegeln, so schien es mir damals ... Schlöndorffs Film finde ich fabelhaft. Der Glücksfall einer Romanverfilmung. Große Teile davon wurden übrigens in meiner näheren Umgebung gedreht: in Schloß Eggenberg am Westrand von Graz. Unter der Regie des jungen Schlöndorff verwandelte sich das Barockschloss in ein Internat, eine triste Kadettenanstalt. Wenn Du einmal zu Besuch kommst, führe ich Dich hin. In diesem Sinne grüßt Dich herzlich Christian

zuerst veröffentlicht in «Literarisches Österreich» 2017/1

Der Ruf aus dem Gestern.
Pearl S. Buck (1892-1973) zum 125. Geburtstag am 26. Juni 2017

Beginnt man über Pearl Sydenstricker Buck zu schreiben, fühlt man sich fast auf verlorenem Posten. Es stellt sich die Frage, ob man sich nicht mit einer doppelten vergangenen Welt beschäftigt: mit dem China, in dem die Autorin über Jahrzehnte lebte, und welches sie Zeit ihres Lebens in zahlreichen Schriften behandelte, ein Land, das, wie bekannt, seither mehrfach gewaltigste Umbrüche erlebte. Sowie mit der amerikanischen Gegenwart der 1950er/1960er Jahre, in der die Autorin maßgebend stilbildend zu wirken versuchte, eine Welt, die im 21. Jh. ebenfalls bereits fast allzu weit zurückzuliegen scheint. Wenn ich trotzdem eine positive Antwort gebe – es lohnt sich unbedingt, an Frau Buck zu erinnern –, dann aufgrund ihrer literarischen Bedeutung für ihre Zeit und aufgrund ihrer Thematiken, die heute, in einer Zeit der fast überbordenden Sinnfragen, wieder Konjunktur bekommen.

Es ist, obgleich fast von Beginn ihrer Schreibtätigkeit an vielfach und namentlich von Männern geäußert, wohl doch eine sehr einseitige Sicht, Pearl S. Bucks Stil als eine biedere (amerikanische) Hausfrauenschreibe abzuqualifizieren. Natürlich können bei einer hohen Produktion von achtzig Titeln, darunter knapp dreißig Romane, nicht zwingend stets äußerst differenzierte Äußerungen erwartet werden. Gewiss kennzeichnet ihren Stil eine Disziplin ohne alle Schnörkel und eine wenig komplexe Ausdrucksweise. Man darf dabei nicht vergessen, in welch starkem Maß die Schriftstellerin zum einen von evangelisch-presbyterianischem Missionselternhaus und dementsprechender erster Ehe in China geprägt wurde, zum anderen vom nachfolgenden gesellschaftlich ausgerichteten Wirken in den USA. So mag die an Frau Bucks Qualitäten zweifelnde Haltung – die im Übrigen bereits parallel zur Verleihung des Nobelpreises 1938 (»für ihre reichen und epischen Schilderungen [...]«) geäußert wurde – sich als eine Art self fulfilling prophecy erweisen.

Der die Autorin insofern selbst Stoff gab, indem sie sich niemals als novelist, als Romancier, bezeichnete, sondern (lediglich) als Erzählerin. Und auf wen dieser Stil misslich schlicht wirkt, muss sich klarmachen, wann ihre ersten Bücher erschienen. Mit dem Drang nach unkomplizierter Sprache, mit der Suche nach unmissverständlichen Aussagen, mit einer Linearität des «Fort-Schreibens» ist sie in der Zwischenkriegszeit und den folgenden Jahren bei Weitem nicht allein. Ihr lassen sich viele andere Mitautoren anschließen, die, weil zeitgebunden, gleichfalls nicht einfach als «bescheiden» zu bezeichnen sind: aus unseren Regionen etwa Gertrud Fussenegger, Karl Heinz Waggerl oder Stefan Andres. Bei Pearl S. Buck scheint der Stil überdies unserem Empfinden für die Äußerungsart Ostasiens zu entsprechen – oder hat gerade sie mit ihrer Produktion womöglich dieses Empfinden erst in diese eine Richtung kanalisiert?

Dies, weiter gedacht, führt zur Frage, wie ihr Stil zum Inhalt steht. Im Wesentlichen handelt insbesondere das geläufige Gros ihrer Geschichten im China der 1920er und 1930er Jahre, jener Zeitspanne, in der das alte Kaiserreich mit seinen jahrhundertelang bindenden Traditionen in Gesellschaft und Kultur zusammenbrach. Die Autorin stellt sich dabei nicht dezidiert gegen die Neuerungen, setzt ihnen indessen eine gehörige Dosis Traditionalismus entgegen – dies nicht zuletzt, weil sie die besonderen Werte dieser vergehenden Zeit nicht allein aus der interpretierenden Distanz der «Abendländer» kannte, sondern insbesondere aus der inneren Welt ihrer einheimischen Freundinnen. In der Mischung aus Teilnahme und Abstand und in ihrem Wunsch, gegensätzliche Vorstellungen auszugleichen, ist sie nicht nur ehrlich; sie wird zu einer authentischen Zeugin: Bei aller dichterischen Freiheit der Romanstoffe hat sie gelebt, was sie schreibt. Diesen Hinter-, besser: Untergrund schildert sie eindringlich bereits im Prolog von *Die Gute Erde* – 1931 (dt. 1933) und nach wie vor wohl ihr bekanntestes Werk –, eingedenk des gewählten Untertitels: *Die Geschichte des chinesischen Menschen* (!).

Die Empathie liegt bei Pearl S. Buck nicht «obenauf». Empfindung ist eher zwischen den Zeilen, genauer: zwischen den Worten zu finden. Denn sie breitet, beschreibend, äußere gesellschaftliche Situationen aus, deren Ablauf eben durch den inneren Habitus innerhalb der handelnden Familienverbände ganz wesentlich bestimmt wird. Nicht das Gefühl trägt also das (Auf-)Schreiben, sondern das Einfühlungsvermögen. Dies impliziert allerdings, auch, das Vorhaben eines auktorialen Erklärens. Doch gilt hier wiederum eine Einschränkung: Die Autorin fällt nicht in die (ansonsten leider häufige) Unsitte, nacherzählend gleichsam Bericht zu erstatten. Sie hält konsequent den Blick auf das jeweilige Geschehen gerichtet … und ihre Ausdrucksform, den ihr eigenen Stil, durch. Aus einem anderen Blickwinkel erweist sie sich dabei – vermutlich durch das Angloamerikanische erleichtert – durchaus versiert in der Kunst des Weglassens und versteht gerade dadurch, in den Bann zu schlagen.

Diese Rücksicht auf den Anteil des Lesers und bei dieser Autorin ausdrücklich der Leserin mag seinerseits zur Auseinandersetzung durch Filmschaffende gereizt haben; im Kino waren bald nach dem Erscheinen der Bücher etwa «Die Gute Erde» (natürlich) oder «Drachensaat» zu sehen, 2000 wurde dann noch «Die Frauen des Hauses Wu» herausgebracht. Eine gute Grundlage für diese Weiterführung liegt sicherlich in P.S. Bucks gekonnter Handwerklichkeit, wobei bei der Vielschreiberin fast naturgemäß die Professionalität und darin die Absicht, spezielle Haltungen zu erzeugen zunimmt. War sie niemals frei davon, die missionarische Stimme mitsprechen zu lassen, so erweist sich der Wille zur unmissverständlichen Deutung deutlich im Spätwerk, etwa in *Lebendiger Bambus* (1963, dt. 1964), das ausnahmsweise in Korea spielt und vor dem Hintergrund des unlängst zu Ende gegangenen Kriegs (1950-53) letztlich fast etwas aufdringlich den amerikanischen Einfluss thematisiert.

Zu diesem Zeitpunkt war Frau Buck bereits seit drei Jahrzehnten definitiv aus China in ihre Heimat, die sie vollständig als solche empfand, zurückgekehrt, hatte in zweiter Ehe ihren Verleger geheiratet und sich umfassend dortigen sozialen Themen zugewandt. Namentlich engagierte sie sich in der Organisation für Kinder in schwierigen Lagen, sicherlich mitbeeinflusst durch die Behinderung ihrer ersten, in China geborenen Tochter und ihrer zahlreichen Adoptivkinder. Dies «amerikanische» Engagement wirkte sich zweifellos auf ihre literarische Tätigkeit aus, die sich unter anderem nunmehr der Rassenfrage widmete. Neuartig war dieser Stoff für sie nicht, ging es ihr doch vom presbyterianisch-christlichen Schreib-Beginn an um Toleranz und Völkerverständigung. Wohl nicht von ungefähr also beginnt sie einerseits spät unter dem Pseudonym John Sedges zu publizieren und schreibt andererseits in kurzem Abstand zwei Autobiographien (1954, 1962).

Diese fallen in eine Zeitspanne, in der Pearl S. Buck sich intensiv mit anderen kreativen Fähigkeiten befasst wie Bildhauerei oder Filmregie ... und mit der Landwirtschaft, die sie zum Kauf einer Farm in Vermont führte, wo sie auch ihre letzte Ruhestätte fand. Wobei sie neuerlich einen Bogen zu ihren «chinesischen» Erstlingswerken schlägt, die bewusst machen wollten, dass sich auf explizit diesem Gebiet die beiden von ihr er-, nein: gelebten Welten gar nicht gewaltig unterscheiden.

Unterschieden haben, sollte man wohl hinzufügen: in einer nach der Lektüre ihrer Bücher kenntnisreicheren Spannung von Gestern und Heute, die sich auf das Wirken von Pearl Sydenstricker Buck gründet.

zuerst veröffentlicht auf www.verdichtet/at August 2017

Gelesen. Auf deutsch. Über den Frieden.
Ein kursiver Überblick zur Thematik.

Am Arbeitstisch schaue ich über Notizblätter, Bücher und die Informationen im Laptop auf die lange Kante des Gemeindewalds, windbewegt durch den Föhn, der rechterhand am Himmel rasch und in Wellen gestreifte Wolkenladungen in wechselndem Licht ziehen lässt. Wäre es nicht angebracht, in gleicher Weise das immense unüberblickbare literarische Material über die literarischen Fassungen zum Thema Frieden angesichts eines nur kurzen Textumfangs schlichtweg zu zerzausen? in Wirbeln hinaussenden? Aber es braucht wohl gleichwohl eine gewisse Ordnung: als historische Aufarbeitung? als Sammlung von Schlagworten? als Auseinandersetzung zwischen schulnotorisch Bekanntem einer- und persönlichen Versuchen andererseits? Wo beginnen, wo aufhören? Läuft nicht jede literarische Arbeit ungeachtet der Thematik im Einzelnen durch den, zumal in der deutschsprachigen Welt oft und deutlichen Bezug zur Persönlichkeit des sich Äußernden, auf eine zwangsweise individuelle Stellungnahme zur «Welt» hinaus? Eines wird schnell klar: Über Frieden in der Literatur zu handeln, vermag nur ein Essai ganz im Sinn Montaignes: Ein Versuch, sich kursorisch klar(er) zu werden.

Wenn, wie in der Ausschreibung, Frieden nicht allein Nicht-Krieg bedeutet, dann müssen die verschiedenen menschlichen Formen des Umgangs miteinander beachtet werden. Leider schließen diese nachgerade die Gewalt, wie täglich auf der großen Weltbühne und im kleinen Häuslichen zu erfahren, als Auslöser vieler Konflikte mit ein. Der Föhn draußen ist im Abschwung, was nicht heißt, er bäumt sich immer wieder auf, kennt in seinem langatmigen Kommen und Gehen sogar Vordergrund und Rückseite. So wie die keinesfalls nur endemische deutschsprachige Literatur von Beginn an – und das ist zu unterstreichen – zahlreiche und damit eben thematische Rückverweise auf anderssprachliche Entwicklungen kennt, von der Römer Antike und ihren Slogans über Shakespeare als Dauer- und Calderon als temporären Hauptanreger bis zur Suche des französischen Symbolismus nach dem Unbekannten. Und: Das Phänomen Föhn ist ja nicht voraussetzungslos und selten lang andauernd; er kommt in «Wellen» und dauert in der Regel nur eine begrenzte Zeitspanne. Frieden ist keine Konstante: Demnach bedarf es zum zweiten, die Bedingungen für ihn, die Hinführung auf ihn, die Ausarbeitung von ihm etc. anzusehen … und sich, ist er da, umfassend auf ihn einzustellen.

Bei was also vor diesem weiten Horizont beginnen? Im Tief hinter den am Gebirge gestauten Wolkenbergen? Etwa in den Heldenliedern des 12. Jahrhunderts, in denen mit Blick auf Tapferkeit und Ehre trotz aller Minne die Kampfbereitschaft des *miles christianus* in den *aventiuren* über die Tugend der *mâze* hinaus stets der *vanitas* eingedenk ist. Oder halte ich mich an die

Spruchsammlungen, die vielfältig die Bedingungen des (harten) Lebens und implizit ihre Überwindung zum Inhalt haben? Wobei diese Dichtungen alles andere als «hinter den sieben Bergen» liegen, sondern bis weit in die Neuzeit in Handschriften und Drucken erneuert werden, bevor sie die Romantik neuerlich hervorholt.

Oder konzentriere ich mich auf die strähnigen Auflösungen der Wolkengebilde im späten Mittelalter mit *Der Renner* als einem Bestseller, der den Besitztrieb als die Hauptsünde kennzeichnet, dem im ebenfalls weit verbreiteten *Märterbuch schelte* und *zuht* entgegengehalten werden, eine Überleitung zu den großen Predigern, für die, wie bei Tauler oder Seuse, unter der Maßgabe des Waltens des himmlischen Herrn die *unio mystica* resp. die *devotio moderna* zur praktischen (!) Anweisung eines gottgefälligen Lebens wird – von unmittelbarer Wirkung bis über die Reformationszeit hinaus wie ebenso der aufkommende Faust-Mythos mit seinen fundamentalen Fragestellungen oder die Tierepen (*Reinke de Vos*) mit ihrer gesellschaftliche Kritik.

Oder gehe ich mit dem, hohe Geschwindigkeiten erreichenden Wind, der die kompakten «Föhnfische» (in denen meine Enkel auch Fabelwesen erkennen) vorantreibt, den nach wie vor moralisierend-satirischen Schriften wie Brandts *Narrenschiff* nach, nunmehr durch die Auswirkungen von Luthers Kombination von Kanzlei- und Volkssprache erstmals «deutsche» Literatur. Stelle ich nun neben Luther Reuchlins, Huttens Werke vor und die dreibändige Selbstdarstellung Kaiser Maximilians? Grundsätzlich gefragt: Wird mit dem häufigen Verlangen der Autoren, der Welt einen Spiegel vorzuhalten, nicht das Thema Frieden verfehlt? Reichen die Erbauungsschriften und ein Setzen von Vorbildern bei aller zunehmender «seelenkundlichen» Ausarbeitung als Wirkung einer sittlichen Vervollkommnung auf den einzelnen Menschen aus, um zum «Frieden» zu gelangen? Das Bemühen der Besserung des Menschen immerhin bleibt aufrecht, über die Zeiten hinaus mit ihren (Selbst-)Erziehungs- und Bildungsromanen von Wieland über Goethe (mit dem *Wilhelm Meister* als Spitze des Eisbergs) bis Jean Paul, die ja das rechte Verhalten im Dasein begründen wollen – in der Mischung aus «bewirktem» und «wirkendem» Werk mit Blick auf die heutige Diskussion zur Bedeutung der Bildung durchaus das Wunschbild des konfliktfreien Zusammenlebens mit begründend.

Beim Föhn muss sich kein klarer blauer Himmel zeigen, sondern es gibt ebenso einen kalten Wind mit vor sich hertreibendem Regen, der unterschiedlich lang anhält. Frieden als das entscheidende Gegenüber zur Gewalt ist nicht von ungefähr das Thema der Barockdichtung, zweifellos als Reaktion auf die Kriegs-Desaster. Angesichts des Grauens und seiner Auswirkungen, die sich (fast) nur beschreiben lassen, erweisen sich die Grenzen einer Erklärbarkeit. Doch finden die Dichter, wie nachdrücklich Gryphius, mit dem Blick auf ein übergeordnetes Ganzes den Weg zum himmlischen, indes eher passiven Trost. Auch das Literarische im engeren Sinn «hilft»: Neben die (mögliche) Wahl eines Volkstons setzt sich die dynamische Spannung zwischen Form und Inhalt, Figur und Stoff als eine Art Balance. Letztlich gilt die Bestimmung des Daseins durch Transzendenz als Pate für ein Durchhalten genauso für den *Simplizissimus* (mit Ausweg im Einsiedlertum) wie für Silesius' *Cherubinischer Wandersmann*. Vor dieser Warte rückt in der ständischen Ordnung bei allem Einzelschicksal die Lebensgrundlage der jeweiligen Gemeinschaft in den Vordergrund, nach wie vor im Sinn der Abgrenzung verstanden. Gleichsam als Alternative entwickelt sich nach Swift innerhalb der Welle der «Robisonaden» auch die (an sich nicht neue) Utopie des vorbildlichen Staates, besonders prominent in Schnabels vielgelesener pietistisch «ruhiger» *Felsenburg*, die sich willentlich erstmals an ein einfaches Lesepublikum wendet – letztlich mit einem Echo bis ins 20. Jahrhundert (Herzl, Werfel).

Der Föhn unterbricht sein Drängen, um gleichsam neu Atem zu holen. Als Reaktion entsteht die «Pause», als drückende Ruhe im Quietismus, als zukunftsweisende Sicht des vernunftbezogenen 18. Jahrhunderts auf den *contract social* und die Toleranz und zugleich «aufgeklärt» auf das Individuum in seiner Empfindsamkeit, darin auf das Bukolische eines Arkadiens.

Die angestrebte Harmonie erscheint als pädagogisches Ideal schlechthin. Aber der damit (auch) zu verbindende innere Friede erscheint für allzu viele Kreative nicht erreichbar, denn die Realität schreibt trotz *code civil* andere «Gesetze»: Drangsal (Kriege, Revolution), Nöte (Klimaverschlechterung) und Schweres (Repression) stehen in ihrer Wirkung allzu oft im Vordergrund. Manche und namentlich die Hochsensiblen (Hölderlin) zerbrechen an der Spannung zwischen Wollen und Können, Ideal und Tatsachen. Andere verarbeiten die Problematik in kompromisslosen Selbstdarstellungen wie Moritz im *Anton Reiser* oder in literarisch geformten Analysen wie Büchner im *Lenz* oder *Danton*.

Demnach bleiben nach wie vor die Schattenseiten des Daseins präsent. Sie verbinden sich – ebenfalls – mit der romantischen Strömung, ob gesuchte Weltferne oder -durchdringung, und scheinen, so oder so, den scheinbaren Rückzug im «Biedermeier» in pessimistischer Stimmung fast zu dominieren. Ungeachtet einer gesellschaftlichen Stellung ist mit der Fremdheit eines «Zerrissenen» (Lenau), mit quälerischer (bei Grillparzer) und strenger Selbstkritik (bei Marie Ebner-Eschenbach) kaum eine Ruhe möglich. Selbst wenn in der vielfach erlebten Spannung von Wunschbild und Wirklichkeit bzw. Neigung und Pflicht in häufig auf die Familie bezogener Dramaturgie die Schwerpunkte scheinbar positiv verteilt werden, als ob dadurch ein Ausgleich der Gegensätze gegeben werden könnte. Womöglich ist es da für die Seelenlage förderlicher, den mehrdeutigen Albträumen eine schriftliche – reinigende? – Fassung zu geben wie bei ETA Hoffmann, Trakl, Kubin. Es gibt zwei scheinbare Alternativen: Zum einen das Wandern, das fluchtartig (bis hin zu Andersch) die Spannungen auszugleichen sucht und nur selten zum Ausgleich führt wie bei Eichendorffs *Taugenichts*. Die andere Variante ist die Suche nach Bodenständigkeit, kundgetan als scheinbares Einvernehmen in aufkommender Heimat- – und namentlich Mundartdichtung (von Stelzhamer bis HC Artmann); sie führt in einer zweiten Linie über das scheinbare Dasein in Stille, das aufzeigt was sein soll (Stifter), à la longue zu Roseggers heiler Welt.

Die Suche in Realistik und Naturalismus führen zur verstärkten Hinterfragung der Zustände, wie in den Föhnwolken wechseln dunkle Unter- und helle Oberseiten und umgekehrt einander ab, legen die Schreibenden das Gewicht auf die psychologische Seite (Fontane) oder, publizistisch breit gestreut, auf die Fragwürdigkeit von Sein und Schein. Wobei das Formulieren der «Dinge» bereits soziale Anklage und damit Wunsch nach Überwindung enthalten mag.

Man kann wie beim Begreifen des Phänomens des Föhns Anleihen in der Rückschau nehmen, ob verklärt – etwa im k.u.k. Militär! (Lernet-Holenia, Czokor) – oder als menschliche Mustersammlung (Stefan Zweig, Feuchtwanger). Es wächst, damit verbunden oder nicht, nur das Fremdsein in der Gegenwart

(Kafka), für die die offene Auflehnung (Strindberg, Wedekind) ebenso nur die andere Seite der Medaille darstellt wie die analytische Desillusion (Kästner, Morgenstern, Musil). Eine Pseudo-Sicherheit mag der Blick auf das größere Ganze geben, in dem das Tableau den verstörenden Details eine Ordnung zu geben scheint (Roth, Doderer), zugleich aber Größe und Tiefe des Schicksals vermittelt (Broch). Zwar «schön», aber als Ausweg aus dem äußeren Dilemma das Aufwallen allenfalls oberflächlich beruhigend erscheint ein l'art pour l'art (Stefan George, Hoffmansthal). Wie wenn sich in den Föhn andere Wetterphänomene einmischen, bleibt das Thema des inneren Friedens, wenn nicht ausgespart so doch höchst strittig.

Anders sieht das im nach wie vor geübten religiösen Blick aus, der durchaus kritisch mit den Bedingungen umgeht (Andres, Luise Rinser), andererseits die Basis einer wünschenswerten, den Habitus konkret beeinflussenden Grundeinstellung nicht aus dem Blick verliert (Suso Waldeck, Christine Busta, Erika Mitterer). Darin verbleibt bei aller Individualität ein Wir-Gefühl, das genauso andere Strömungen auszeichnet. Das Gewicht je nach persönlicher Einstellung verteilt – den-Finger-auf-die-Wunde-legen (Schnitzler), betonte Reflexion (Bahr), unzweideutige Stellungnahme (Bertha von Suttner), konsequente Ideologie (Brecht, Anna Seghers) u.a.m. –, geht es vielen Autor/innen um eine konkrete Stellungnahme zu dem, was in der Gesellschaft abläuft. Aus dieser Haltung lassen sich verschiedene Schwerkräfte filtern, von breit angelegter «Definition» des Gewesenen (Th. Mann) über das Märchenhafte (Courths-Mahler) oder umgekehrt, namentlich in aktueller Stellungnahme, und die Abrechnung (Th. Bernhard) – beide ohne Vermeiden von distanzierenden Floskeln – bis zum Satirischen (O.M. Graf, R. Neumann) bis zu einem dem Fatalismus entgegentretenden betont ethischen Ansatz (Hesse, Frisch, Dürrenmatt).

Föhn ist bekanntlich die schöne Seite des schlechten Wetters, grenzt damit an eine Unwirklichkeit, die von vielen als Lebensbasis empfunden wird. Die Katastrophen im 20. Jahrhundert (ver)führen zur steten Hinterfragung; die Idylle – jenseits der Unterhaltsamkeit – muss selbst als Auge im Sturm fragwürdig werden, wohl aber besteht die Möglichkeit, das Schweigen als direkte Stellungnahme ernst zu nehmen (Ilse Aichinger). Eher leitet man aus der totalen Gegensätzlichkeit in einem Außer-sich-Sein das Gefühl der Isolation selbst in der Gruppe ab (Canetti), als Verlust des Heimatlichen in zu bewältigender Exilierung (Hilde Domin, Kesten, Kracauer), als bewusste Vereinzelung (Marlen Haushofer, Ingeborg Bachmann), die bis hin zur Aufarbeitung des Selbst gerinnen kann (Hertha Kräftner, Christine Lavant). Daraus mag letztlich dann eine Art von Hinnahme resultieren, die im besten Fall auf die Besichtigung des Chronisten setzt (Kempowski). Eine solche oder verwandte Haltung mag in der formal («literarisch») dargestellten Distanzierung eine Art Eintracht hervorrufen, ein

Aktivwerden im eigentlichen Sinn ist mit der Beobachtung nicht verbunden, wenn sie nicht durch die Art der Beschreibung Verantwortung beim «Verbraucher» hervorruft. Immerhin mag ein ausdrücklicher Beobachterstatus zum Zuhören aufrufen, buchstäblich in dem (einige Jahrzehnte maßgeblich geförderten) sich kritisch gebenden, oft mit Desillusion arbeitenden, durch das Medium kaum plakativen Hörspiel (Günther Eich, Hildesheimer, Hiesel).

Noch einmal zeigt der Föhnhimmel, wenigstens kurz, sein stahlhartes Blau, bevor er endgültig und rasch zusammenbricht. Literarisch Schreibende stellen sich selten außerhalb der Gesellschaft (indirekt bleiben sie ohnehin gebunden). So erweist sich der Rückblick auf die vergangenen Szenerien als Mustersammlung eines Umgangs, bei dem, in der allbekannten Schriftform, die Weihnachtsbotschaft kaum fehlen darf – nicht als Verheißung, sondern fast als Mahnung, wenn nicht Stoßseufzer.

zuerst veröffentlicht im Themenheft «Friede» des Österreichischen Schriftsteller/innenverbands 2019

Wann, wen küsst die Muse?
Ein Versuch über Kreativität

Vortrag im Rahmen der Projektveranstaltung Literatur und Wissenschaft am 16.10.2014[1]

Milena ging ganz in der Arbeitswelt ihrer Textilwerkstatt auf; mir stellte sich mehr und mehr die Frage, ob in der Arbeit der eigentliche Lebensinhalt liege. Ich anerkannte bei Milena die Kreativität als den sie leitenden, auf ihr ganzes Leben ausstrahlenden Prozess mit jeder Menge an Anregungen, Anreizen, Ermunterungen und Erfüllungen, Schöpfungen, Werken. Sie konfrontierte mich mit der Forderung: Also, du Zweifler, stehe mir Rede und Antwort: Was sonst ist Leben? Abgesehen davon, dass du mich rundum liebst, natürlich. Ein kleiner Auszug aus einer Novelle[2]: Wie steht es mit dem hier angesprochenen Kriterienkatalog: jede Menge an Anregungen, Anreizen, Ermunterungen und Erfüllungen, Schöpfungen, Werken?

Hat die «Theorie der Unsichtbaren Hand» Recht? Sie formuliert – und man ahnt weniger ein Echo des Erfinders Adam Smith, sondern in unserem Zusammenhang eher von Meister Eckhart: Intention setze in einer Art A-priori-These das Ergebnis voraus. Es würde bedeuten: Die Absicht, x zu schaffen, verlangt, dass x sozusagen nicht neu sein kann. Wir lassen das einmal so stehen, fragen lieber: Wie steht es mit dem Prozess im Leben, des Lebens, das uns dann die Einfälle zuspielt?

Einleitungstext, Titelfrage und Veranstaltungstitel weisen zum einen darauf hin, dass es nicht um eine allgemeine, heute gerne neurobiologisch untersuchte Kreativität geht. Denn die Muse wirkt in d i e s e m Zusammenhang in einem experimentell kaum zu untersuchenden, kaum zu definierenden Bereich des Gestalterischen. Punkt. Zum anderen weisen sie darauf hin, dass es in den kommenden eineinhalb Stunden nicht allein um die nur jeweils persönliche Disposition gehen wird, ja kann und darf. In ihr findet die Kreativität ihre Basis. Was nicht mit «begründet ist» gleichzusetzen ist! Sondern sozusagen nur antipodisch wirkt: Denn entscheidend sind für ihre Ausbildung die Einwirkungen, das Umfeld, der Rahmen, i n n e r h a l b derer sich Kreativität entwickelt, ab-spielt. Um nicht akademisch mich primär über Theorien auszulassen, vermeide ich den häufigen Beginn der lexikalischen Definition. Ich habe sie nicht einmal konsultiert. Trotz der Notwendigkeit allgemeiner Aussagen möchte ich das Praktische in den Vordergrund stellen. Deshalb versuche ich, die Vielfalt des Szenischen und das «Praktisch allzu Praktische» vor allem mit Zitaten von Betroffenen zu beleuchten. Spätestens seit Karl Popper vermag man den Vorrang der induktiven Methode nicht mehr allzu entschieden abzulehnen. Um bei der Stofffülle der Unübersichtlichkeit zu entgehen, werde ich ein wenig auf die Goethesche Spirale des Weiterkommens, hoffentlich in den von ihm erwarteten aufsteigenden Wendungen, zurückgreifen: Mit dem Vorteil, bestimmte Argumente in «neuer» Gruppierung darstellen zu können.

Ich werde mich bemühen, gemäß dem Titel der Vortragsreihe bei den Beispielen aus dem Leben im Bereich der «Schreiberei» zu bleiben, allerdings seien ein paar Exkurse in andere Kunstsparten erlaubt, wenn sie besonders eindrücklich Phänomene nachweisen. Eine solche Ausweitung gilt nicht zuletzt unter Berücksichtigung zahlreicher Mehrfachbegabungen: 16. Jh. Michelangelo als Dichter[3], 18. Jh. Jean Jacques Rousseau als Musiker, Goethe als Zeichner, im 19. Jh. Ernst Theodor Amadeus Hoffmann als bedeutender Komponist und Richard Wagner als zweifelhafter Texter, im 20. Jh. Friedrich Dürrenmatt als Maler und viele mehr wie Albert Paris Gütersloh[4]. Umgekehrt gibt es jene Fälle, sich für eine Seite entscheiden zu müssen: Gottfried Keller an der Malerakademie in München, dann der *Grüne Heinrich*; Max Frisch Architekt, dann *Homo Faber*.

Zum Stichwort Wissenschaft. Am besten als Einstieg die generalisierende Frage: Wie komme ich überhaupt von außen der Kreativität des Schaffens und damit notabene des Schaffenden auf die Schliche? Oder anders gefragt: Das Werk an sich, und damit das Ergebnis des kreativen Einsatzes: inwieweit ist es zugänglich?

• Passend ein Satz von D. H. Lawrence *Traue nie dem Autor, traue dem Werk*[5]!

- Eigene Erfahrung: auf dem Gerüst ist es «aufregend», den Freskanten von früher unmittelbar «auf die Finger» zu schauen.

Argumente zum Thema – hier also des Literarischen – gibt es zweierlei,

- sozusagen äußere, die eben den Rahmen und damit die Bedingungen, in denen es sich bewegt lässt, darstellen und jetzt, nachfolgend,
- sozusagen innere aus dem von der Muse zur Verfügung gestellten Material.

Nicht zuletzt also die induktive Methode: Inwieweit ist bei der enormen Stofffülle an Material eine quantifizierbare, systematisch erfassende Sichtung möglich? Leider kann ich Ihnen eine gewisse Aufzählung nicht ersparen, aber ich traue mich wenigstens zu einer geordneten.

→ Unterbau 1: Stoff

a.) Vorgegeben: Marguerite Yourcenars berühmte, auf eingehendem wissenschaftlichem Studium basierende, jedoch mit allem literarischen Können erfundene Memoiren des Kaisers Hadrian (*Ich zähmte die Wölfin*)[6].

b.) Erlebt: Jane Austen und ihre Darstellung des kleinen englischen Landadels. Deren Kunst, ihre Handlungen zu ersinnen, ausgerechnet Katherine Mansfield, die große Meisterin der Kurzerzählung, ausdrücklich bewunderte.

c.) Erweitert: Thomas Manns *Zauberberg* und die komplexe Umwandlung der Davoser Szenarien.

d.) In sich stimmig: Literarische Figuren können nicht anders; berühmt seinerzeit Henry James *Portrait of a Lady* 1881.

→ Unterbau 2. Inhalt

2.1. Vorgaben

a.) Rohmaterial: Schwiegermutter Hedwig Pringsheim: *Tommy* (= Thomas Mann) *lebt das Material*[7];

b.) und Beobachtung: Joseph Roth *Der Erzähler ist ein Beobachter und ein Sachverständiger. Sein Werk ist umgewandelte Realität.* Eigentlich ließe sich auch sagen: durch das Mittel der Sprache ist *erst das Kunstwerk echt wie das Leben*[8].

c.) Formgebung / Nutzen: Formales bis hin zur Verslehre in der Lyrik. Als strenger Könner etwa Paul Celan *Todesfuge*; Nutzen: für Jahrhundert Preis-, Festgedichte etc.[9]

d.) «Immaterielle» Vorgaben: Thematik der Ikonographie/Ikonologie (Bsp. «Petrus») in der Malerei; aber auch kulturelles Wissen, noch einmal Paul Celan *Sibylle des Sommers*.

e.) Gesellschaftliche Aufgaben[10]: Heutzutage setzt eine bestimmte, in Buchbesprechungen und Preisverleihungen nachhaltig ge- oder besser beförderte Thematik allzu deutlich einseitige Leuchtfeuer-Signale: bitte möglichst die Aufarbeitung der jüngeren Geschichte mit dem eindeutigen Schwerpunkt auf die immer verwandten Themenreigen desselben Schwerwiegenden, ja Negativen. Jüngste Beispiele: Sofi Oksane an der Buchmesse Frankfurt; im

Vordergrund bei der Nobelpreisverleihung an Patrick Modiano vorige Woche die *Erinnerungskultur*[11], immer neu die Nazi-Besetzung Frankeichs; oder der Dt. Buchpreis an Lutz Seiler für *Kruso*, einen DDR-Roman. Dass Aufarbeitung mit erheblicher literarischer Qualität geht: siehe den, letzte Woche verstorbenen Siegfried Lenz.

2.2. Verarbeitung des Stoffs

▪ Als Joseph Roth an Stefan Zweig schreibt: *Ich kenne, glaube ich, die Welt nur, wenn ich schreibe*, antwortet dieser: *Wir sind, von unserem Beruf her, leider gewöhnt, immer* Phantasie *einzuschalten*. Ach, bemerkenswert das «leider» …

▪ Richard Strauss 26jährig im Gespräch: *Sie haben die wichtigste Frage für den Komponisten, nämlich die der Inspiration, angeschnitten, denn ohne diese kann nichts von bleibendem Wert zu Papier gebracht werden*[12], und der große Westschweizer Autor Charles Ferdinand Ramuz präzisiert, definierend: Inspiration ist *ein Hinabsteigen in sein Ich*[13]. Siehe auch Mitwirkung im «Team»: noch einmal R. Strauss in der Oper mit dem Libretto Hugo von Hoffmannsthal[14]; überhaupt dann auch das Lied; Arbeitsteilung ebenso in der Band (wie bei den Beatles).

2.3. Ordnung

▪ Nachvollziehbar in der Gliederung: Stichwort das Ganze und die Teile, vor allem in der Musik mit Komposition bezeichnet;

▪ eine besondere literarische Form die vorangestellte Inhaltsangabe der Kapitel, Beispiel Grimmelshausens *Simplizissimus*, nicht zuletzt, weil Bücher vorgelesen wurden[15];

- auch das Gegenteil, gewollte Unschärfe wie die von ihm elliptisch genannten Erzählweise des frühen Arno Schmidt;
- Montagen wie, seit unseren Schulzeiten besonders bekannt, in Döblins *Alexanderplatz* oder
- Markierungsformen wie etwa der Wechsel von *Zwischenspielen* und *Episoden* in Virginia Woolfs Roman *Wellen*.

2.4. Verarbeitung durch den Autor / Künstler / Musiker   Ausgangsbasis schon die äußere und innere Welt in der Spannweite zwischen Formalem und inhaltlichen Vorgaben, Stichworte auch Motiv / Typus / Rhythmik usw.

Wir stehen mit dieser Ausbildung – allerdings in unserem Zusammenhang nur bedingt zur Kreativität gehörend – an der Schwelle dessen, was man Stil nennt. Katherine Mansfield schrieb nie einen Roman, bildete aber wohl gerade deshalb die viel bewunderten Mittel der Geschwindigkeit, Sparsamkeit oder gar Miniaturisierung und Klarheit aus[16].

→ Einschub: Unterbau 3: Veränderungen
Ich meine damit nicht die grundsätzliche, kreative Arbeit, welche dem Stoff eine Form gibt. Die Tätigkeit wäre überhaupt *ein Akt der Umformung*, genauer: ein Akt des *aus dem Ungeformten Schöpfen* (Ramuz). Es geht vielmehr um das sich in einer zweiten Stufe des Schöpferischen stattfindenden Entfaltens.
- ausprobieren: Haydns Frühwerk[17], literarische Versuche wie die «écriture automatique»

- Studium: Cézanne malt, aquarelliert zigmal den Mont St. Victoire, oft aus derselben Perspektive mit neuem Blick und neuer Umsetzung; Mehrfachfassungen auch wahrlich voluminöser Werke, etwa Tolstoi mit *Krieg und Frieden*, nach unterschiedlichen Zählungen bis zu 7 Fassungen; hier naheliegend Bruckner und seine Symphonien.

2.5. Zeiten des Zitats:

- Manierismus in der Poetik, in der bildenden Kunst siehe im Kunsthistorischen Museum im Saal „Rudolf II" etwa die *Liegende Venus* des Hofmalers Joseph Heintz[18].

- Barocke Deckengemälde: der Auftraggeber forderte den Wiederkennungseffekt.

2.6. Interpretation in der Kunst

Beispiel: das Porträt. Ich meine literarisch nicht die Bio- resp. Monographien im landläufigen Sinn, wenn dann die betont literarische Darstellung; berühmt Stefan Zweig etwa über Fouché, Erasmus oder Castellio. Oder dann die Fallstudien, Henry James bereits im seinem großen Erstling *Der Amerikaner*[19].

2.7. Übertragungen

Hierbei meine ich nicht die Veränderungen durch einen Kopisten, wie sie namentlich in den mittelalterlichen Texten häufig zu finden sind, sondern eigenständige Verarbeitungen.

- Bsp. Form: «abstrakt»: Haiku als strenge fremdsprachige, ja fremdkulturelle Form.

- Bsp. Inhalt: «konkret»: Übersetzung, Nachdichtung.

- Bsp. «Verfremdung», vornehm: Bearbeitungen: besonders deutlich in der Instrumentierung, etwa Dvoraks von Brahms *Ungarischen Tänzen*[20] oder umgekehrt die Klavierpart-Reduktionen durch Liszt[21]: Die Erkennbarkeit muss gewahrt bleiben – oder im Sinn der Variation auch Jazz.

2.8. Auseinandersetzung mit Tradition
vgl. Volks- (Grimm) / Kunstmärchen Andersen

2.9. Rolle der (eigenen) Korrektur
- Auch große Künstlermachten permanent und immer wieder Vor-Studien, auch «pentimenti»;
- Erstfassung nach Hemingway *Exkremente*[22], Schilderungen der Korrekturarbeit gibt es eingehend von Virginia Woolf. Es braucht keine Sentimentalität, also wohl eine gewisse Rationalität des Abstands, aber Spaß kann es ja trotzdem machen.

Aus der Thematik Veränderungen > Korrekturen > Entwicklung folgt

→ Unterbau 4: eigene oder nachträgliche Einordnung
- Erstling – heute schon verlagstechnisch immer wieder mal angegeben: Debütroman. Dann natürlich die Folge Frühwerk > Hauptwerk > Spätwerk: Entwicklung in der Regel nicht umkehrbar, siehe auch Werks-Bogen wie bei Mozart.
- Ausarbeitung – Fassungen / Entwicklungen: Arbeitsweise Goethes Gedichte als spontaner Einfall[23] versus Debussys penibler Detailarbeit während des Komponierens.

- Festlegungen: Thomas Mann erhielt den Nobelpreis 1929 für die *Buddenbrooks* und nicht, wie von ihm gewünscht, für den *Zauberberg*.[24]
- versus Brüche (Phasen); gerade in letzter Zeit Untersuchungen zur DDR und Ex-DDR, sei es individuell, etwa bei Christa Wolf, oder in einem allgemeinen Zusammenhang[25].

→ Fazit 1: Nichts ist voraussetzungslos: Kreativität keinesfalls im luftleeren Raum.

→ Ein 2. Fazit ist die Filterung durch den Schaffenden. Sie wird uns eingehend beschäftigen. Dazu als Illustration im Moment: Georges Braque, der völlig zu Unrecht im Schatten Picassos steht, sagt dezidiert: *Ich tue nicht, wie ich will, sondern wie ich kann.*

Damit also doch zum kreativen Prozess:

Es ist wohl nicht exakt festzumachen, wann und wie Kreativität einsetzt.

Bleiben wir bei dem uns nahe liegenden Schreiben. Im Grunde genommen – Ausnahmen bestätigen die Regel – bedarf ja jeder Text einer Anlage aus Wörtern in einigermaßen geregelter Anordnung, um eine verständliche Aussage machen zu können.

En parenthèse: Fontane sagt *Das Menschlichste, was wir haben, ist doch die Sprache*[26]; der bereits erwähnte Karl Popper sah gerade in den beschreibenden Sätzen jene schöpferische Kraft, die den Menschen von den Tieren unterscheidet.

Diese Anlage nun erfasst eine psychologisch-wissenschaftliche Fallstudie nicht anders wie die literarische Darstellung eines Falls, nochmals Henry James

Portrait of a Lady. Der Unterschied liegt im Fokus: Im 1. Beispiel liegt er auf dem Allgemeinen, Überindividuellen – gerne aber unscharf objektiv genannt – im 2. Beispiel auf der Figur, die als Person in sich stimmig sein muss – was dann mit subjektiv qualifiziert wird. Die Lady erwächst zum Leben, ohne real auf der Erde wandeln zu müssen. Dieses Leben ist eine Fiktion, und in dieser Fiktion liegt zweifellos das Maß der Gestaltungskraft, die der oder die Darstellende nutzt.

Er, sie erschafft: veni creator spiritus, schaffen, im Schweizerdeutschen noch oft gebraucht: «werken», auch wird das Wort: aus-bilden benutzt.

Dazu als Illustration: Waltraud Anna Mitgutsch: *[Man] konnte ihr nicht widersprechen (...), wenn sie schrieb: (...). Erst seit sie (...) davon berichten konnte, waren die Landschaft und die Stadt, in der sie lebte, wirklich geworden, als gäbe es keinen anderen Ansporn als Abwesenheit und Sehnsucht, um jenes heftige Begehren auszulösen, das ihr die Wirklichkeit verwandeln konnte in ein Bild, vollendet und unberührbar wie unter Glas und aufbewahrt, damit ein anderer es betrachte*[27]. Oder wie Virginia Woolf ganz unmittelbar berichtet: *Dann tauchten, wie immer bei mir, immer neue visuelle Impressionen auf*[28].

Diese Form einer unmittelbar schöpferischen Vorstellungskraft – in die man sich gerade bei dem «Bild» von Frau Mitgutsch und dann natürlich bei den «echten» Tableaus (Gemälden) relativ leicht mit Kopf und Gemüt einzufinden glaubt – gilt letztlich sogar bei der eigentlichen angeblich konkreten Wirklichkeitsnähe, die literarisch alles andere als eine Beschreibung sein sollte. Krimiautor Wolfgang Haas erklärte jüngst: *Was mich beim Schreiben am meisten interessiert, ist die Frage nach dem Realismus*[29]. Erinnern wir uns an Joseph Roth als einen anderen angeblichen Exponenten dieser Richtung[30]. Und lassen wir mit Ramuz noch ein wohl ausgesprochen romanisches Urteil zu Wort hinzukommen: *Die Erfindung liegt im Ton, in der Auswahl, im Bild, sie liegt im rhythmischen Aufbau des Satzes, nirgendwo anders*[31]. Wieder das Bild!

Wohl kaum von ungefähr wird diese kreative Vorstellungskraft – für die durchaus unsere Muse verantwortlich zeichnet – mit dem parallelen Bild der Imagination bezeichnet. Das geht ganz unmittelbar auch direkt, wie der einzige Schweizer Literatur-Nobelpreisträger von 1919, Carl Spitteler, 1906 in seinem Roman *Imago* ausführte, nachhaltig, weil auf die noch junge Disziplin der Tiefenpsychologie einwirkend: Zeitschrift «Imago» des Freud-Kreises 1912 unter direktem Bezug auf Spitteler und C.G. Jungs Interpretationen von Werken Spittelers.

Mit diesem Stichwort braucht es ein Dennoch: Eine wesentliche Differenz der musischen Kreativität zum weitläufig verwandten Phänomen des Spirituellen ergibt sich darin, dass dieses zwar auch ein eigenes Mitwirken verlangt, aber sich bewusst einer höheren Eingebung öffnet. Die viel zitierte Personifikation der Muse, die unmittelbar Einfluss auf die Schaffenden nimmt, ist diese Oberinstanz nicht: Es braucht sie eigentlich nur, weil es keine allgemeine höhere, gleichsam über uns schwebende Kreativität gibt.

Unsere hier im Fokus stehende Art der Kreativität, das ist noch festzuhalten, unterscheidet sich ebenfalls vom Geistesblitz, der auch den Wissenschaftlern zugänglich ist, dann – Stichwort Einstein – etwa in Form einer bislang noch nicht gestellten Frage, und mag sie noch so ambivalent in verschiedene Richtungen verweisen.

Vor dem Hintergrund bedarf es – leider? – doch gewisser Einschränkungen, wollen wir weiter vorankommen:

▪ Zum Begriff: Wenn ich fast wöchentlich beim Postbusfahrplan Linz-St. Florian über die mehr wie schwache Vernetzung mit den ÖBB-Linien schwarzsehe, dann fragt sich, was es für eine sinnvolle Verbesserung bräuchte: Intelligenz? gesunden Menschenverstand? oder gar einen Hauch von Kreativität? Wie dem auch sei, eine Feststellung braucht es: Die Vokabel «Kreativität» wird heute inflationär gebraucht wie vergleichbar „Intelligenz"[32]. Damit lehne ich die gängige Meinung ab, Kreativität bestehe bereits in jedem eigenen Dazutun innerhalb von allgemeinem Main-stream, der ja zumeist eigentliche normative Direktiven vorzeichnet. Denn dadurch würde sich Kreativität auf das Ausloten von etwas Individuellem beziehen – und dadurch gleichsam zu einem universellen Verhalten werden mit der Unmöglichkeit einer eigentlichen Definition.

Kreativität hat, wie mehrfach festgestellt, mit dem Rahmen zu tun. Und die Muse, das sei nochmals angemerkt, wirkt eben nur in diesem[33].

- Briefmarkensammeln ist ziemlich eingeengt, Modelleisenbahnbauen zu allergrößten Teilen auch: Es bleibt ein sehr begrenzter Spiel-Raum – demnach nicht ein gleiches, sondern bestenfalls ein verwandtes Phänomen.
- Schwieriger wird es definitorisch mit dem Basteln, mit den Garten- und mit textilen Hand-Arbeiten. Leider besteht die Tendenz zu immer mehr Vorgaben aus Heften, Fernsehen, Internet usw. usw. Interessierte bekommen zuhauf Tipps und Hinweise, Aufpass-Regeln und Mustervorlagen, kurzum m a r k a n t e Einschränkungen für das eigene Dazu-, Hinzu-Tun, wenn wir so wollen für die Gestaltungsweise.
- Aber was ist mit Töpfern, Ölmalen, Musizieren, mit Textildesign – siehe Novelle –, mit Schreiben? Wollte man hier ansetzen: Der Stoffumfang erwiese sich zweifellos als sich türmendes Gebirge, schlimmer: als wandernde Sanddünen. Gibt es eine definitorische Demarkationslinie?

Vielleicht bringt uns eine Beschränkung weiter, wenn wir es mit dem so genannten Kunsthandwerk versuchen, bei dem die Anwendung – man nenne sie Nutzen oder Inhalt – ein Kernbereich ist. Aber eben nur einer, neben den sich als maßgebliche, ja als gerade unerlässliche integrale Forderung die Form stellt: siehe die *Saliera* Celinis, dann die *arts & crafts* Bewegung in England, die Wiener Werkstätten usw. usw.

Der große wien-gebürtige englische Kunsthistoriker Ernst H. Gombrich sagt es verallgemeinernd: *Kunst liegt dann vor, wenn die Art und Weise der Ausführung ebenso wichtig oder wichtiger ist als die Funktion*[34].

Stichwort Kunst: Ich meine, wir sollten, wie dürfen heute Abend von einer Kreativität ausgehen, die im Erbringen, im Finden von etwas, das einen Werkcharakter trägt, steht und somit eine gewisse Kompetenz verlangt.

Anschluss-Frage: Sind es denn nicht gerade oft die Einschränkungen, die kreative Kräfte freisetzen: in der Architektur die Thematiken Grundstück, Statik, Nutzen; in den schönen Künsten die bildenden Mittel, in der Musik die eingeschränkte Tonauswahl, in der Literatur das, was man ganz gerne mit «Handwerk» benennt?

Oder, vice versa und etwas ungewöhnlich: Was könnten – wenn wir einmal von den technisch vorgegebenen Möglichkeiten der Nachbearbeitung in photo shop oder Ähnlichem absehen – guten Urlaubsfotos und den wahrhaft gekonnten Fotografien gemeinsam sein? Ihnen geht die Entdeckung voraus. Man könnte von der Offenheit für Sinnesreize sprechen, aber das bliebe mir doch zu sehr im Allgemeinen stecken. Auch der Hinweis auf eine vielleicht höhere oder entwickeltere Sensibilität – auch so ein Schlagwort – möchte ich doch genauer fassen: als die

▪ Suche nach Verstecktem, Geheimem, Besonderen in den Motiven, die Beobachtung, das unmittelbare

Fokussieren. Ja, Ramuz sagt ausdrücklich *Kunst, das heißt Auswahl.*

▪ Die Stufe 2 nach der Triage, wenn ich's salopp formulieren darf, ist, wiederum buchstäblich, die Perspektive, der Anblick, die Ansicht, der Durchblick. Erst jetzt meldet sich die Muse mit der Phantasie im Reichtum der Vorstellungskraft und in der Fähigkeit zur definitiven Selektion. Das heißt: d a n a c h folgt der Modus einer eigentlichen Gestaltung. Es mag in den Anleitungen, Bastelbüchern, Tippgebern um die Cleverness gehen, wie es in einem Titel lautet[35].

▪ Aber letztlich geht es, und das ist unendlich wichtig, um das Filtern durch die eigene Person, in d i e s e r Hinsicht um das Individuelle. Weshalb unsere Muse nicht allgemein wirkt, sondern nur auf jeden allein – trotz aller Austauschmöglichkeiten in Büchern und Gruppen, neudeutsch, mit Blick auf das Fachliche, in Communities.

▪ Aber das Ganze bedeutet ebenso: Wenn zwei das Gleiche tun, ist es noch lange nicht Dasselbe. Ist es also die mehr oder weniger gekonnte Sicht auf einen Gegenstand, eine Aufgabe, auf einen Inhalt, die mehr oder weniger gekonnte Behandlung?

Apropos Behandlung. Noch einmal Wolfgang Haas: *Ich mach mir schon ein Konzept, aber von dem bleibt wenig übrig.* Und die im vergangenen Sommer durch ihre Retrospektive in Krems in ihrem hohen Alter neu entdeckte Wiener Malerin, vor allem Aquarellistin Martha Jungwirth formuliert es folgendermaßen: *Ich habe ein bestimmtes Thema, und dann geschieht was. Es muss nicht immer was draus werden*[36].

Der Einfallsreichtum, der da und dort als verwandter Begriff, gar als ein Synonym für Kreativität gilt, kann demnach kein allein entscheidendes Kriterium darstellen.

Ist es also, noch einmal, eine Frage der Ab-Stufung, der Professionalität, des Besseren? Wie sagte – ein Leibspruch von mir angesichts gerade der künstlerischen Tendenzen der letzten Jahrzehnte – Max Liebermann zu Beginn des 20. Jh. nach wie vor so unübertreffbar: *Ich bin immer noch der Meinung, dass Kunst von Können kommt. Käme sie von Wollen, hieße sie Wulst*[37]. Dazu wieder etwas Aktuelles: Die am 13. September anlässlich des 10jährigen Landespatroziniums enthüllte Steinfigur des Heiligen in St. Florian dürfte trotz oder wegen ihrer traditionalistischen Formgebung zum wenig geliebten zweiten Fall Liebermanns gehören.

Vielleicht sollten wir – deshalb? – die Sache intellektueller angehen und mit Arnold Schönberg sagen, Kunst komme von *Müssen*? Nun gut, wenn wir dieses Thema vertiefen wollen, erlaube ich mir einen Seitensprung in die Ursprünge, in die Welt, welche die Muse beheimatet.

Wenn etwas geschieht: Was ist der Verursacher des Geschehens? Die Gehirnforschung – deren öffentlicher Boom sich offenbar wieder zu beruhigen scheint – hat einige Feststellungen zur mentalen

Grundhaltung gemacht[38]. Spannend wird es, wenn wir einige der Erkenntnisse mit unserem Thema verbinden.

▪ Zwei Pole lassen sich ausmachen: Verbundenheit einerseits sowie Freiheit resp. Autonomie, die bereits pränatal mit dem Lernen von Entwicklung verbunden ist. Zwar gelten die beiden Alternativen nicht absolut, wollen, sollen ins Gleichgewicht gebracht werden. Aber wenn es schon Entwicklung gibt, dann braucht es dafür etwas Bewegendes, nennen wir es einen Dünger: Dieser besteht in der Begeisterung des «Dranglauben-Könnens»– ich spüre die Muse!

▪ Also wirkt hier prominent die Neugier, wird das Suchen eine Grundessenz, sogar mit dem essentiellen Wunsch, über sich hinauszuwachsen. Damit mag im Spirituellen sogar die Transzendenz angesprochen sein. Aber wenn deutlich wird, dass ein sich auf den Weg machen nicht ausreicht, sondern unser Motor ein Ziel in Orientierungspunkten, ja Visionen benötigt: Dann, was heißt daraufhin liegt das eigene Schöpferische im Nachstreben quasi auf der Hand oder wenigstens in den Neurotransmittern und ist, das möchte ich betonen, keineswegs auf das Unbewusste beschränkt. Sodass uns konsequenterweise unsere Muse gleichsam an die Hand nimmt.

▪ Solche Evolutionskapazität scheint uns indessen bange zu machen. Denn dazu sagen die Forscher unüberhörbar: Unter Druck entsteht nichts Neues, weshalb ja auch die Muse gar nicht selten die dem Schaffen vorausgehende Muße verordnet.

▪ Und: um Ängstlichkeit zu vermeiden, greift unsere geistige Mobilität gerne auf Altes, Altbewährtes aber auch alte Muster zurück, was ja nicht unbedingt gleich eine Renaissance, eine karolingische, eine humanistische, eine stilretrospektive sein muss. Interessant: es fehlt bei den Forschern, zumindest expressis verbis, der Hinweis auf eine Auseinandersetzung mit sich selbst.

Wie hieß es in der Novelle: ein Prozess mit jeder Menge an Anregungen, Anreizen, Ermunterungen und Erfüllungen, Schöpfungen, Werken. Oder, wie der antike Volksmund meinte: *Vor den Erfolg haben die Götter den Schweiß gesetzt.*

Nun gut: *Von nichts kommt nichts*, sagt unser Volksmund. Deshalb heißt der Anfang zuerst einmal gar nicht so sehr das Erfinden, das allein im luftleeren Raum stehen bliebe, sondern das Erlernen, eine Aussage nachvollziehbar zu machen.

Zur Einstellung zu diesem – kreativen? – Lernen hole ich mir als Zeugen Goethe. Er schreibt am 17. September 1787 aus Verona: *Ich mache diese wunderbare Reise nicht, um mich selbst zu betriegen, sondern um mich an den Gegenständen kennen zu lernen […]. Es liegt in meiner Natur, das Große und Schöne willig und mit Freuden zu verehren, und diese Anlage an so herrlichen Gegenständen Tag für Tag, Stunde für Stunde auszubilden ist das seligste aller Gefühle.* Ach, inhaltlich wie schön und wie schön gesagt.

Und die Konsequenz bedeutet letztlich: *Es gibt gar keine Kunst* – denn diese stellt einen *Definitionsansatz gesellschaftlicher Natur* dar –, es gibt *nur die Künstler* (Ernst Gombrich). Also, etwas überspitzt: Es gibt keine Kreativität, es gibt nur die Kreativen – bei denen, siehe zuvor, die Filterung durch die jeweilige Person stattfindet. Deshalb lässt sich so enorm viel zum Erlernen des Könnens aus den Biografien und Künstlerviten[39] entnehmen. Wir wollen nicht auf Technisches en détail eingehen, sonst finden wir keinen Schluss mehr. Aber es geht zweifellos, ja unbedingt um die Beherrschung der Mittel für die Realisierung von dem, dem wir Form geben möchten, was wir ausdrücken möchten.

Für einigermaßen problematisch halte ich nun doch in seiner allzu häufigen generellen Benutzung den Begriff des Handwerks – auch wenn es auf der Website eines Schweizer Verlags unmissverständlich und wohl formuliert lautet: *Schreiben ist ein Handwerk wie das Dichten im Installationsbereich*[40]. Aber Sie erinnern sich an die Schwierigkeit mit dem Einordnen des Kunsthandwerks? Sagen wir es lieber wieder mit dem Volksmund: *Übung macht den Meister*, in den Worten Fontanes: *Die Talente sind oft gar nicht so ungleich, im Fleiß und im Charakter liegen die Unterschiede*[41].

Gerne stellt die Muse reichliches Material zur Verfügung: Aus den Lebensbeschreibungen erfahren wir denn – unabhängig von akademischen Übungen – viel vom Studium alter Meister resp. Vorbildern wie bei Michelangelo[42], vom Studium des Kontrapunkts wie bei Bruckner oder auch davon, dass Bachs Wohltemperiertes Klavier ein ewiges Lernmaterial von

Beethoven bis Keith Jarrett darstellt. Und Schriftsteller haben gelesen, gelesen und noch einmal gelesen[43].
Lernen heißt also ebenso: Das Unbewusste – ich erinnere an das Gehirn – ist gar nicht von vornherein die entscheidende Instanz, die der Kreativität die Wege öffnet. Neben den Stoff-«Eigenschaften» braucht es die Goethesche Hingabe – und innerhalb der von der Muse verordnete Muße das zurücktreten, das Innehalten, das bedenken Können.
Dabei gilt expressis verbis: es gibt keine 1.) voraussetzungslose Unschuld, und 2.) heißt die Methode letztlich try and error. Der Pessimist wird sagen: Immer nur Einschränkungen. Der Optimist oder besser der Realist meint: Wir stehen, sitzen nicht beziehungslos da, also gibt es immer etwas, an dem wir uns orientieren, vielleicht aufrichten können.
Ich merke am Rande an: Ich stelle mich noch einmal dezidiert gegen den namentlich deutsch gepflegten Zeitgeist. Natürlich gibt es und unübersehbar eine Wechselwirkung von dem Schaffen der Künstler und der gesellschaftlichen Rezeption, vielleicht gar der Erwartung, jedenfalls der Wahrnehmung. Da sind wir aber ziemlich im Bereich des zeitbedingten Geschmacks, der – ohne auf eine genauere Herleitung oder gar Definition eingehen zu können – seinen erheblichen Einfluss ausübt. Sagen wir besser und wohl genauer: die Zeit b i n d u n g, die nachweist, dass das Rad nicht immer wieder neu zu erfinden ist, und dass es das Mitspielen ebenso gibt wie das Aufbegehren –

ohne dass eben daraus gleich eine Gesetzmäßigkeit abgeleitet werden müsste.

Ein kurzer Blick in die Geschichte wäre vielleicht hilfreich, auf jenes Umfeld, das – ob es uns gefällt oder nicht – unsere Einfälle mitbestimmt, aus neuer, z w e i t e r Perspektive zu beleuchten:

▪ So stellt sich beispielsweise immer wieder neu und ganz elementar das Verhältnis von Theorie und Praxis, etwa in der Rolle der Akademien, Kunsthochschulen und damit des Akademismus.
- Das heißt nicht zuletzt Regelkonformität, Bsp. Rhetorik, Verslehre, Ästhetik seit Mitte 18. Jh.[44]. Daneben entstehen Parteien, Anhänger einer bestimmten Richtung, z. T. auch Schulen genannt, und Künstlerkreise bis zum Terrain des Wiener Cafés und eigentliche Künstlervereinigungen wie die, verschiedene Kunstsparten vereinigende Secession in Wien[45].
▪ Ebenso entsteht in bestimmten Regionen durch eine breite, auch durch eine breit geförderte Ausübung ein nahezu unendlicher Fundus, namentlich von Gruppen.
- Besonders markantes Beispiel: in der frühneuzeitlichen Musik etwa die Kunst Flanderns als Teil des altehrwürdigen «Zwischenreichs» Lothringens mit dem Überwinder der in der Komposition überbordenden Komplexität in Josquin des Prés mit einer gar nicht zu überschätzenden Wirkung auf den gesamten Kontinent, ohne den etwa selbst die angeblich endemische venezianische Musik undenkbar wäre.

- Im 18. Jh. war Böhmen das musikalische Reservoir schlechthin. Dies gilt für die subtile Behandlung des Orchesterklangs im Mannheim, für die Bläserharmonie, die mit ihren Klangfarben- und Rhythmuswechseln den jungen Haydn in ihren Bann zieht. Das gilt bereits für die nicht zählbare Zahl an hochgradigen Begabungen von Stamitz über Rossetti bis zu Kozeluch, der in seinem Bewerbungsschreiben an den Wiener Kaiserhof so in etwa «und im Übrigen bin ich auch Böhme» hinzufügt. Seit dem 19. Jh. auch zunehmend unter «nationalem» Vorzeichen …

▪ Es bleibt allerdings beim Blick zurück leider doch mit Blick auf die aktuelle Situation festzuhalten: Dass die Befähigung allenfalls ein angenehmer Nebenaspekt der Thematik ist, dazu brauchte es erst den heutigen, ganz eigenen Gesetzen folgenden Markt. Es stimmt *die alte Weisheit* einfach nicht mehr, *dass es bei Literatur nicht darauf ankommt, wovon sie handelt, sondern wie sie erzählt ist*[46]. Leider nein, auch wenn dann und wann Ausnahmen noch einmal die neuartigen Regeln bestätigen mögen.

▪ Sie wird aber von einem speziellen Problem konterkariert, das mit einem anderen gar nicht so neuen Marktaspekt verbunden ist: einmal etwas gefunden, immer in derselben Form.

- Wiederholung: Karl May und die Trivialliteratur.
- Auch Mode eines Stils, à la mode de: 1.) Nachahmung Stoff: Trendsetter Krimi mit austauschbarem Stoff, und wenn auch in historischem Gewand; 2.) Nachahmung Stil: vielleicht weniger in der Literatur –

dort allenfalls in Lyrik, Poetik – als in der bildenden Kunst.

- Nicht damit zu verwechseln: die eigentliche Auseinandersetzung; siehe etwa Tschaikowskis *Mozartiana*. Dazu ein nur scheinbares Seitenthema: Gute Dilettanten wie James Joyce oder Tania Blixen sind rar – und es wäre noch zu prüfen, inwieweit sie – unabhängig von ihrem Talent – zuvor anderswertige Erfahrungen in der Sparte ihrer Vervollkommnung gesammelt haben wie Fontane oder Joseph Roth im Reisejournalismus. Also arbeiten diese erfolgreichen Dilettanten alles andere als voraussetzungslos, selbst wenn sie eher dem gängigen Bild eines Kreativen entsprechen: mit der Sicht der Welt anders als nach den althergebrachten Strickmustern und einer dadurch weniger gebundenen Vorstellungskraft, die sich nur wenig der vielen eingefahrenen Geleise bedient. Aber jeder kommt irgendwo her.

Heutzutage stellt sich der Dilettantismus oft in einer anderen Weise. Viel zu viele Begabte meinen mit ein paar mehr oder weniger brauchbaren Hinweisen von Professionellen wie in den Schreibwerkstätten etwas Gehaltvolles fertig zu bringen. Zweifellos gibt es eine positive Folgeerscheinung: Die Muse muss sich nicht mehr häufig die Haare raufen, denn es ergibt sich nicht mehr überall nur Schwulst und Trivialitäten, Gepinsel, Hudigägeler, wie ein schöner, dementsprechender Musik-Ausdruck in der Schweiz lautet, sondern ein gewisses Grundniveau, wenn auch häufig recht schematisch-formelhaft. So schlägt sie Muse doch noch die Hände über dem Kopf zusammen: Echte, tiefe Qualität ist kaum noch ein wirklicher, ein wahrer Maßstab.

Und damit als Fortsetzung zurück zum Markt: Heute lässt sich alles veröffentlichen … mit dem eigenen Geld, ansonsten herrschen praktisch allein die heute vom Liberalismus vorgegebenen Gesetze vor.

Es stellt sich n i c h t die Frage, ob für den einzelnen sinnvoll: Denn das, was früher einmal Hobby hieß, erfüllt ja seinen persönlichen – ich betone: positiven – Zweck im den Kopf freimachen vom Alltäglichen, im einem sich immer intensiveren Beschäftigen mit einer Materie, im eigenen Dazutun und in gewisser Weise im sich Verwirklichen. Hier ist der Platz für Modelleisenbahn und Handarbeiten.

Vielmehr stellt sich die Frage der Relevanz für eine größere Gruppe, Gesellschaft etc. Es ist bei der Kreativität um den – leider? – m i t entscheidenden Aspekt der Bewertungsebenen nicht herum zu kommen.

Bleiben wir im Nicht-Kontroversiellen und wiederholen wir: Training gehört zweifellos für eine Kreativität, welche eine gewisse Kompetenz beansprucht, dazu. Theodor Fontane: *Courage ist gut, aber Ausdauer ist besser*[47]. Siehe, bereits angesprochen, die Thematik eines Lebenswerks in Stufen; nicht gleich also – und das ist, unabhängig von der Frische etwa von Jugendwerken oder Erstlingsromanen, eine höchst sinnreiche Einwirkung der Muse – ergibt sich so etwas wie

Perfektion, die sich ansonsten auf eng vorgegebene Vorgaben ausrichtete; vgl. dazu die Frage des Schachspiels.

Vielmehr: in der R e g e l beobachten wir ein Weiterwachsen. Ein wahrer Künstler weiß, dass er nie vollendet ist: Echte Kreativität bedarf also des gleichsam ewigen Weitermachens. Stagnation ist kein gültiges Kriterium, sagt unsere Muse, und dies sehr beharrlich.

Damit kehren wir ein drittes Mal zu den Rahmenbedingungen zurück. Es gibt Transport-Möglichkeiten, es gibt eine generelle Art der Hilfestellung, wenn wir so wollen: hierbei oft erheblich mehr als nur nützliche, sondern höchst notwendige Assistenten der Muse!

Ich lasse die Stimulantien wie Alkohol und Drogen einmal beiseite, es mag der Hinweis auf den mehrfach armen Friedrich Glauser, den bedeutenden Schweizer Krimiautor der 30er Jahre, genügen.

1. Förderer

▪ Mäzene wie der Hof Kaiser Rudolfs II; Sie erinnern sich an Heintz' Venus? oder Sammler, Essls Wert gerade jetzt in Diskussion; oder Kommittenten, heute fast allzu häufig Gesellschaftsvertreter: zu den „Erfolgen" siehe Kunst am Bau oder die genannte Figur des Hl. Florian, allerdings auch wichtige und gezielte Auftragswerke, gerade in der Musik;

▪ früher Verleger wie Fischer oder Suhrkamp;

▪ reiche Damen wie bei Tschaikowski, reiche Witwen wie Alma Mahler bei Werfel, heute auch übernommen durch die Promotion durch Verlage und/oder Literaturagenturen;

▪ Professoren an den Kunstschulen, gerade auch Instrumentallehrer, die offenbar in keiner Musikerbiografie und damit in keinem Konzertbeiheft fehlen dürfen; in diesem Zusammenhang heute an vorderster Front die Netzwerke; ▪ Kollegen wie Telemann für Bach, Hans Weigel bei Marlen Haushofer oder Ilse Aichinger[48].

2. Kritiker

▪ Berühmt-berüchtigtes Beispiel aus Wien der Fall Hanslick: Fehlte ihm wirklich die Zugänglichkeit zu Bruckner? oder stand hinter der einseitigen Bevorzugung Brahms' doch sozusagen eine Geschmacksbildung gesellschaftlicher Natur?

▪ Bsp. Fernsehen: Je bekannter umso stärker eingebunden in den Markt und die dort Auftretenden auf den eigenen Ruf bedacht. So kann sich eine Sekundär-Darstellung mit eigenen Gesetzen entwickeln bis zur Selbstverliebtheit[49]. Apropos Selbstdarstellung: Ich nehme an, Arnulfs Rainers Selbsttitulatur als *Bildflüsterer* wird wohl bald von literarischer Seite Nachahmer finden …

▪ Bsp. Artgenossen: Ein Verlag schrieb an mich, *wir erhalten Besprechungen, die nur Lobhudeleien oder neutrales Geschwätz sind, die wir dann ablehnen müssen. Wir sind froh, kritische Bewertungen zu erhalten.* Im Österr. Schriftsteller/innenverband: in den Rezensionen kein Mitglieder-Verriss, aber doch konstruktive Kritik. Was positive Kritik kann, erwies sich bei Virginia Woolf, die nach längerem Gespräch mit Katherine Mansfield die Struktur ihrer Werke radikal von der Tradition löste und nicht zuletzt dadurch zu einer ganz eigenen und wirkungsmächtigen Form des «Inneren Monologs» kam.

▪ Demgegenüber sehe ich die meisten Wettbewerbe heutzutage als eher kontraproduktiv, letzter Ingeborg-Bachmann-Preis demaskierte sich regerecht, Biennale «Floriana» mehr selbstgefällige Inszenierung der Veranstalter als literarisches Ereignis.

Nach dem Gesagten als Exkurs notwendig: die wechselnden gesellschaftlichen Bedingungen: Wir könnten – nach Lernen, Hilfestellung – auch formulieren: In der Ein-Wirkung weniger von Assistenten jedoch von Wegbereitern unserer Muse. Dabei spielt der Faktor «Zeit» eine ganz erhebliche Rolle

1. Gesellschaft

▪ Bsp. Frauen: Im 19. Jh. Fanny Mendelssohn Hensel nur unter dem Brudernamen publizierend, dann aber Cécile Chaminade als wesentliche Figur des Pariser Musiklebens. Oder: Tania Blixen zuerst als Isak Dinesen firmierend → Das führte zum ganz eigenen Thema der Pseudonyme!

▪ Bsp. Akademien: Frankreich Richelieus mit Sprachvorgaben und anderem mehr;

▪ Bsp. Individuum; Problem des „Freiwerdens" am Anfang 19. Jh.: früher Tod von Büchner, Shelley, Keats, Byron; Psychose bei Lenz, Drake.

- Migration = Modewort. Bsp. Wien als kultureller melting pot der Habsburgermonarchie: höchste Qualifizierung im Spannungsfeld von Wurzeln versus Assimilation. Ein weiterer Aspekt das Leben in zwei Welten: etwa das „schwarze" Amerika, die zwei Sprachen bei dem bedeutenden Elsässer René Schickele. Heutzutage in der gesellschaftlichen Diskussion die darin liegende enorme Chance leider oft übersehen oder wenigstens an den Rand gedrückt.

2. Gebundenheit

- Bsp. Ruf: Fragestellung Gruppen wie «jüdisch» oder «russisch» mit aller Problematik einer oberflächlichen Simplifizierung; aber auch die genannte Selbstbezeichnung Kozeluchs;
- Normativität: erhebliche Relativität für die Traufhöhe der Bürgerhäuser im Spätmittelalter oder für Anlagen im Barock[50] versus der strengeren, ja, immer restriktiveren Festlegungen im 19. und vor allem im 20./21. Jh. – siehe die dementsprechenden oft höchst intensiven Diskussionen in den dementsprechenden Fachkreisen auf den verschiedensten Ebenen von Bundesland, Land, EU usw.;
- Mittel /Materialien: etwa die „Neuerfindung" des Porzellans in Dresden; die zu anderen Lösungen führenden Techniken des 19. Jh. beim Webstuhl, in der Stahlherstellung – das Palmenhaus Schönbrunn ist bereits aus dieser Sicht in etwa datierbar – oder beim Betonverfahren;
- Wertschätzung: Ich erinnere beispielhaft an das Kunsthandwerk. Die geänderte Sicht führte in

London zum weltbedeutenden Victoria & Albert-Museum; in Wien zum Museum für Angewandte Kunst – bis hin zu kulturwissenschaftlichen Auswirkungen in Alois Riegls berühmter und die Sichtweise ganzer Forschergenerationen beeinflussender *Spätrömischer Kunstindustrie* 1901. Hinter der Entwicklung steht also – auch – ein neues Geschichtsverständnis; sowie insbesondere und zeitlich an Wichtigkeit zunehmend der Zeugnischarakter, nicht zuletzt in der regionalen Ausrichtung bei den sog. National- oder Landesmuseen[51].

3. Stilistik und Thematik

▪ Bsp. herrschende Stile und Gegenwirkungen bis hin zum Innovationszwang;

▪ Bsp. herrschende literarische Thematiken, dabei Schwimmen auf der Welle (wie Werfel);

▪ Meinungsführer, berühmtes Bsp. Joh. Joachim Winckelmann für eine mitteleuropäische Änderung einer Kultureinstellung um 1780: *Edle Einfalt, stille Größe* und die «weiße Antike».

4. Bewertung

Nicht nur im Rückblick, sondern zum Teil bereits wieder mehr oder weniger aktuell empfunden der Ansatz der Lösung:

▪ Frage der n e u artigen Lösung: Bsp. Büchner;

▪ Frage der (mehr oder minder) e r s t maligen Lösung: Beispiele Zwölftonmusik / Braques Nagel im Bild / James Joyce *Ulysses*;

▪ Frage der e i n maligen persönlichen Lösung: Bsp. Shakespeare;

▪ Experiment: Das Argument gilt nur bedingt, bleibt also durchaus ambivalent, weil nicht zwingend weiter führend wie bei Virginia Woolfs bereits erwähntem «Inneren Monolog», sondern ebenfalls kurzfristig-in sich verhaftet: Bsp. Arno Schmidts Etym-Theorie als Sprache des Unbewussten bis hin zur formalen Zwei- oder gar Drei-Spaltigkeit (in *Zettel's Traum*);

▪ Neu geschätzt: Zeitgenössisch Ende 18. Jh. das neue Sammelgut der Skizzen; das Schätzen eines «Non fi- nito», Beispiele Michelangelos *Pietà Rondanini*, dann auch «Torso» genannt –, oder Schuberts *Unvollendete*.

Das Ganze läuft wohl – auch – auf die Frage des Be- stands hinaus: Was bleibt? Gibt es so etwas wie eine Bedeutungs-Mitgabe?

Ich schlage eine, vielleicht nach all dem Gesagten nicht mehr von vornherein allzu konservativ anmu- tende Definition vor. Der Schweizer Kulturhistoriker Carl Jakob Burckhardt formuliert sie in der Mitte des 20. Jh. in Übereinstimmung mit zahlreichen Zeitge- nossen folgendermaßen: *Alle Künste haben ihren Zeitstil. Es bleibt aber immer beim wirklichen Kunstwerk etwas übrig, das völlig frei ist von Konvention. Dieses Etwas ist das Ent- scheidende. Es verleiht dem Werke die Dauer*[52].

Etwas frech würde ich jetzt «Künste» ersetzen durch «kreative Erzeugnisse von Gewicht»; und das Abso- lute des Zitat-Anspruchs zurücknehmen, indem ich «Dauer» durch «Gültigkeit» austausche. Indessen bleibt «Das gewisse Etwas», das eben doch, eben auch ein gewisses Mehr ist.

Ich meine, ich konnte darstellen, dass diese Frage sich weit weniger – als man gemeinhin meint – aus der Eigen-Wirkung und aus dem Selbstverständnis erklären lässt als aus den eben von außen kommenden Einwirkungen der Muse, sprich: aus den Gegebenheiten, ja Voraussetzungen eines Lebens-Rahmens – welcher im Übrigen bis zur posthumen Wiederentdeckung gehen könne, als berühmtes «Wiener» und dem Sitz des Österr. Schriftsteller/innenverbands buchstäblich naheliegendes Bsp. Schuberts durch Schumann.

Versuchen wir eine Art doppelte Zusammenfassung, welche die enorme Fülle ein wenig ordnet. Lässt sich eine Grenze zwischen dem «Noch nicht» und dem «Doch, wahrhaft gelungen» wenigstens versuchsweise einfangen? Eine Orientierung bietet die sich leider immer stärker verlierende Vorgangsweise des «klassischen» Journalismus mit den 6 Ws: wer, wo, wie, was, wann, warum.

W a s – 1. Was löst Kreativität aus?

- Inspiration ist gleichsam nur der erste – sowohl individuelle wie allseitig-umfassende – Ansatz mit vielfältigen und unterschiedlich tief gründenden Wurzeln.

- Das kann die eigene Suche sein, ebenso wie eine vorgegebene Thematik, die ja Themenhefte und meist Wettbewerbe dominiert.

- Das können Einschränkungen sein in den Auftrags-Definitionen, in der Literaturszene die Zeichen-Beschränkung oder umgekehrt die heute offenbar unumgängliche Dicke der „Romane" ... die in der Folge meist mindestens ein Drittel zu lang werden. Das Sinnbild der Muse deutet vielmehr auf das, was daraus folgt, genauer: was bewirkt wird: Etwas zum Ausdruck bringen. Dieses Etwas besteht – im weitesten Sinn verstanden – aus Inhalt.

W i e – 2. «Einfall» und Umsetzung

– Die Basis ist die Vorstellungskraft, sich ein Bild zu machen. Wir sollten uns, am Rande, daran erinnern, wie – nur etymologisch? – daran der Begriff der Bildung festzumachen ist.

– Wir sprachen ebenso von der Haltung, wenn nicht der Aufgabe, den Stoff zu finden. Stichworte könnten hier sein: Sammeln des Materials; Beobachten; Denken? zumindest in der erweiterten Form des Nachdenkens, Konzipierens usw.

– Als Ziel ließe sich einerseits die Formgebung, andererseits die Ausarbeitung, wenn nicht Fertigstellung formulieren[53].

– Ebenso stellt sich der Aspekt des W e r ein: Denn hinter der Ausführung steht oder stand wenigstens bis zum Zeitalter der Reproduzierbarkeit – wohl zuerst entscheidend bei Walter Benjamin diskutiert – ein Verlangen u n d – siehe «Wulst» – ebenso Übung und Können. Das führt folgerichtig zum

W i e – 3. in einem weiteren Zusammenhang:

– Dazu erwähne ich die eingangs erwähnte «Theorie der Unsichtbaren Hand»; gegen sie spricht eindrücklich und für mich überzeugend die folgende These nach EH Gombrich / CJ Burckhardt: Was geschaffen ist, lässt sich erst – richtig – verstehen, n a c h d e m es entstanden ist.

4. Hieraus ergibt sich der Ansatz zur/der Interpretation: Das Werk für sich u n d die Einflüsse, zeitgenössisch und in der Rezeption. Damit kommen wir unvermeidlich zum W a n n – Sie erinnern sich an unsere verschiedenen Exkursionen in die Geschichte – und neuerlich zum Wer.

W e r – 5. Grundsätzliche Fähigkeiten
Maßgeblich ist das Können, nicht gerade gleichbedeutend mit der zitierten Cleverness, sondern im Spannungsfeld von Lernen u n d Vorankommen. Wir diskutierten bereits die «Entwicklung», nicht zuletzt im sich Entwickeln begründet.

6. Aus obiger These und Interpretationsfrage resultiert zweitens ein Warum, besser in unserem Zusammenhang des W o h i n – nicht zuletzt in der Frage des cui bono:

▪ Der Einzelne, die Person, das Individuum mit der Polarität von

1.) für sich: Stichworte etwa Können, Nie fertig werden etc., Selbstverwirklichung etc.; und

2.) für andere: Stichwort Aufgabe etc.

▪ Die Anderen: Stichworte Rolle der Wahrnehmung und ihre Bedingtheit; Feststellung der Art und Weise der Ausführung versus Funktion; zur Erinnerung *Keine Kunst nur Künstler*. Das führt zum

▪ Was bleibt: Das Werk als gesamtes, als differenzierte Sammlung der Opera, als Pool mit herausragenden Einzelstücken; Neu-/ Wiederentdeckung[54], damit und eigentlich am Rande als Feststellen von «Qualität»!

So bemühe ich mich – in einer letzten Goetheschen Spiralschleife – doch noch festzuhalten, was im individuellen Einzelfall hinter der Kreativität steht, respektive, worauf die individuelle Kreativität zielt.

▪ Selbstverwirklichung.

Wenn schon heuer sein 75ster Todesgedenktag ansteht, dann darf Sigmund Freud zu Wort kommen. Gemäß ihm ist *Glück* immerhin *die Erfüllung eines Kinderwunschs. Die Welt gehört mir.*

- Fähigkeiten / Voraussetzungen: Maß – heißt wohl in letzter Konsequenz auch im Einzelfall aufhören können[55]. In einer erweiterten Folge kämen Fähigkeiten wie Überzeugung, sich treu bleiben – als Antiagens zur Anpassung? – zum Tragen.

- Eigenschaften: Verlangen, das Spüren einer Aufgabe, was häufig – allzu häufig? – Organisation und/oder Disziplin impliziert, zumal wenn mit dem Ausüben der Kreativität kein Broterwerb verbunden ist. Allerdings gibt es manchmal ebenfalls Missionare.

▪ Entwicklung / neudeutsch work in progress / im Einzelnen und im gesamten Werk; *Der Künstler kann niemals sein, er muss werden;* so unübertrefflich direkt Ramuz.

- Fähigkeiten, Voraussetzungen: indirekt *Ist Kunst auch Arbeit?* im diesjährigen «Reibeisen»[56].

- Eigenschaften: Talent, Fleiß, Charakter, auch Ehrgeiz, Empfindsamkeit. Aber eine wichtige

Einschränkung: *Man verbessert sich nur in Bezug auf etwas*, wieder Ramuz.

▪ Intention / innere Werkgerechtigkeit

- Fähigkeiten, Voraussetzungen: Kommunikation, etwas zum Ausdruck bringen, die Basis bildet Inspiration, Kreativität als Schöpfung in der Realisation und die Fantasie: immer gleich? Projektion? Kommunikation. Weiteres Stichwort ist die „Vorstellung" im Spannungsfeld – versus? – Interpretation, damit allgemein vielleicht: Suche nach Identität.

- Eigenschaften: Ethos, Pathos, jedenfalls wohl ein richtig verstandener Ernst, wenigstens ein gewisser Enthusiasmus; Katherine Mansfield etwa sagt ausdrücklich: *Was* (D. H.) *Lawrence zum Schriftsteller macht, ist seine Leidenschaft*[57].

Ob es mehr wird, etwa Feuer, Inbrunst oder gar Erregung oder gar Rausch – das ist zum einen eher individuell, zum anderen auch den zeitbedingten Umständen geschuldet, Umstände, die heutzutage eher zu Fatalismus wenn nicht Defaitismus führen dürften.

Und wieder eine Einschränkung: *Was Regeln angeht, so glaube ich nur an die Erfahrung; sie werden langsam erworben,* so Ramuz.

▪ Transport, Anerkennung

- Zunächst Selbstdarstellung; Hermann Bahr *In der Kunst muss man ja von sich sprechen* – lässt sich so oder so deuten. Hundertwasser: *... dass der Erfolg und das Glück eines Unternehmens ein Nebenprodukt der Kreativität ist. Ohne Kunst geht gar nichts*[58].

- Eine besondere Thematik ergibt sich in den Verviel-
fältigungs-Medien, nicht zuletzt heutzutage die Eigen-
Websites. Als Anmerkung darf der Blick auf die nicht
unproblematischen und manchmal geradezu überbordenden Eigenerklärungen namentlich der arrivier-
ten Schriftsteller[59] gelten.

- Eine Selbstbespiegelung lässt sich immerhin auch als
ernsthaft feststellen, j e t z t als Auseinandersetzung
mit sich selbst, man denke an Tagebücher und Briefe,
für beides namhaft bei der schon oft erwähnte Virginia Woolf.

Somit müsste als aus den letzten Feststellungen fol-
gender – folgerichtiger? – Abschluss zuallerletzt eigentlich ein Ausblick auf das Heute bilden. Aber für
eine solche Darstellung fehlt mir die Courage; die Mischung aus Pessimismus und Fatalismus überwiegt.

Denn die bereits gestellte Frage des cui bono platziert
sich heutzutage zwischen die Pole eines Gehorchens
liberalen marktwirtschaftlichen Argumentationsket-
ten, die man uns als Gesetze vorsetzt, und mehr und
mehr überhand nehmenden Selbstmarketings. Liegt
in beidem ein verdeckter Kern des Goetheschen
Geistes, der stets verneint?[60]

Das mag man so sehen können, wenn man aufatmend
mitbekommt, dass die wirtschaftlichen Zwänge als
eben das, als zwanghaft, mit zunehmender globaler
Stärke und Schärfe hinterfragt werden. Und wenn
man sich bei der Überfülle der allein bereits im literarischen Leben herum gebotenen Stars und Sternchen

der kurzlebigen Relativität des Aktuellen erfahrungsgemäß bewusst werden darf und muss. Und auch das dritte Dauerthema, die öffentliche und halböffentliche Groß-Förderung als Eventismus, Popularismus und Regionalismus mit dementsprechend angefeuerten Abhängigkeiten ganz unterschiedlicher Natur wird sich auch nicht ewig in der Primärgunst halten können. Aus gutem Grund also vermied ich heute Abend die Konnexion von Kreativität und «Kultur».

Was bleibt? Was wird bleiben?

Mit einem Seufzer verweise ich, über das «gewisse Etwas» hinaus auf den niemals ganz zu entwürdigenden, und damit tröstlichen Gesichtspunkt der Qualität. Denn für die Qualität gibt es – sagt mir mein bald 50jähriges Kunsthistorikerleben – wahrhaft gültige Kriterien[61]. Und vielleicht hätte ich den Vortrag ganz anders abfassen müssen und mit diesem Aspekt, mit dem Aspekt als Kernfrage f ü r eine weiterwirkende Kreativität, nicht nur enden, sondern beginnen müssen und ihn als roten Faden durch den Abend ziehen lassen. Vielleicht – aber jetzt ist es zu spät …

1 Der Vortrag wurde anhand von Notizen zu erheblichen Teilen frei gehalten. In der schriftlichen Fassung – in «Literarisches Österreich» 2015/1 – versuche ich weder, den gesprochenen Charakter zu leugnen, noch alles und jedes auszuformulieren – gerade letzteres mag ebenso wie die dem Vortrag gerecht werdenden und verbleibenden Wiederholungen der Übersichtlichkeit der Argumentation zugutekommen. Zitate sind kursiv wiedergegeben. Einzelne „vorbereitete" Zitate und Ergänzungen wurden mit Blick auf die Vortragszeit fort gelassen, sind aber in den Anmerkungen zum Teil beibehalten worden.

2 Martin Stankowski «Milena», zwischenzeitlich erschienen in: Vom Ganzen des Glücks Eine dritte Partie, united p.c. Verlag, Neckenmarkt 2019, S. 284ff

3 S. auch „Michelangelo", Flyer von Elisabeth Schawerda auf der Website des OeSV 2014.

4 … und bis heute gar nicht wenige Mitglieder unseres OesV-Verbands!

5 zitiert nach www.goodreads.com/…/17623.D_H_Lawrence: *Trust the tale, not the teller.*

6 1951 Neuauflage 2000 Zürich Manesse. Im Unterschied dazu 2 Jahre zuvor Thornton Wilder *Die Iden des März*, in seinen eigenen Worten eine *Fantasie über bestimmte Ereignisse und Personen.*

7 Zitiert. aus: I. und W. Jens: Katias Mutter. Das außerordentliche Leben der Hedwig Pringsheim, Reinbek 2005.

8 Zitate aus: Jede Freundschaft mit mir ist verderblich, Joseph Roth und Stefan Zweig, Briefwechsel 1927-1938, Göttingen 2011.

9 Ein weiteres, hier buchstäblich naheliegendes Bsp. die Wiener Werkstätten 1912: Material als Basis der Formgerechtigkeit.

10 Wiederum naheliegend der Wiener Wohnungsbau 1920er / 1930er Jahre.

11 Kritiker benannten ihn sogar als *Archäologe*(n) *der Erinnerung.*

12 Nach „Richard Strauss", Flyer von Werner Pelinka Website ÖSV 2014.

13 Alle Zitate von Ramuz aus dessen Tagebüchern 1896-1947, Frauenfeld 1972, passim.

14 siehe auch Mozart / del Ponte; dann bleibt die Frage von Mozarts Mitwirkung bei Schikaneders Zauberflötentext.

15 Noch Voltaires Candide (1759, dt. 1776), dann nachfolgend im 20. Jh. Leonardo Sciascia, Candido, ovvero un fatto in Sicilia 1977, dt. 1981.

6 Zu K.M. die Zitate vor allem aus Claire Tomalin, Katherine Mansfield, Suhrkamp TB 2336, 1994, passim.

17 Insbesondere in der Zeit beim Grafen Morzin mit Cassationen, Divertimenti und den ersten Symphonien.

18 Die eigentlichen inhaltlichen Aussagen liegen dort, wo H. gemäß den italienischen Vorbildern „falsch" ist.

19 In der Musik „Personen" Elgar Enigma Variationen, „Landschaftsmalerei" Mendelssohn Hebriden; auch natürlich Entwicklung des Porträts in der Malerei Unterschiede etwa zum Typus im 16. Jh. / Goya / Picasso u.v.m.

20 Tänze 17-21, bereits im Jahr des Erscheinens von Brahms Original 1880.

21 Zweimal Liszt: a.) Instrumentierungen seiner Werke durch Joh. Joachim Raff, b.) er selber als Verfasser der Klavierfassungen zahlreicher Instrumentalwerke; „Übersetzungen" etwa auch durch die Harmoniemusik in den Straßen Wiens des ausgehenden 18. Jh.

22 Heminway sagte auch zur Erstfassung: *dass man sie zu Ende bringt, ist alles, was zählt.* Beide Hemingway-Zitate aus: Alexander Steele, Creative Writing, dt. Berlin 2004, 10. Kapitel (Peter Selgin) S. 272.

23 So von ihm in Dichtung und Wahrheit geschildert.

24 Max Bruch litt darunter, dass stets er immer „nur" mit seinem Violinkonzert in Verbindung gebracht wurde.

25 Z.B. Edward Bialek et al. Hrsg. *Dt. Literatur nach dem Mauerfall*, Dresden 2012.

26 in Unwiederbringlich.

27 In fremden Städten 1992, S. 226

28 Zitat aus Claire Tomalin, Katherine Mansfield (a.a.O.), S. 288

29 Interview Falter 35/ 2014; siehe auch Theodor Fontane in *Jenny Treibel: Das Poetische hat immer recht, es wächst weit über das Historische hinaus.*

30 Siehe auch Fontane: *Realismus ist die künstlerische Wiedergabe des Lebens.* Aus dem Entwurf zu einem Aufsatz über Emile Zola.

31 Daniel de Roulet, in: Nach der Schweiz. 27 Porträts zur Metamorphose eines Nationalgefühls, ZH Limmat 2009 macht (S. 64, 65) mit eingehenden Worten allerdings auf die spezifische Rolle der Sprache bei Ramuz aufmerksam: Als *zentral wünscht sich Ramuz auch seine Sprache (…) Als er sie dann beherrscht, versucht er, diese Erfindung als Rückkehr zu den Ursprüngen anzugeben (…) seine Erfindung der volkstümlichen Sprache (…) Diese Redeweise aber ist nur ein Stil, und der verrät Ramuz (…).*

32 Zur Intelligenz s. aktuell die kritischen Kommentare bei der jüngsten Verleihung des Friedenspreises des Dt. Buchhandels durch Jaron Lanier.

33 Wir brauchen hier nicht unbedingt gleich an Vorlagen etwa einer Schreibwerkstatt zu denken, denn gibt nicht das Material, hier die Sprache, bereits zuhauf Vorgaben? Bedarf es nicht – wenigstens in der Regel, wenn ich also nicht ein reines l'art pour l'art inszeniere – bei allen diesen meinen Übungen der Verständlichkeit? Und was sind die Voraussetzungen dafür, dass ein anderer meine Äußerungen begreift?

34 EHG, Die Kunst, Bilder zum Sprechen zu bringen, 1991, dt. 1993.

35 Anselm Wunderer, Clever fotografieren, 2011.

36 Falter 29 / 2014.

37 In einem Brief an den Kunsthistoriker Max Lehrs von 1921. Zuvor äußerte er sich weniger scharf (in: Die Phantasie in der Malerei; Berlin

4. Aufl. 1916: *Die Kunst kommt von Können, welche das Wollen (...) als Trieb einschließt*.

38 Ich folge hier Göttinger Forschern, gemäß einer Sendung „Perspektiven" der SRG / Radio DRS 2 vom 22.1.2012.

39 siehe auch unten Anm. 51.

40 Libelle Verlag.

41 zitiert nach www.zitate.woxikon.de/autoren/theodor-fontane.

42 Noch einmal Liebermann (a.a.O.) *Ein jeder Meister steht auf den Schultern seiner Vorgänger.*

43 Ilse Aichinger dezidiert und gewollt einseitig *Schreiben halte ich für unnötig in den meisten Fällen. Lesen wäre wichtig (...)* a.a.O. S. 221.

44 Wie der berühmte Streit der Rubenistes und der Poussinistes über den richtigen Aufbau des Bilds. Die Reglementierung ergriff weite Bereiche, etwa bis hin zur Bauflucht auch in entlegenen Landstädten.

45 Bis hin zur, Ungewohntes als pressure group voranbringenden Gruppe Braque/Juan Gris/Picasso mit dem nur approximativ geltenden Stichwort des Kubismus.

46 Zitat aus Rez. K. Breitfellners von M. DiNaye, Ladivine, Falter 31/2014

Ilse Aichinger sagt sogar dezidiert: *Ich sehe darin* (im Literaturbetrieb) *einen Widerspruch zur Literatur*, in: I.A., Es muss gar nichts bleiben, Interviews, Wien 2011, S. 75

47 In Fontanes Der Stechlin.

48 Man muss ja nicht so weit gehen wie im Film *Goethe* 2010 mit der hilfreichen Rolle Charlotte Buffs im Zusammenhang mit Goethes Werther-Publikation.

49 Man darf wohl doch unter anderen an Helmut Karasek denken ...

50 zur Situation in Frankreich vgl. Anm. 44.

51 Selbstverständlich gibt es solchen Wandel auch zu früheren Zeiten; als Beispiel: Nicht zuletzt durch die Künstlerviten (Paolo Pino [Dialogo di pittura] 1545, vor allem aber bekannt Vasari 1550) setzt sich definitiv gesamt-gesellschaftlich die Meinung durch, dass Malerei und Skulptur/Plastik zu den *artes liberales* gehören.

52 CJB Der Sammler, in Gesammelte Werke Bd. 2, p. 202. Zu den Zeitgenossen: Etwa noch 2009 Jean Rousset, (Jahrgang 1910), Genf *Ja, sollte ein Autor zufällig aus irgendeinem merkwürdigen Grunde sterben, so braucht er, als Schriftsteller, sich keine Sorgen zu machen, denn seine Bücher leben* (zu Marguerite Duras). Zitiert nach Daniel de Roulet, Nach der Schweiz. 27 (!) Porträts zur Metamorphose eines Nationalgefühls, ZH Limmat 2009.

53 Der Gesichtspunkt, inwieweit sich im Non finito ein künstlerischer und nicht zuletzt gesellschaftlich mitbedingter Aspekt äußert, kann hier nicht weiterverfolgt werden.

54 Und wenn wir selber nicht mit einem uns aufstöbernden Schumann rechnen können, so vielleicht, ganz vielleicht, dass wenigstens posthum in einer Schublade heutzutage ein vergessener USB-Stick auftaucht …

55 und noch einmal das Non finito.

56 Interview mit einer Konzertpianistin.

57 Tomalin a.a.O., S. 312.

58 Zit. nach Agnes Essl, Wie ein gewebter Teppich, S. 193.

59 Unter vielen etwa Martin Walser oder Michael Köhlmeier.

60 Ilse Aichinger sagt pointiert: *Ich glaube, dass es der Literatur schadet, wenn man ununterbrochen schreibt, um den Markt regelmässig zu bedienen* (a.a.O., S. 77).

61 Ilse Aichinger zur Literatur: *Literatur ist, wenn sie gut ist, zu wenig primitiv. Die wichtigste Waffe der Literatur ist immer ihre Sprache.* (a.a.O. S. 104). Ist das tröstlich?

Wissenschaft + Sprache

Um, im Sinn dieser Rubrik[1] eine weiterführende Diskussion anzustoßen, möchte ich die mengenmäßig geradezu überbordende Thematik, wie es auch dem Versuchs-Charakter des Essays eignet, ein wenig offensiv auf den Punkt bringen. Dass dabei aufgrund meiner eigenen kunstwissenschaftlichen (also nicht linguistischen) Bildung und mit Blick auf die Veröffentlichung unter der Ägide des Schriftstellerischen im praxisorientierten Teil ein Schwerpunkt auf dementsprechenden Beispielen liegt, ist sicher nachvollziehbar …

1 Allgemeines («Theorie»)

1.1 Unumgänglich bleibt für einen Start der Einblick in die Sprachwissenschaft (mit der nicht die Philologie gemeint ist). Sie definiert die Sprache als das mündliche und schriftliche Mittel zu Ausdruck und Austausch von Gedanken und Informationen, sowie zur Tradierung von Erfahrung und Wissen – als die selektiv argumentative Beschreibung eines Sachverhalts, wie zwingend hinzuzufügen scheint. Mit ihrem weiten inhaltlichen Horizont entspricht Sprache einer offenen Kommunikationsform, die mit Blick auf die unumgängliche Verständlichkeit gleichwohl einer gewissen, einen Konsens voraussetzenden und implementierenden Normierung und Strukturierung bedarf. Gleichsam aus der Vogelperspektive finden wir eine Darstellungsweise, welche (mittels Begriffen) abstrahiert, (in Beschreibung & Vergleich) kreativ vorgeht und (in Zuordnungen) reflektiert. Im eigentlichen Vollzug lassen sich funktionale also Kompositions-Merkmale ausmachen – -vorschriften gar für literarische Texte, etwa in Bezug auf Ordnung, Gliederung oder Treffsicherheit –, was (wie in Nelson Goodmans Objekt-Zeichen-Verknüpfung) alles dann, deutsch formuliert, *kognitionspsychologisch* deutbar wird … Umgekehrt verbleibt für den/die einzelne (im *Ideolekt*) und nachgerade für die Gruppe/n, – heute neudeutsch Communities – (im *Soziolekt*, differenziert im regionalen *Dialekt*) eine stets sich weitendes Differenzierungspotential. Eine/die damit verbundene evolutive Leistungsfähigkeit lässt sich leicht und lebendig in der geschichtlichen Entwicklung nachvollziehen, etwa wenn sich, im Unterschied zur Kanzlei- als Standessprache, aus der «Volkssprache» ein Idiom sui generis als Basis einer gemeinsamen Schriftsprache herausdestilliert, maßgeblich durch Luthers Bibelübersetzung ab 1522 mitbeeinflusst.

An diesem Punkt setzt (neuerlich) die Spezialwissenschaft ein und erarbeitet unter dem durchaus hintergründigen Stichwort der sprachlich intendierten *Kognition* «mentale Prozesse» wie Gedächtnis, Spracherwerb und -produktion (*Intension* als Begriffsinhalt) und Sprachverstehen (*Extension* als Geltungsinhalt) heraus. Die Folge sind *Semantik* (Bedeutungsebenen) und *Semiotik* (Zeichensysteme) sowie, eher grammatikalisch, eine Analyse des Sprachrasters auf quantifizierbare Daten, Syntax, Inhaltsschichten. Kurzum, selbst die individuell-subjektive Stellungnahme bedarf demnach eines Netzes aus Sinnzusammenhängen (*Relationen*) einerseits wie der schematisierten *Modellierung* andererseits. Aus alledem folgt (wie wohl zuerst bei Noam Chomskys Transformationsgrammatik) eine die formale Sprache in eine Art mathematisches Formelwesen überführende Berechenbarkeit in puncto Leistungsfähigkeit (wie Verkettung und Ab-Schluss), unmittelbar brauchbar für Sprach-Operationen; darauf ist zurückzukommen.

1.2. Zuerst muss noch der Blick auf die Wissenschaft als solche gerichtet werden. Sie stellt letztlich ja ebenfalls eine Form der Reflexion dar, indes als eine Arbeit mit Theorien, die sich mehr und vom alltäglichen Denken – und dessen (auf Basis von Lebenserfahrung voller Ungereimtheiten) hochgradig komplexer, zudem gewünscht anschaulicher und damit instabiler Verständigung – mittels einfacher(er) Strukturen und Kriterien loslöste. In dieser eigenen Sprachwelt muss demnach eine mehr oder minder frei wählbare Aussageform fortfallen: Bei spezifizierten Mitteilungen sind Bedeutungen und Verknüpfungen nur noch eingeschränkt erlaubt, soll zu einer zwar eingeengte(re)n aber präziseren Definition gelangt werden. Die Methodik basiert auf Begriffen (*Termini*), mithin dem Versuch, mittels genauer Bezeichnungen sachlich-systematisch Dinge (*Phänomene*) festzustellen, zu gliedern, abzugrenzen – in dem Muss einer steten Überprüfbarkeit ein eigenes Feld der (internationalen) Kommunikation.

Dem Resultat haftet somit eine bewusst geschaffene *Verweis-Systematik* an, in ihrer Eigenständigkeit, wenn man so will, durchaus ein Artefakt. Dieses Wort wurde von mir bewusst gewählt, um einen (notwendigen) Abstand zur so genannten Künstlichen Sprache wenn nicht «Intelligenz» zu halten, jener auf Basis einer Art von Zahlenwerk (*digit*) formulierten symbolträchtigen Programmiersprache, welche weniger die Aussagen direkt wiedergibt als sie, sie in verarbeitende Symbol-Illustration übersetzend, «nur» repräsentiert. (Die bildgebenden Verfahren wie in der Medizin lassen grüßen.) Aus der automatisierten, formatierten Transponierung folgt nicht nur eine eigene «Linguistik», sondern in der Rückführung auf Grundaussagen (*Axiome*), Basis für alle weiteren Ableitungen, eben auch eine weitere Differenz zu der «jedem/jeder» gegebenen Ausdrucksform.

Nun ja, ich gebe zu, dass in dieser Verkürzung Wissenschaft womöglich allzu sehr als eine einheitliche Sache erfasst wird. Naturwissenschafter werden sich in der reduzierten Darstellung durch ihre Gewöhnung an normativ objektivierte Beobachtungen, Beschreibungen und Erklärungen eher wieder finden als die Vertreter der diversen Geisteswissenschaften mit einem Standard, der (noch?) stark von einem in kultur(geschichtlich)en Unterschieden begründeten Wechsel von Denkmustern bestimmt ist. Als eine sprachliche – also zumindest äußerliche? – Angleichung mag weiterhin die in allen Sparten zunehmende

Verwendung von zumeist fremdsprachlichen, was heißt vermehrt englischen Fachausdrücken gelten, die als präzise Äquivalente für begriffliche Ordnung wenn nicht Ordnungsprinzipien gelten mögen.

1.3. Was ebenfalls zu kurz kam, ja fehlt, ist der Hinweis auf die Ergebnisse einer Wissenschaftsgeschichte als fortschreitende Interpretation der Welt, als logisch «stimmende» Information infolge Erkenntnis (und *Denotation*) oder als empirisch «funktionierende» Information infolge Wissen (und *Konnotation*). Womit, neuerlich und gleichsam zusammenfassend, ein Hinweis erfolgt ist auf die durchaus vertrackten Zusammenhänge von Wissenschaft und Sprache, genauer: auf die Sprache als (Roh-)Material: Seit der cartesianischen mechanischen Verknüpfung der Dinge in der *perception claire et distincte* (an die sich Chomsky anlehnte) stellt sich, als notwendige Gegenüberstellung und/oder Erweiterung, die Frage nach dem Wert eines Kundtuns bildhaft-anschaulichen Denkens (*Imagination*).

Schriftsteller und Autorinnen äußer(te)n sich gerne zu Frage, «was» denn «das Schreiben» nun sei (z. B. mein Landsmann Max Frisch) oder zu den «Grenzen des Schreibens» (wie jüngst, durchaus österreichisch geprägt, Anna Mitgutsch). Wird dabei das – durch Ich-Bezug wie durch Erlernen resp. Einübung/Routine – vereinfachende Alltagsbewusstsein durch hochgradige Nachdenklichkeit differenziert? oder stehen beide in einem unauflöslichen Wechsel der Intention? Die Frage darf gestellt werden, aber im Rahmen unserer Überlegungen durchaus offen bleiben ... und lebendig gegenüber den verallgemeinernden Fragen nach Wesen und Funktion, nach der Berechtigung eines Kanons, nach „Verstehen" und Urteilskriterien und Ähnlichem.

2 Ausübung («Praxis")

2.1 Zunächst in einigen Ausschnitten die Auswirkungen des unterschiedlichen Idioms:

2.1.1 Das *Latein* beherrschte auch in Mitteleuropa über Jahrhunderte die wissenschaftlichen Texte. Das mochte nicht nur mit der Sozialgruppe der Schreibenden zusammenhängen. Denn ihm eignet eine (in der Antike bewusst gesteuerte) bewundernswerte Stringenz und Durchdringungskraft mit klarer (und zugleich «volltönender») Wortbildung; exzellente späte Beispiele aus meinem Basel des 16. Jahrhunderts sind *Sebastiano Castellio*s Bibelübersetzung und namentlich die Werke des *Erasmus*. Überdies dürfte es Eulen nach Athen zu tragen bedeuten, an die vom Latein abgeleiteten romanischen Sprachen zu erinnern, man denke in derselben Zeit nur an (den Namensgeber) *Montaigne* und seine *Essais*. Und der besondere *ésprit*, der die Dinge auf den Punkt bringen kann, hält sich in der französischen Wissenschaftswelt über die Zeit, wenn man etwa an *Pierre Bourdieu*s griffige kultursoziologische Vergleiche denkt.

2.1.2 Gerade Emigranten (wie etwa der Wiener Exil-Kunsthistoriker Ernst Gombrich erläuterte) fanden im *Englischen* das aufrecht gebliebene Stilideal der

Klarheit und der Leichtfasslichkeit – das seinerseits, wohlgemerkt, Meisterwerke der Essayistik förderte. Die allgemein gehaltene Vokabel mit in einem umfassenderen Sinnverständnis des Worts bot «ungeahnte» darstellerische Möglichkeiten, sodass angelsächsische wissenschaftliche Arbeiten immer wieder echte literarische Leistungen ergaben; in unserem Belang etwa Terry Eagletons oft neu aufgelegte Einführung in die Literaturtheorie oder Sue Culleys Lehrbuch kommunikativer Fähigkeiten: präzis, gut verständlich, nicht dogmatisch, mit sprechenden Metaphern und ohne absolut gesetzte Begriffen.

2.1.3 Im *Deutschen* verbleibt die Begriffsbildung spezifisch definitionsabhängig. Kontext sei, so heißt es etwa, ein *schwer fassbarer Begriff, weil er keine unabhängig spezifizierbare Sachverhalte oder Klassen von Sachverhalten bezeichnet, sondern vielmehr ein Verhältnis benennt. (…) [Er] bezeichnet kein kausales, sondern ein hermeneutisches Verhältnis von grundsätzlich kognitivem Charakter.* Immerhin: Kant bemühte sich um eine (noch) verständliche Helligkeit, die dann bereits bei Hegel einer erheblich komplexeren Diktion Platz macht. Eine Schwerverstehbarkeit bleibt in der Folge (Heidegger) und reiht sich bis zur fast Unlesbarkeit (der Frankfurter Schule); ja, für einen Literaten mag sich der Eindruck aufdrängen, da und dort werde dies mit Tiefe verwechselt. Nur zu gerne folge ich, auch als Schriftsteller, der Kritik Karl Poppers an leeren Worten, intellektueller Unbescheidenheit und Anmaßung. Weniger schroff sondern spartengemäß formuliert geht es um den

Kompetenznachweis ihre Autonomie wahrender Disziplinen durch verselbständigte sprachliche Konditionierung, weil es *nicht die leicht verständlichen, sondern gerade die dem Usus entsprechenden ‚komplizierten' Formulierungen sind, die (…) als angemessen bewertet werden.* Solche Extravaganzen machen sich offensichtlich gerade jüngere Fachrichtungen zu eigen, etwa wenn *Lemmata* nichts anderes bedeuten als Einträge bzw. Stichwörter im Lexikon oder Wörterbuch …Damit nicht genug, denn *je ‚kanonischer' die Texte formuliert werden, desto ‚wissenschaftlicher' klingen sie und desto wissenschaftlicher ‚sind' sie* – im scharfen Kontrast zu *populärwissenschaftlichen Texten oder bloßen Meinungsäußerungen* (nämlich wegen) *ihrer auf der angemessenen Formulierung beruhenden Tauglichkeit.* Und eine neuerliche Steigerung: Erst *Die gute* (!) *Form* zeigt, *dass die relevanten Perspektiven und Darstellungsarten* (…) *bekannt und* (…) *anerkannt sind. Dies* (!) *erlaubt es den Lesenden, den Text als Bestandteil des fachlichen Diskurses zu behandeln* (…) *und* (…) *zu bewerten* (Zitate aus: Kontexte und Texte, Soziokulturelle Konstellationen literarischen Handelns 2010). Na, denn viel Vergnügen beim Schreiben und beim Lesen, möchte man kommentieren.

3. Das wissenschaftliche schriftliche Opus
Nachdem (im deutschsprachigen Raum) in den Forschungsinstitutionen nicht die eigentliche Arbeit, sondern die Vielzahl der Veröffentlichungen (mit dem zusätzlichen, fragwürdigen Ranking des Oft-gelesen-worden-Seins über die persönliche Stellung der

Wissenschafter entscheidet, wächst der Wust dementsprechender Publikationen exponentiell an. Der Verständlichkeit der Inhalte kommt das nicht unbedingt zugute, weshalb sich gleichsam ein eigenes (kleines) Spezialfeld in der mündlichen Übermittlung eröffnet; davon später mehr.

3.1 Für die Darstellung von Wissenschaft als Formelwerk (Matrix, Modell usw.) ergeben sich außerhalb der Naturwissenschaft ebenfalls Möglichkeiten sprachlicher Kurzform und Gliederung, die vor allem in den ersten Jahrzehnten des vergangenen Jahrhunderts prominent entwickelt wurden; man denke an den Wiener Kreis (ausgehend von Wittgenstein) oder, in einer inhaltlichen Antistellung Karl Poppers Logik der Forschung.

3.2 Sprachlich weniger bedeutend zeigt sich die Mitteilungsfähigkeit im so genannten Apparat. Nicht nur Studenten bauen häufig ihre Arbeiten trivial ewig gleich auf (etwa: Einführung, Hauptteil, Schluss/Zusammenfassung). Und vergleichbar zu den Power-Point-Präsentationen ist das «Erst einmal sagen, was ich jetzt tue» selbst in kleinsten Schritten fast schon zur Regel geworden – mit einem Schmunzeln in mancher Hinsicht an die Literatur früherer Zeiten (Leonardo Sciascias Candido noch 1977, weil Voltaire nachfolgend) erinnernd, die vor jedem Kapitel eine Inhaltsangabe darbot, indem es, damals, ja häufig um das Vorlesen ging – heute neudeutsch *Abstract* genannt. Etwas mehr Informationen bietet meist die (dadurch wichtigere) Untergliederung auf dem vorder- oder rückseitigen Inhaltsangabenblatt. Ein Blick auf Anmerkungen und Bibliographien ergibt trotz (Über-)Fülle ein oft verwandtes Bild.

3.3 Dessen ungeachtet kann «hohe» Wissenschaft als gut nachvollziehbare Illustration geboten werden, ohne das speziell Fachliche abzuschwächen oder gar zu verleugnen. Dabei gilt es nicht nur, sich ohne Anbiederung verständlich klar (luzide) auszudrücken. Es gibt auch übergreifende Möglichkeiten, die Lesbarkeit zu erhöhen. Der (aus Kärnten stammende) Paul Watzlawick kombinierte mit einem den Stoff durchdringenden allgemein verständlichen roten Faden einige seiner neuropsychologischen Traktate alles anderen als leichten Stoffes mit literarischen Vorbildern (etwa Shakespeare). Eine andere, großartige Möglichkeit bot Golo Mann in der reichen Veranschaulichung aus dem menschlichen wie aus dem historischen Kontext (im Wallenstein) – und geht nicht von ungefähr auf Schillers bereits gut recherchierte Historiendramen ein. Zweifellos muss dabei, schon durch die auch dem Laien verständliche Anordnung und stoffliche Durchdringung ein gewisses Maß an Interpretation akzeptiert werden: Aber eigentlich kann jede Darstellung nur persönlich sein, was kein Unfall ist, hat sie (um ein weiteres Mal Popper zu bemühen) zwar Erklärungspflicht aber niemals Absolutheitsanspruch.

3.4. Mit ihrer eingängigen Sprache sind diese Arbeiten noch nicht populärwissenschaftlich. Ich weiß nicht so recht, inwieweit der Begriff positiv oder negativ besetzt ist; es kommt dabei wohl weitgehend auf den Blickwinkel an – und auf die Qualität des jeweiligen Werks. Im *schlechten* Sinn und leider viel zu oft findet sich reichlich Triviales und Oberflächliches, gerne mit Klischees unterfüttert, dabei allenfalls sekundär garniert mit Zahlen, Daten, Fakten, Namen. Dem Produktionsprozess und den angeblichen Marktgesetzen gehorchend, steht die Lektüre als literarische Lust nicht im Vordergrund. Im *guten* Sinn liegt dem Text eine breite Kenntnis der Inhalte zugrunde, die trotz aller Fachbezogenheit gleichsam in eine heutige Begrifflichkeit übersetzt werden. Solche Bücher bleiben als Anregung für lange Zeit lesenswert; Egon Friedells Kulturgeschichte bietet dafür zweifellos ebenso ein nachdrückliches Beispiel wie der etwa zeitgleiche Herbst des Mittelalters von Johann Huizinga (dem, sogar mit dem Pulitzer-Preis ausgezeichnet, Der Ferne Spiegel der Barbara Tuchman folgte).

4. Woran sich durchaus nahtlos die „mündliche" Wissen(schafts)vermittlung (Vorlesung, Seminar, Vorträge, TV-Sendungen) anschließt. Ist dies ein Thema für sich? Sie zeigt sich heutzutage zunehmend als markt- und kundenorientiert, gleichwohl: Wissenschaft in Praxisnähe (vgl. die Populärwissenschaft) bedarf recht notwendig der sachlichen Anschaulichkeit und der persönlichen Authentizität (sogar Leidenschaft?). Die besondere Herausforderung liegt (läge?) in der Umsetzung in die Alltagssprache mit der Frage einer Vereinfachung komplexer Inhalte, etwa

durch Verallgemeinerung, beginnend bei dem Generellen mit «Wissenschaft ist Neugier und Wissensdurst», «lebenslanges Lernen», «ergebnisoffen», insbesondere aber arbeitend mit spezifischen, weil gerafft direkten, zielgerichteten Hinweisen.

Ein alles andere als kleines Problem liegt (läge?) in der Verwendung griffiger sloganartiger Sentenzen mit der Gefahr der Klischees, die namentlich bei der Wertung der historischen Entwicklung auftritt (auch und gerade bei den Naturwissenschaften), was im «Galileo-Jahr» sicherlich vielfach anzutreffen sein wird.

5. Nicht fehlen darf, noch einmal einen Schritt weitergehend, abschließend ein Blick auf das Wissenschaftliche in anderen, hier literarischen Zusammenhängen, wenigstens als zwangsweise kursorischer tour d'horizon.

5.1 Die Memoiren, Erinnerungen, zu welchen Monographien mit Selbstzeugnissen hinzugerechnet werden dürfen, stellen seit langer Zeit ein wichtiges Kapitel des schriftstellerischen Lebens dar. Nicht nur einige der Großen erscheinen lesenswert (wenn etwa Bismarcks Ergüssen ungeachtet seiner selbstgefälligen Darstellung eine hohe literarische Qualität zukommt oder wenn Werner Heisenberg die Dialogform vervollkommnet), sondern vielfach ebenso die, ob mit ghost wrighter oder nicht verfassten, Memorabilien einfacher Leute (von der Hebamme im Walliser Bergtal bis zur niederbayrischen Bauersfrau), gerne Stoff auch für Verfilmungen. Hinzu treten die spezifischen Darstellungen einer Tätigkeit im persönlichen Umfeld. Das Buch der Sammlerin *Agnes Essl* muss zwangsweise die zeitgenössischen Künstler und ihre Opera behandeln. Dabei wird zu einem Viertel auf die persönliche Wirkung von Mensch und Werk eingegangen, zu einem Viertel auf die Technik (wie Lithographie) in Kurzerklärungen, zu einem Viertel auf die Bild-Interpretation, sowie zu einem Viertel verständlicherweise auf die Wertigkeit (mit Gewinn durch den Ankauf). Der kunstwissenschaftliche Ansatz verbleibt indessen bei bemühten, vermittelnden Adjektiven wie *interessant, wohl überlegt, disponiert, fantasievoll* oder gar *gestisch* – und damit so allgemein wie letztlich austauschbar. Eine eigene Version stellen die Reiseberichte und Kunstführer dar. Auch sie mögen eine primär persönliche Sicht eröffnen (wie schon bei der seinerzeit berühmten Madame de Staël), doch kann es durchaus um das Verarbeiten wissenschaftlich erarbeiteter Grundlagen, in wechselnder Dichte und Stimmigkeit, gehen.

5.2 Konjunktur hatte und hat eine eigentliche Belletristik oder auch Poetik, insbesondere zu historischen, auch historisierenden Stoffen. Ging es (wie bei einem der Gründerväter des Genres, Walter Scott) seit dem 18. Jh. vor allem um das mehr oder minder freie Ausschmücken, so brachte vor allem die 1. Hälfte des 20. Jh. den Versuch, die Darstellung expressis verbis auf eine wissenschaftliche Basis zu stellen; Namen wie Lion Feuchtwanger oder Stefan Zweig sind bereits aufgrund der Fülle ihrer Arbeiten hervorzuheben, während Marguerite Yourcenars erfundene Memoiren des Kaisers Hadrian einen schwer zu überbietenden Höhepunkt darstellen. Nicht von ungefähr stehen einzelne Personen im Vordergrund, denen sich wie bei den Frauengestalten Eveline Haslers in der sprachlichen Version der Autorin bewertend und deutend nachspüren lässt, ohne die geschichtliche Grundlage zu verlassen. Dennoch: Was sind Tatsachen, was ist Fiktion? letztlich ein nur im Einzelfall lösbares „Rätsel" (und bereits von Goethe im Titel Dichtung und Wahrheit angesprochen). Frage und Lösungsansatz gilt ebenso für zeitgenössische Werke. Während Daniel Kehlmanns Vermessung wesentlich im distanziert darstellerischen Nachvollzug durch den Heutigen verbleibt, macht der dortige Ansatz aber (indirekt) auf eine Methodik aufmerksam, die auf subtile Art den Abstand zu Früherem aufzuheben scheint: Die Recherche selbst wird zur Handlung und ermöglicht wie in Pascal Merciers Lissabon eine literarisch bewältigte «angewandte Lebensphilosophie».

5.3. Davon lässt sich der eigentliche historische Roman absetzen. Im 19. Jh. entstand in Breite ein eigentliches Genre, dessen Fiktion (wie bei Dumas) nicht nur von der Spannung des frei Erfundenen lebt, sondern ebenso von den Rückschlüssen auf die (jeweilige) Gegenwart des Autors. Dies ist vom Grundsatz her auch heutzutage – freier schweifend oder an die historischen Tatsachen gebundener – möglich, und erlaubt in einer erzählenden Stoffwiedergabe durchaus eine Darstellung, wie es hätte wirklich sein können. Konjunkturell unendlich besser auf dem Buchmarkt verankert allerdings ist die Dominanz des (oft gar nicht schlecht) schreibenden Handwerks, dem – vergleichbar mit den Groschenromanen der 50er und 60er Jahre – allzu häufig eine Austauschbarkeit der Stoffe zugrunde liegt, denen ein wechselndes historisches Gewand übergezogen wird. Die Grenze zu anderen Gattungen (etwa zu Thriller, Krimi, nicht zuletzt die eigentlichen Könner wie Umberto Eco imitierend) erweist sich als ausgesprochen fließend. Ausbreitung eines Falls und/oder Gefühle dominieren, sodass man als Leser und Leserin staunt, dass (ähnlich wie bei den filmischen Dokumentationen) heutige Menschen sich als vollkommen «darin» integriert zeigen. Abgesehen von einer interpretativen Leistung liegen wesentliche Qualitätskriterien in der Frage «Nachplappern oder Nacherzählung»? …

5.4. Da lobt man sich als Geschichtswissenschafter doch zum einen die auch literarisch vollendeten Darstellungen sozialer Gruppen, ob früh bei Jane Austen (Landadel), späterhin bei Joseph Conrad (Seefahrer) oder in der Mitte des letzten Jh. bei C.F. Ramuz (Bergler in der Westschweiz), sowie zum anderen die sog. Zeitromane, gemäß Definition ein *Erzähltext, der sich durch eine umfassende Darstellung des politischen, geistigen, kulturellen und gesellschaftlichen Panoramas einer gesamten Epoche auszeichnet.* Eine tief und großformatig angelegte Durchdringung wie bei Robert Musils Mann ohne Eigenschaften ermöglicht (auch über Montagetechnik etwa Doderers) eine Multiperspektive auf gewesene Umstände, deren Analysen präziser sein können wie strenge wissenschaftliche Untersuchungen. Und wenn schon so viel von Historie die Rede war: Eine frappierende Ähnlichkeit ergibt sich dabei zu dem Verhältnis von Sachfotografie und Sachdarstellung in bildlicher Form wie den Aquarellen (bekannt, nicht nur durch den Gatten als Bundeskanzler, etwa jenen Loki Schmidts), heute großteils von Computeranimationen ersetzt.

Womit sich die Frage auftut, ob derartige literarische Werke mit, meinetwegen, Modellcharakter nur als Basis für eine eigene eigentliche Wissenschaft dienen, oder besser für Wissenschaften, deren Spezialisierungsgrad gleichsam täglich zunimmt ...

Zum Schluss als point de vue noch ein Wort in eigener Sache: Es mochte mancher/manchem beim Lesen sich die Frage gestellt haben, worin denn die Kompetenz des Essayisten liege (oder auch, weshalb ich mich an diese Materie traue). In eigener Sache darf ich somit auf meine eigenen einschlägigen Erfahrungen in den verschiedenen Sparten verweisen bzw. auf die Beispiele *Land-Kloster – Kloster-Landschaft 1650-1800* (2003) als hoffentlich lesbares spezifisches Wissenschaftsprodukt, auf das populärwissenschaftliche *Lasst Häuser sprechen! Das Linzer Baumosaik aus junger Perspektive* (2009) oder auf die Romanform in *Die geöffnete Tür. Eine Erzählung aus der Reformationszeit* (2010/2017).

1 «Rede – Gegenrede»

Verwendet wurden unter anderen:

B. Schäder, H. Bergenholtz Hrsg., Fachlexikographie, Tübingen 1994; S. Culley Beratung als Prozess, Lehrbuch kommunikativer Fertigkeiten, Weinheim/Basel 1996/2002; N. Goodman, Sprachen der Kunst, Berlin [1]1973, [2]1997; Lexikon der Sprachwissenschaft, Stuttgart 2002; Max Frisch, Schwarzes Quadrat, zwei Poetikvorlesungen, dt. Berlin 2008; O. Simons, Literaturtheorie zur Einführung, Hamburg 2009; P. Klotz, P.R. Portmann-Tselikas, G. Weidacher Hrsg., Kontexte und Texte. Soziokulturelle Konstellationen literarischen Handelns, Tübingen 2010 (Europäische Studien zur Textlinguistik Bd. 8); T. Eagleton, Einführung in die Literaturtheorie, Stuttgart [5]2012; A. Mitgutsch, Die Grenzen der Sprache, Essays, St. Pölten 2013.

A. Nordmann, Technikphilosophie zur Einführung, Hamburg 2008; M. Gessmann, Was der Mensch wirklich braucht. Warum wir mit Technik nicht mehr zurechtkommen und wie sich aus unserem Umgang mit Apparaten wieder eine sinnvolle Geschichte ergibt, München 2010; J.A. Schülein, S. Reitze, Wissenschaftstheorie für Einsteiger, Stuttgart (Utb) [3]2012.

zuerst veröffentlicht in «Literarisches Österreich» 2014/1

Nichts Neues unter der Sonne?
Oder: wenn selbst das Moderne bereits alt ist ...

Auch wenn immer aktuell – siehe Max Haberichs Gegenüberstellung im vorletzten *Literarischen Zaunkönig* –
, sind doch die Begriffe von «alt» und «modern» alles
andere als frisch, sondern vielfach im Feuer zahlreicher Diskussionen «aus alter Zeit» erhärtet und/oder
umgeschmolzen worden. Und man wird der Alternative mit dem Wort «modern» allein nicht ganz gerecht.
Zum einen benutzten die Kulturwissenschaften im
20. Jahrhundert die Moderne als Kennzeichnung einer bestimmten, ihr nahen, zur Gegenwart führenden
Epoche. Diese wurde, als sie nicht mehr aktuell war,
«Klassische M.» getauft, der sich weitere «Modernen»
anschlossen, bis hin zum eigentlich abstrusen Titel
«Postmoderne». (Wollte man nicht, wie ein Spötter,
hierin die architektonischen Fähigkeiten der Post sehen.)
Zum anderen prägten diesen Dualismus die «Querelle
des anciens et des modernes», jene rasch weite Kreise
ziehende, bereits zeitgenössisch berühmte Fehde in
Frankreich um 1700, die nicht zuletzt dank einer un-
geheuren Publikationstätigkeit die Eliten des Konti-
nents in Atem hielt. Damit bestimmte sie die Ausgangslage der folgenden Konfrontationen maßgeblich mit und verbannte dadurch ältere Kontroversen,
die bereits dem Alten ausdrücklich etwas Neues ent-
gegengesetzt hatten, in den Hintergrund. Neu erscheint im Impetus der Abgrenzung hier der Fokus

auf der Literatur, oder anders gesagt: Bezog sich das frühere Antipodische auf eine breitere kulturelle Perspektive, zu der die verschiedenen *artes* auf ihre Weise beitrugen, fokussiert die französische Diskussion nun den Blick speziell auf die Literatur. Allerdings mischt in der Fragestellung zur Poetik, aus verschiedenen Quellen gespeist, rund 30 Jahre später nicht zuletzt in deutschen Landen der Aspekt der «schönen Künste» (primär Skulptur, obgleich ebenso Malerei) kräftig mit. Bis in der sich durchsetzenden Romantik das aktuell Gewollte über eine ganz eigen interpretierte, weit zurückliegende Epoche gespiegelt wird.

Dies gleichsam als Schaubild vorangestellt, lohnt sich zur Schärfung unserer Argumentationsfähigkeit ein historischer Streifzug allemal, wobei hinzugefügt werden muss: Hierbei fallen die eigentlichen «Renaissancen», jene mit Karl dem Großen beginnenden, als Wiedergeburt gewollten (wenn auch niemals ganz identischen) Belebungen einer relativ abgeschlossenen Kulturstufe ohne direkte Filiation außer Betracht, indem ihnen in der, salopp formuliert, Gleichstellung von «Zuvor» und «Jetzt» eine ganz eigene Qualität innewohnt.

Dante Alighieri prägte für die Sprache auf der Basis süd- und norditalienischer Vorbilder faktisch den *stil*(e) *n*(u)*ovo* als Vokabel und praktisch-exemplarisch in der *Vita Nova*, in der er *dolce* seine Liebe zu Beatrice besingt – süß, weil er in wohldosierten Versen die Wirkung der Gefühle auf den Dichter reflektiert. Mit dieser noch Aufsehen erregenden Seelenkunde war und blieb er natürlich nicht allein.

Pointiert anderes formulierte der Theoretiker Pietro Aron 1523, *dass die Musik der Modernen besser ist als die der älteren Komponisten, weil sie alle Teile zusammen betrachtet* (…). Und der Komponist Hermann Finck ergänzte 1556, dass *die jüngeren Komponisten den älteren überlegen und besonders bestrebt sind, die Noten den Textworten anzupassen* (…).

Der eigentliche Siegeszug der Antistellung zur hochkomplexen frankoflämischen Polyphonie in einer neuartigen Vollkommenheit der Melodien, diese nun instrumental begleitend, setzt ein halbes Jahrhundert später ein – dank der Florentiner Variante der Monodie etwa eines Giulio Caccini und der Madrigalversion eines Monteverdi, der bereits von den Zeitgenossen als groß gewürdigt wurde. Aber nein, kein Generationenkonflikt: Beide Schulen (nunmehr als *prima* und *seconda pratica* benannt) bleiben, sehr bewusst und allgemein akzeptiert, für längere Zeit gleichwertig nebeneinander bestehen. Überhaupt bleibt die Kirchenmusik über Jahrhunderte hinweg bestimmten «altehrwürdigen» formalen Bräuchen verpflichtet.

Etwa zeitgleich zur Entwicklung in der Musik entfalten sich im Manierismus in der Poetik namentlich Spaniens eigenwillige Retrospektiven: Góngora stilisierte motivische Klischees, Gracián hingegen bot sinnige Pointen (*conceptos*) von Bekanntem.

In den bildenden Künsten Italiens und Mitteleuropas wählt man einen ähnlichen Weg: Angesichts des

Zusammenbruchs scheinbar sicherer Werte (Stichworte: Reformation 1517 ff, Sacco di Roma 1526) entscheiden sich Auftraggeber und/oder Künstler wie Michelangelo einerseits, ein zuvor im «Humanismus» bestenfalls als nebensächlich bewertetes «mittelalterliches» Formengut aktiv zu verarbeiten; andererseits wird die zeitgenössische Originalität durch die hochkomplexe Kunst der Zitate hinterfragt – etwa am Hof Rudolfs II. in Prag bis 1612.

Gegen Ende desselben Jahrhunderts tauchen im logisch-formalistischen Frankreich des „siècle des lumières" die bereits genannten *Querelle* auf. Der Ausgangspunkt ist eine Art Apotheose der Gegenwart (des Sonnenkönigs Louis XIV.), und hier entbrennt der Streit im Dagegenhalten des antiken, bislang dominierenden Vorbilds (wie in den Tragödien Racines und Corneilles) als des moralisch wertvolleren Gewichts; in den Worten Montesquieus: *Die Antike entzückt mich.* Nach und nach verlagerte sich das vielstimmige Scharmützel auf die Ebene «Rolle der Tradition» versus «Rolle des heutigen Poeten"» dessen Geist sich frei äußern soll. Die Kontroverse hielt auch in England Einzug und, mit einer gewissen Verzögerung, in Mitteleuropa (wo sich der Genius im «Sturm und Drang» zum normenbefreiten Genie wandelt).

Im deutschen Sprachraum wurde das «Alte» assoziiert mit einer hohen Regelkonformität, der sich immer stärker «moderne» Formen entgegenstellen, die sich im Akt einer Darstellung der menschlichen Psyche gleichsam freizuschwimmen gezwungen sahen (so im

Discourse der Zürcher Bodmer und Breitinger mit dem wahrhaftigen *Wunderbaren* gegen den erratischen Regulator Gottsched). Erneuerer wie Lessing (mit der *Hamburger Dramaturgie*) oder Herder (mit seinen *Volksliedern*) weisen den Weg hinaus, Goethe und vor allem der erzieherische Schiller steuern das theoretische Rüstzeug bei. Zugleich entbrennt die Diskussion wiederum am Vorbildlichen der Antike – dieses Mal expressis verbis in der Skulptur greifbar gemacht (Winckelmann, *Der Literarische Zaunkönig 3/2017*) – und hält die führenden Köpfe bis zur preußischen Bildungsreform in Bann (Wilhelm von Humboldt, *Der Literarische Zaunkönig 2/2018*). Das Ideal des Wahren, Schönen und Guten erbringt das Fundament.

Bei allem Hin und Wider, bei allem Wenn und Aber gibt es im Rückblick über die gesamte Zeit keine eigentliche Pendelbewegung, da die vorherigen Argumente niemals ganz vergessen gehen, sondern in die Auseinandersetzungen einfließen. Einen gewissen Bruch bedeutet da die Romantik, die sublimierend ihr künstlerisches Wollen massiv aus einer im Sprung gewonnenen, abgeschlossenen mittelalterlichen Vergangenheit begründet aufgrund vermeintlich nationalidentischen Bleiberechts. Parallel zu diesem «Vorgestern» als Projektionsebene endet im frühen 19. Jahrhundert ebenso die zuvor beschriebene jahrhundertealte «Kontinuität im Fluss» mit der vernunftmäßig begründeten Systematik eines unaufhaltsamen Fortschritts, die in fast zwanghaften Bewertungsmechanismen die Lebenskraft einer breit gestreuten Entwicklung unterminiert. Diese Haltung mochte auf die sich immer stärker differenzierenden Kulturwissenschaften nahrhaft wirken, doch fiel dabei die Vielfalt des prallen Lebens unter den Tisch.

Nur die «absolut» Großen galten noch etwas, zur Not mit stets verbesserten Legenden umgarnt (wie zum Beispiel der «einsame» Beethoven), weshalb in der zweiten Reihe nur bestehen konnte, wer (herabwürdigend als «Kleinmeister» apostrophiert) wenigstens entwicklungsgeschichtlich Namhaftes beitrug. In der Malerei steht Giotto (den Hegel zum ersten Realisten stempelte) hoch über seinem Lehrer Cimabue (der jedoch bereits den formalen Byzantinismus aufhob); bei den Bach-Söhnen ragt Carl Philipp Emmanuel (mit seiner Forderung nach dem Gefühlsausdruck, den *Sonnenflammen der Empfindung* [so ein Almanach 1782]) hervor, während Johann Christian zurückfiel (obwohl seine melodische Musikalität gerade Mozart außerordentlich schätzte); in der Literatur hat Wieland (als der scheinbar spielerische Feingeist) hinter die Weimarer Klassikertrias zurückzutreten.

Mit der Postulierung einer unumgänglichen Progression und eines fast blind akzeptierten, in die Vergangenheit projektierten Aufstiegs war recht eigentlich die stete Abfolge von Nacheinander-"Modernen" begründet. Es ist naheliegend, dass sich damit der Begriff der Reform verband, die, quasi notwendig, zu angeblich immer Sinnvollerem führte und die Tradition zum „Gestrigen" abstempelte. Die Kulturkatastrophe der Klosteraufhebungen vor und nach 1800 führte sicherlich zu den großartigen, wenn auch fast unüberblickbaren Beständen der heutigen Zentralbibliotheken, verhalf aber auch zum kaum ausrottbaren Vorurteil der intellektuellen Rückständigkeit des Katholischen in der deutschsprachigen «Neuzeit».

Zum Glück schlägt hier für einmal der Zeiger der historischen Waage vollständig anders aus: Die Breite rückt inzwischen auch wissenschaftlich unwiderruflich ins Feld und weicht manch fest geglaubte Blöcke mehr und mehr auf. Vielleicht liegt ja gerade in der Wiedergewinnung des vollen umfangreichen Lebendigen der Kultur die Modernität im 21. Jahrhundert!

Zweifellos gewinnt man durch einen solchen kurzen, kursorischen *tour d'horizon* Einblick in die Mehrdeutigkeit zurzeit «moderner» Begriffe und die durch sie vermittelten Inhalte: indem sie ihren reichen geschichtlichen Background erhalten. Dessen nicht mehr «linear» überblickbare Komplexität kann man, negativ, als kompromittierend oder aber, positiv, als bereichernd ansehen. Das *L'histoire se repète* (wie die Romands der Westschweiz sagen) gilt, dies sei in einer abschließenden Anmerkung hinzugefügt, selbst für das in unserer Welt allgegenwärtige Modebewusstsein. Denn dieses entstand als Phänomen auf dem Präsentierteller relativ spät, aber doch bereits reichlich vor unserer Zeit mittels der (ausdrücklich durch Voltaire) in aller Breite geleisteten Erörterung des Geschmacks vor 200 Jahren – nicht zuletzt mit der Folge einer intensiven Ausarbeitung der Ästhetik. Womit sich der Kreis zu dem, was wir heutzutage in unseren Bewertungen als gut («schön»), als weniger passend oder als der Ablehnung anheimzugeben erachten, schließt.

zuerst veröffentlicht in «Der Literarische Zaunkönig» 1/2020

Zeitfracht Medien GmbH
Ferdinand-Jühlke-Straße 7
99095 Erfurt, Deutschland
produktsicherheit@kolibri360.de